文化
圈層論

董大中／著

【人類】系列之一

本書提要

　　本書屬文化哲學。過去的文化學著作，大都以語言、神話、宗教、藝術、科學等為對象。本書把所有文化現象收在筆底，然後按其功用和特點分成三類，稱為制度文化、工具文化和習俗文化；一般所說語言、神話、宗教、藝術、科學等，本書稱為工具文化。書中說：制度文化約束人，把人規則化；工具文化教育人、提高人、解放人，把人「文化」化；習俗文化顯示人，團結人，把人族群化、符號化、慣性化。制度文化是戴在脖子的項圈，它時刻提醒你，按照一定的規矩辦；工具文化是別在口袋裡的鋼筆，它既表明你有文化，你也隨時可以把它拿出來，寫出你的心得、感想；習俗文化是插在胸前的徽章，人們一看見，就知道你是哪裡人，要幹什麼去。可稱為「三種文化論」。稱「圈層論」者，指以人的自我解放為軸心，按各自作用的大小，做成一個同心圓，由裡向外，作用遞減。作者據卡西爾「符號宇宙」之說，把三種文化概括為三個宇宙：制度文化是物理宇宙，引起物理性變化；工具文化是數學宇宙，發生數學變化；習俗文化是化學宇宙，它以化學變化的方式塑造人的性格，猶如鹽溶于水。制度文化是人的自我解放的對象，工具文化是人的自我解放的動力和武器，習俗文化是人的自我解放的表現。書中認為，容易發生變化的是制度文化，而另兩種文化是穩固而持久的，他們也是民族文化的主要構成成分。這樣區分，突出了制度文化的重要性，主次分明，條理清楚。書中大部分觀點屬作者獨創，而所依據或引述的他人觀點，書中都有明確交代。本書不針對某個國家或民族，是就全人類文化立論的。全書分三個部分，共七章。第一部分是緒論，提出問題，也就是寫這本書的緣起，從中國

事實出發，其實是對中國百年來中西文化大論戰的總清算。第二部分
是本論，共五章。第二章以《共產黨宣言》中的話，論述了為什麼以
人的自我解放為軸心的問題。接著對三種文化分別做了論述，包括各
自的構成及特點，以及該種文化跟人的關係。第六章是總起來說，並
回答了第一章提出的問題。最後一章是附論，以以上觀點看待當前的
世界。作者對亨廷頓「文明的衝突」陳述了不同看法，認為二十一世
紀是政治整合的世紀。

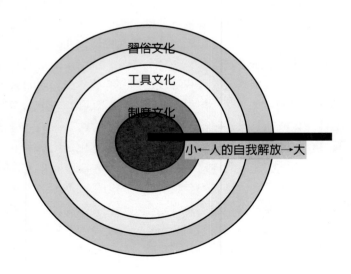

自序

多年來我主要從事中國現代文學研究，現在拿出這麼一本書，可能會使一些朋友覺得奇怪。但既然每個人都是文化的主體，而文化又「經濟、政治乃至一切無所不包」（梁漱溟語），在這方面說一些個人的想法，最自然不過。這本書正是我思考文化問題的一本試卷。

我立意寫這本小冊子，是在十年以前。起因是在清末以來的中西文化論戰中人們對「文化」一詞的用法和闡釋很不相同，有時相差甚遠。為了對中西文化論戰問題有更深切具體的感受，我對李敖做了專題研究。在一九六二年臺灣中西文化大論戰中，李敖作為一方大將，發表了許多文字，對方發表的文字更多，雙方論爭的激烈程度是空前的。那樣的大論戰，在五十年代以後的大陸不可能發生，這也就使這場大論戰成為中國中西文化論戰史上最近的一次，而具有特殊的意義。也就在李敖研究中，我對文化問題有了較多的思考，形成了現在這本小冊子的主旨和基本框架，隨即提出了「文化圈層論」這個理論。

不敢說有多大的價值。沒有接受過專門訓練，沒有系統讀過這方面的著作。好處是，它可以使我少受束縛，不理會已有學派、思潮的說辭，想到什麼說什麼。有話則長，無話則短。自然，書中難免有常識性錯誤，可能會讓行家貽笑大方。有一點感到自信，就是不因襲他人。筆者追求的學術品德是發現，盡量多說一些從他人著作中看不到的話。我的信條是，為增長知識而讀，為解決問題而寫。三十年來，我搞完一個課題，就另搞一個，目的正在於此。寫完之後，自覺任務完成，拍一拍屁股，一走了之。不同的是，在這個礦區門口停留的時間長了些，而且短時間不會走開。

　　有兩點需要說明。其一，本書所說的文化，是最廣義的文化，不是像某些人說的限於精神層面的文化，那樣，有許多問題說不清楚。其二，本書所使用的術語，有時跟其他著作相同，其含義卻完全屬於本書，不能跟其他著作相類比。在文化人類學上，「文化圈」和「文化層」一類術語，時常可見。比如梁啟超就有「中國文化圈」之說。日本學者石川榮杏等人著《現代文化人類學》，詳細介紹了文化圈學說。本書「文化圈層」，既跟「文化圈」不同，亦跟「文化層」有異，切不可當作以上兩個術語的合稱。還有如「制度文化」等，本書也自有其獨特的含義。

　　不言而喻，這本小冊子不是針對某個國家或民族的，而是著眼於全人類。偶有說到某個國家時，只不過舉例而已。在當今世界，經濟一體化是不可阻擋的潮流，正席捲全球。日益發達的旅遊事業，更使不同膚色、不同地域的人們，成為交流、對話的夥伴。曾經被當作「愛國主義崇高行動」的「使用國貨」，在許多國家，變成了歷史。千百年各自獨立的文化，要繼續保持「獨立自主」，關門鎖國，已不可能。原來互不相識、互不聯繫的人們，從生活方式到價值觀念，正在靠近，趨同。生活在「歐盟」國家的人們，已有「天下一家」之感。中國古聖先賢提出的世界大同的理想，並不像一些人說的「烏托邦」，正在向我們招手。這就是當今的世界。這就是世界發展的總趨勢。筆者有關人類和人類未來的思考，並非只有這一本小冊子，以後還將寫下去。

　　我不知道它的命運如何，只求把我的思考記錄下來，不至於被洪水淹沒。即使被鎖在箱底，我的目的已達，任務已畢，於願已足。我感到欣慰的是，當這本小書還沒有動手寫作、僅僅在《董永新論》裏做了主旨概述並用本書的理論對「孝」文化在社會發展中的地位和作用做了簡單評述，劉錫誠先生就在序文中說：「竊以為，老董的這個『文化圈層論』說的提出，其在我國相對滯後和薄弱的文化學上的意義，遠遠大於對董永故事的文化學個案的剖析。」正是劉錫誠兄的這

段話，鼓舞我把這本書寫了出來。掩卷深思，我該不會辜負老友的期望吧。

　　希望聽到海內外行家的批評。

2011 年 6 月 6 日，三閒居

目　次

■ ■ ■
文化圈層論

第一章　中國百年中西文化大論戰回顧
——問題的提出

晚清的變法圖存運動：大論戰的序幕

　　一八四○年的鴉片戰爭，既掀開了中國人屈辱的一頁，也打開了中國人接受新事物、新文化的大門。接著，第二次鴉片戰爭、中法戰爭、中日甲午戰爭、八國聯軍侵入北京等，一次又一次的賠款、割據，使封閉已久的「天朝」中國跟外國的聯繫一下子多了起來，也使中國從一個雖然封閉卻仍獨立自主的國家淪為帝國主義的殖民地或半殖民地。痛定思痛，人們忽然覺得「泰西」各國有許多值得學習之處或利用之處，於是產生了研究介紹「西學」和運用「西學」的熱潮。

　　面對資本主義列強的欺侮，一部分先進的中國人開始思考，如何才能保國保種，在現代化的槍林彈雨下生存下去。魏源是其中一人。魏「晚遭夷變，謂，籌夷事，必知夷情。復據史志及林則徐所譯《西夷四州志》，成《海國圖志》一百卷。」（《清史稿》）魏在該書中提出「欲制夷患，必籌夷情」（〈籌海篇〉）和「師夷長技以制夷」（〈敘〉）的方略，在另一文中說：「盡轉外國之長技為中國之長技」（《魏源集》上冊第 206 頁）。跟魏源有同樣經歷（一同抵抗英帝國主義，又同遭失敗而退下來）的林則徐有相同的話：「師敵之長技以制敵。」（見《籌辦夷務始末》）這裡的「師夷」「師敵」，都含有承認自己不行的意思，要向人家學習。比林、魏二人更激進的龔自珍，在鴉片戰爭中已看到

時局的嚴峻，感到需要一場革命式的變革，不過他在一八四一年就逝世了。十九世紀六十年代，在「師夷長技以制夷」思想的影響下，一些人開始發起組織了「同光新政」，即人們常說的「洋務運動」。這一運動以組建新式軍隊、從西方引進機器和技術、革新生產方式為主要內容。用李鴻章的話說，是：「查治國之道，在乎自強，自強以練兵為要，練兵又以製器為先。」

促使中國人努力學習西方的，還有另一種動因。有人把鴉片戰爭以後中國社會的大變動稱為「三千年未有之大變局」，歷史之長，使人想到夏商周三代。孔子有「克己復禮」之語，是「復」先代之「禮」，在孔子看來，以前的人們分等級，知尊卑，講仁義，遵王道，敬長愛幼，父慈子孝，道德面貌高尚，社會秩序良好，到他自己生活的時代，「禮崩樂壞」，不堪回首，所以要回到過去。在中西方有了交流之後，人們發現，當下的中國不僅國力衰微，技術落後，船不堅炮不利，而且在道德風尚上，也遠不如「夷人」。由於中國人所接觸的西方人大都是西方的高等人物，有紳士風度，講究禮節。在政治上，西方國家大都實行憲政，國家機器運轉有法可依，議會制度能充分發揚民意，不像中國，人民意志從來不受重視，宮廷鬥爭讓人慘不忍睹，加之當時慈禧大權獨攬，皇權旁落，人們敢怒不敢言，這自然加深了人們對西方一套政治制度的羨慕心理和移植要求。洋務運動的興辦，使歐美國家的新思想、新文化紛紛介紹進來，為立意改革的中國人提供了更多的思想資源。鄭觀應、王韜等人把眼光轉向國家的政治制度。鄭著有《盛世危言》，他在〈敘〉中說：「知其治亂之源、富強之本，不盡在船堅炮利，而在議院上下同心，教養得法……育才於學校，議政於議院，君民一體，上下用心……」王韜在〈重民〉中把一些歐美國家實行的君主立憲制稱作「君民共主」，要求在中國推廣，「君主於上，而民主於下」。兩人所說「上下」，連用語都是相同的。王韜多次說，西洋「以禮義為教」，「以仁義為基」，「以教化德澤為本」。郭嵩燾更有「三代以前，獨中國有教化耳……自漢以來，中國教化日益微滅。而政教

風俗，歐洲各國乃獨擅其勝。其視中國，亦猶三代盛時之視夷狄也」等論述。薛福成、譚嗣同等人也都有類似言論，他們所說「唐虞以前」「三代以前」如何等等，恰是「三千年未有之大變局」的最好注釋，也說明這一點幾乎成了當時所有變法圖強者的共識。

當時那股向西方學習的思潮，被稱作「中體西用」論。鄭觀應在前引「育才於學校」一段話後接著說：「此其體也；輪船、火炮、洋槍、水雷、鐵路、電線，此其用也。」前者，他當作「體」者，從人們常說的中國傳統文化到他們所想要實行的立憲政治，後者，即他當作「用」者，限於技術層面。後由沈毓桂、張之洞概括為「中學為體，西學為用」八字方針。它是把西方文化的碎片搭在中國傳統文化的軀體上，以補自己的不足。這意味著，學習西方文明，包括近代科學技術、工商制度、教育制度等，都只是一種手段，一種方法，而為我所用，並不是把它作為自己的骨肉，骨肉仍是中國的「聖教禮治」，是在中國延續了幾千年的東西。接著，康有為作《新學偽經考》，從學術角度思考問題，開始對兩千年來統治中國人民心靈的古代文化發生懷疑，他把「數十篇」古聖先賢之文稱為「偽經」。梁啟超在《清代學術概論》中說：「殊不知此偽書者，千餘年來，舉國學子人人習之，七八歲便都上口，心目中恒視為神聖不可侵犯。」他甚至說「其中一部分實糞土也」。這就有對「中學」的否定之意。

這時引進的西方文化，既有技術層面的東西，也有理論方面的東西，還有歐美一些國家的制度、風情，應該說是多方面的。出生於山西小官僚家庭的徐繼畬，到福建任職以後，眼界大開，寫了《瀛寰志略》一書，介紹他所聽說和從手繪地圖中看到的世界各國情形。書中對美國的民主政治極為讚賞。他說：「米利堅合眾國以為國，幅員萬里，不設王侯之號，不循世及之規，公器付之公論，創古今未有之局，一何其也。泰西古今人物，能不以華盛頓為稱首哉？」（第九卷）該書於一八四八年刊刻問世，以後多次翻刻，流傳極廣，並很快傳入日本。其影響遠超過魏源的《海國圖志》。作者「張眼看世界」的廣闊胸懷深

入人心。六十年代興起的洋務運動,跟這部書有很大關係。從維新派的心態上說,他們急於變法圖存是顯而易見的,但其主張又是雜亂無章的,也沒有一條共同認可的道路。當變法觸及「君臣關係」時,一些人往往顯得縮手縮腳。另外還有些人心靈上的「文化自我重心論」的陰魂不散,常常跑出來騷擾。

這一場「大變局」,可說是中西文化的「大碰撞」。中西文化相碰,這並不是第一次。十八世紀末葉,大英帝國為給乾隆皇帝祝壽,派出馬戛爾尼勳爵率領的龐大使團來華,就被法國著名學者、政治家阿蘭・佩雷菲特稱為「兩個世界的撞擊」,他在《停滯的帝國》一書裡做了詳盡的敘述和分析。陳獨秀在《吾人最後之覺悟》中把中西文化碰撞分為七期,說:「今茲之役,可謂為新舊思潮之大激戰。」又說:「歐洲輸入之文化,與吾華固有之文化,其根本性質極端相反。數百年來,吾國擾攘不安之象,其由此兩種文化相接觸相衝突者,蓋十居八九⋯⋯」(《獨秀文存》第37、38頁)

以上所述,大致從四十年代到九十年代,經過半個世紀。曾廉以「言技」、「言政」、「言教」把它概括為三個階段:「變夷之議,始於言技,繼之以言政,益之以言教。」(〈上杜先生書〉)五四運動前,陳獨秀用「學術」、「政治」、「倫理」三個詞概括其先後借鑒的重點。還有其他三階段論的。從縱向看,國人的認識還算步步深入,不斷推進。那以後,行動多於言論,像創辦新式學堂,派遣留學生,成立翻譯機構等都是。最大的動作,是一八九八年的戊戌變法。這場大變革最後失敗了,但改革的車輪並沒有因此停頓下來,反而在多方面展開。一九〇一年八月,廢除八股取士。九月,詔令各省設立學堂。隨即同文館併入京師大學堂。一九〇二年,由新任命的管學大臣擬定《欽定學堂章程》。這是中國第一次以法定形式公布的完整的學校章程,從蒙學(相當於幼兒園)、小學、中學、大學到大學院(相當於研究生院)都有了相應的規定。人們把這一章程稱為「壬寅學制」。「廢科舉、興學校」是在制度文化上的一次成功改革,它使流傳一千多年的科舉制被

徹底埋葬。法制上，從一九〇一年（光緒二十六年）冬天起，就開設修律館，「擇西法之善者」（上諭中語），既改革舊的法律，又制定新的法律，包括《大清民事訴訟法》和《大清新刑律》在內。實行憲政，在「戊戌變法」失敗以後成了一些改革派的主要訴求，像康、梁等人就積極主張君主立憲，清廷也不得不宣布「預備立憲」。

蔣夢麟在其回憶錄《西潮・新潮》中說：「……中國這時已經無可置疑地踏上西化之路了。日本對帝俄的勝利，更使中國的西化運動獲得新的鼓勵，這時聚集東京的中國留學生已近五萬人，東京已經成為新知識的中心。國內方面，政府也已經開始一連串的革新運動，教育、軍事、警政都已根據日本的藍圖採取新制度。許多人相信：經過日本同化修正的西方制度和組織，要比純粹的西洋制度更能適合中國的國情，因此他們主張通過日本接受西洋文明。但是也有一般人認為：既然我們必須接受西洋文明，何不直接向西洋學習？」（第65頁）蔣夢麟這段話，比較真切地反映了二十世紀初年中國的情況和人們的心態。這裡蔣夢麟用「西化運動」取代「維新運動」，含義自有不同。一九〇〇年爆發的「義和團運動」是「西化運動」的反動，一度造成社會的動亂，但它也未能阻止西化運動的深入發展。

從十九世紀四十年代魏源、林則徐等人提出「師夷長技以制夷」起，直到民國初年，就中國思想界說，雖然有人頑固堅守中國傳統文化的價值觀，對改革、對維新採取抵制和反對的立場，如曾廉就是反對戊戌變法的，還有「后黨」的一些追隨者，也成了扼殺變法維新的劊子手，但並沒有展開像樣的文化論爭。王國維在其《遺書》中說：「學之義不明於天下久矣。今之言學者，有新舊之爭，有中西之爭，有有用之學與無用之學之爭。余正告天下曰：學無新舊也，無中西也，無有用無用也。凡立此名者，均不學之徒……」（《觀堂別集》第四卷第7頁）這一長時期，可以說，把西方文化拿來為我所用，成為思想界的主流。這一時期也沒有「東方文化」「西方文化」之說。「西學」，這

是人們最早對西方文化的稱呼，它開啟了從空間維度指稱不同文化的先例，並且一直延續到現在。

在中國，真正展開中西文化大論戰，是在五四運動以後。

《東西文化及其哲學》引發的討論

五四運動前後中國的中西文化大論戰，有兩個高潮。一次由《東方雜誌》所引起，一次發生在梁漱溟的《東西文化及其哲學》出版以後。

《東方雜誌》是舊中國出版時間最長的綜合性雜誌之一，創刊於光緒三十年（1905 年），由商務印書館主辦。從宣統三年到五四運動期間，它的主編是杜亞泉。杜是中西文化調和論者。從一九一七年起，他先後發表了他自己寫的和他人寫的〈迷亂之現代人心〉、〈靜的文明與動的文明〉、〈戰後東西文明之調和〉、〈中西文明之評判〉、〈新舊思想之衝突〉、〈新舊思想之折衷〉等文章。這引起陳獨秀的不滿。一九一八年九月，陳在《新青年》發表〈質問《東方雜誌》記者〉，以後發表〈再質問《東方雜誌》記者〉，許多人參加進來，形成激烈的論戰，直到一九二〇杜亞泉辭去主編職務，仍未停止。王元化在為《杜亞泉文存》所作〈代序〉中說：「這在我國現代思想史上是空前的。這場論戰第一次對東西文化進行了比較研究，對兩種文化傳統作了周詳的剖析，對東西文化的交流提出了各自不同的看法，實開我國文化研究之先河。以後文化研究中諸重大問題及對這些問題所持觀點，幾乎均可從這次論戰中見其端倪。其思路之開闊，論點之堅實，見解之深邃，往往難為後人所超越。翻閱當時資料，我頗覺驚訝，今天有關東西文化的研究，好像還在重複著這場論戰中的一些重要論點。」（《杜亞泉文存》第 10 頁）

一九二一年秋天，商務印書館出版了梁漱溟的《東西文化及其哲學》。該書第一章〈緒論〉中說：

> 大約兩三年來，因為所謂文化運動的原故，我們時常可以在口頭上聽到，或在筆墨上看到「東西文化」這類名詞。但是雖然人人說得很濫，而大家究竟有沒有實在的觀念呢？據我們看來，大家實在不曉得東西文化是何物，僅僅順口去說罷了。大約自從杜威來到北京，常說東西文化應當調和；他對於北京大學勉勵的話，也是如此。後來羅素從歐洲來，本來他自己對於西方文化很有反感，所以難免說中國文化如何的好。因此常有東西文化的口頭說法在社會上流行。但是對於中西文化這個名詞雖說的很濫，而實際上全不留意所謂東方化所謂西方化究竟是何物？此兩種文化是否像大家所想像的有一樣的價值，將來會成為一種調和呢？後來梁任公從歐洲回來，也很聽到西洋人對於西洋文化反感的結果，對於中國文化有不知其所以然的一種美慕。所以梁任公在他所作的《歐遊心影錄》裡面也說到東西文化融合的話。於是大家都傳染了一個意思，覺得中西文化一定會要調和的，而所期望的未來文化就是東西文化調和的產物。

——第 11 頁

這段話的主旨有二：一是近兩三年來，「東西文化」這類名詞在人們口頭上說得很濫，但對於具體所指，它的實際含義，人們卻不甚了了。二是，外國人杜威、羅素在中國所做講演和中國人梁啟超訪歐歸來所著書，都說到文化發展的趨勢必將是東西文化相調和，「未來文化就是東西文化調和的產物」。讀者已經知道，杜亞泉的觀點正是這樣，只是他的影響要小得多。在接下去的話裡，梁漱溟對他自己的觀點做了申述。梁漱溟此書共分五章，另有一些附錄。在對什麼是西方化，什麼是東方化做了他自己的解釋以後，梁漱溟著重論述了西洋、中國和印度三種哲學的區別和〈世界未來之文化與我們今日應持的態度〉。

　　梁漱溟此書是他前一年在北京大學所做講演的記錄。他把「我們
時常可以在口頭上聽到，或在筆墨上看到『東西文化』這類名詞」，說
是「兩三年來」的事。其實早從一九一五年《青年雜誌》改為《新青
年》起，東西方文化──不是把兩種文化「調和」，而是把西方文化「拿
來」──就已是五四新文化運動領導者們的主導思想，五四新文化運
動之所以能夠興起，原因之一，是西方文化的影響、激勵、鼓舞和號
召。只是在最初一段時間裡，人們還沒有提出「東方文化」和「西方
文化」這兩個名詞，而是以另外一些說法代替的。陳獨秀所作、實為
《新青年》發刊詞的〈敬告青年〉一開頭即提出「東西民族涉想不同、
現象趨異」這一概念。陳獨秀於一九一五年九月十五日所作〈法蘭西
人與近世文明〉，以「近世文明」指稱西方文化。三個月後所作〈東西
民族根本思想之差異〉，說到東洋民族和西洋民族之差異有三：一，西
洋民族以戰爭為本位，東洋民族以安息為本位；二，西洋民族以個人
為本位，東洋民族以家族為本位；三，西洋民族以法治為本位，以實
利為本位，東洋民族以感情為本位，以虛文為本位。在隨後寫的〈憲
法與孔教〉等文中，他旗幟鮮明地提出實行「歐化」。他說：「歐洲輸
入之文化與吾華固有之文化，其根本性質極端相反。」「吾人倘以新輸
入之歐化為是，則不得不以舊有之孔教為非；倘以舊有之孔教為非，
則不得不以新輸入之歐化為是，新舊之間絕無調和兩存之餘地。」（見
《新青年》第二卷第三號和第三卷第一號之〈答佩劍青年〉）陳獨秀提
出的「歐化」，就是科學和民主。他在〈本志罪案之答辯書〉中說：「西
洋人因為擁護德、賽兩先生，鬧了多少事，流了多少血，德、賽兩先
生才漸漸從黑暗中把他們救出，引到光明世界。我們現在認定只有這
兩位先生，可以救治中國政治上、道德上、學術上、思想上一切的黑
暗。」（《新青年》第六卷第一號）李大釗一九一八年發表的文章，題
為〈東西文明根本之差異〉。其他如《學藝》第三號（一九一七年十月）
載屠孝實記金子馬治講演〈東西文明之比較〉，《東方雜誌》第十四卷
載傖父〈戰後東西文明之調和〉，十五卷轉載日本〈中西文明之評判〉，

都用「文明」二字。總之，在由《東方雜誌》引起的討論中，人們是以「東西文明」相稱的。

無疑，「東方文化」「西方文化」跟上節所說「中學」、「西學」等概念有密切的關係，但它們畢竟不是直接演變下來的。有一點可以肯定，一九一八到一九一九之交可能是個界限，在那以前，人們一般用「東西文明」，而用「『東西文化』這類名詞」當在進入一九一九年以後。梁漱溟說，他自己在一九一八年「夏間在北京大學提倡研究東方化，就先存了西方化的觀察而後才發的」（同上書，第 29 頁）。東方化、西方化跟東方文化、西方文化，從詞性上說，是不同的。東方化、西方化屬於動詞，有一個變化過程。東方化說的是西方，是西方要接受東方文化，變成東方；西方化說的是東方，東方要接受西方文化，變成西方。而東方文化、西方文化卻是名詞，指的是物。不過從作者意念上說，他提出東方化、西方化，是頭腦裡先有東方文化、西方文化。北京大學學生傅斯年、羅家倫等人於一九一九年一月一日創刊《新潮》雜誌，他們在〈發刊旨趣書〉中說：「……尋其所由，皆緣不辨西土文化之美隆如彼，又不察今日中國學術之枯槁如此……」這裡提出了西土文化的概念。那一年，杜威來中國講學，他多次說到「西洋文化」。接著還有羅素在中國講學，也說西洋文化。這兩人的講學，對傳播西方文化起了很大作用，也就在杜威講學後不久，五四運動爆發。這樣就有了西方文化、西土文化、西洋文化三個同義詞，最後選出西方文化為代表。毛子水在〈國故和科學的精神〉一文裡，多次說到「歐化」。「歐化」也就是「西化」，也就是「正在生長的東西」。此後「『東西文化』這類名詞」「我們時常可以在口頭上聽到，或在筆墨上看到」，乃屬事之必然。梁漱溟這本書，是在「『東西文化』這類名詞」約定俗成的情況下寫的，從此，便使「這類名詞」固定了下來。

梁漱溟此書出版以後，反響甚為激烈，主要有張君勱〈歐洲文化之危機及中國新文化之趨向〉（1922 年 2 月）、張東蓀〈讀《東西文化及其哲學》〉（1922 年 3 月 19 日）、嚴既澄〈評《東西文化及其哲學》〉

（1922 年 3 月）、孤桐（章士釗）〈原化〉（1925 年 10 月）等。基本贊成的多，如嚴既澄說「梁先生的思想，我差不多全體贊同；但於他反駁東西文化調和說的地方，我認他有些錯誤。」（《民鐸》雜誌，第三卷第三號）張東蓀說此書的出版，「好像在黑暗中點了一盞明燈」（1922年 3 月 19 日《時事新報》副刊〈學燈〉）。但沒有完全的支持，也沒有完全的反對。大都對梁漱溟的論述路徑持不同意見，也有不同意其結論的。張東蓀認為書中「最精的地方自然是論佛家哲學」的部分，但他對「梁君推測未來文化的趨勢，主張佛家文化將於較遠的未來而大興」卻「大反對」。後來的「新儒家」核心人物張君勱說：「梁先生斷定世界未來之文化，就是中國文化的復興。此類勇氣，吾是極端贊成的。但是今日尚在振作精神，創造新文化之時，自己文化如何，尚不得而知，而竟斷定『世界文化即中國文化復興』，不免太早計了！」（《東方雜誌》第十九卷第三號）前引梁漱溟緒論中介紹一些人提出中西文化調和論，本是他所反對的，張東蓀指出，梁本身就存在矛盾，「梁君最後於全盤承受西方化上，同時又主張重提中國原有的態度，二者並行，是不是調和呢？」楊明齋在其《評中西文化觀》這本於一九二四年六月出版的洋洋十幾萬言的專著中，用很大篇幅摘錄書中幾十條與事實不符之處，意在說明梁氏的著作曲解了聖人之言。後他又從總的方面對這本書和另外兩本中西文化觀做了論析。瞿秋白也參加了討論。

在這場大辯論中，胡適的兩篇文章值得注意。一是直接批評梁漱溟的〈讀梁漱溟先生的《東西文化及其哲學》〉（1923 年 3 月 28 日），另一是〈我們對於西洋近代文明的態度〉（1926 年 7 月）。

其他人的文章幾乎都是在肯定梁著觀點的基礎上提出自己的不同意見的，而胡適卻對梁漱溟論述的基礎本身提出了挑戰。胡適批評梁漱溟，用了「籠統」這個關鍵詞，或說中心詞。胡適的〈讀梁漱溟先生的《東西文化及其哲學》〉一文分三個部分。第一部分分析了梁先生的思路，指出梁漱溟提出「東方化可否翻身成為一種世界文化？」「犯了籠統的毛病」。第一，「東西文化的問題是一個很複雜的問題，決不

是『連根拔去』和『翻身變成世界文化』兩條路所能包括。」第二,「梁先生的**翻身論**是根據在一個很籠統的大前提之上的。他的大前提是:『凡一種文化,若不能成為世界文化,則根本不能存在;若仍可存在,當然不能限於一國,而須成為世界文化。』」胡適說:「從那個籠統的出發點,自然生出一種很籠統的『文化哲學』。他自己推算這個世界走的『一條錢』上,現在是西洋化的時代,下去便是中國化復興成為世界文化的時代,再下去便是印度化復興成為世界文化的時代。這樣『整齊好玩』的一條錢,有什麼根據呢?」(《胡適文集》第三卷第 184-185 頁)在第二、三部分,作者就梁書中一些具體觀點,做了進一步的分析,並又一次用「籠統」概括了梁著的缺點。梁著從他自己的思路出發,對東方文化、西方文化和印度文化做了區別,說「西方文化走的是第一條路,東方文化走的是第二條路,印度文化走的是第三條路」,「西方生活是直覺運用理智的,中國生活是理智運用直覺的,印度生活是理智運用現量的」。胡適說:「我們在這裡要指出梁先生的文化觀察也犯了籠統的大病。我們也知道有些讀者一定要代梁先生抱不平,說:『梁先生分析的那樣仔細,辨別的那樣精微,而你們還要說他籠統,豈非大冤枉嗎?』是的,我們正因為他用那種仔細的分析和精微的辨別,所以說他『籠統』。文化的分子繁多,文化的原因也極複雜,而梁先生要想把每一大系的文化各包括在一個簡單的公式裡,這便是籠統之至。公式越整齊,越簡單,他的籠統性也越大。」(同上第 188 頁)在第三部分,胡適說他「要對梁先生提出一點根本的忠告,就是要說明文化何以不能裝入簡單整齊的公式裡去」(同上第 192 頁)。胡適說:「凡是有久長歷史的民族,在那久長的歷史上,往往因時代的變遷,環境的不同,而採用不同的解決樣式。往往有一種民族而一一試過種種可能的變法的。政治史上,歐洲自希臘以至今日,印度自吠陀時代以至今日,中國自上古以至今日,都曾試過種種政治制度:所不同者,只是某種制度(例如多頭政治)在甲民族的採用在古代,而在乙民族

則上古與近代都曾採用；或某種制度（例如封建制度）在甲國早就消滅了，而在乙國則至最近世還不曾劃除……」（同上第 194 頁）

胡適的〈我們對於西洋近代文明的態度〉，跟梁漱溟《東西文化及其哲學》關係不大，它是胡適〈讀梁漱溟先生的《東西文化及其哲學》〉的進一步發揮，是「西化派」的綱領性文件。這以後又引起了多人的支持或反駁。最主要的有朱希祖同題文章（1926 年 7 月）、常燕生〈東西文化問題質胡適之先生──讀〈我們對於西洋近代文明的態度〉〉（1926 年 8、9 月）、張崧年（即張申府）〈文明或文化〉（1926 年 12 月）和林語堂〈機器與精神〉（1929 年 12 月）等。

在二十年代的中西文化論戰中，如何看待西方的物質文明和東方的精神文明，是很重要、也最具有誘惑力的一個題目。這個題目是在五四運動前後由「國粹家」們提出來的。「國粹家」為了「捍衛」東方文化，就說，西方物質文明雖高，東方精神文明更好。魯迅當年曾經以雜感形式批駁過這種論調。胡適此文著重就這個問題申述了他自己的看法。一九二九年十二月二十六日，林語堂在光華大學中國語文學會做了一次演講，也是談這個問題的，這就是〈機器與精神〉的來源。胡適指出，物質文明也好，精神文明也好，「都是朝著解放人類的能力的方向走，使人們不至於把精力心思全拋在僅僅生存之上，使他們可以有餘力去滿足他們的精神上的要求」（同上第四卷第 4 頁）。他又指出，西方的文明不僅僅是在物質上，「西洋近代文明絕不輕視人類的精神上的要求。我們還可以進一步大膽地說：西洋近代文明能夠滿足人類心靈上的要求的程度，遠非東洋舊文明所能夢見。」（同上第 6 頁）再說，物質文明本身就是精神文明的表現和結果，沒有精神上的創造，哪有物質上的豐富？不能把兩者割裂開來。林語堂的〈機器與精神〉一文，從物質文明和精神文明的關係入手，批判了中國有精神文明、西方有物質文明的片面觀點；這跟胡適的思想是相一致的，他後來在編《胡適文存》時，就把林氏的文章附於這篇〈我們對於西洋近代文明的態度〉之後。

　　對二十年代的這場中西文化大論戰應當如何看待？這場論戰本身具有巨大的積極意義，是勿庸置疑的。五四運動作為一場思想解放運動所要解決的一個問題，是如何看待從清末以來蜂擁而來的西方文化和如何正確認識我們自己的傳統文化，擺正各自的位置。特別是對待中國固有的文化，是以為它好得不得了，沾沾自喜，還是站在一個新的角度給予審視，吐故納新，以新的思想武器，儘快迎頭趕上西方國家？這是帶有前提性的一個問題。這個問題不解決，如何學習，或者說如何「拿來」（魯迅語），就根本談不到。同時，前此半個多世紀的變法圖存，也需要進行總結，來個重新認識。儘管這次討論局限在一個很小的範圍內，參與討論的人士並不多，但它在這個時候發生，還是適時的和必要的。它成了五四新文化運動必不可少的一個組成部分。論戰的展開和進行，是正常的，無可挑剔的。它所暴露出來的問題，我以為主要在對文化含義的認識上。在梁漱溟說來，他視界中的文化，用梁先生另一本著作《中國文化要義》的說法，「我今說文化就是吾人生活所依靠之一切，意在指示人們，文化是極其實在的東西。文化之本意，應在經濟、政治，乃至一切無所不包。」（第 1 頁）《中西文化及其哲學》中所說文化，據其〈緒論〉，不外三個方面：

（一）精神生活方面，如宗教、哲學、科學、藝術等是。宗教、文藝是偏於情感的，哲學、科學是偏於理智的。

（二）社會生活方面，我們對於周圍的人——家族、朋友、社會、國家、世界——之間的生活方法都屬於社會生活一方面，如社會組織，倫理習慣，政治制度及經濟關係是。

（三）物質生活方面，如飲食、起居種種享用，人類對於自然界求生存的各種是。

—— 第 19 頁

　　這是梁漱溟的文化觀。他所說「東西文化」是包括了各自的精神生活、社會生活和物質生活三個方面在內的。胡適所說的文化，我們

以後會說到，現在且看胡適的如下論述，這是在引用了梁漱溟所說文化包括精神、社會、物質三個方面以後：

> 這樣多方面的文化，在這個大而複雜的世界上，不能沒有時間上和空間上的個性的區別。在一個國裡，尚且有南北之分，古今之異，何況偌大的世界？若否認了這種種時間和空間的區別，那麼，我們也可以說無論何種劣下的文化都可成為世界文化。我們也許可以勸全世界人都點「極黑暗的油燈」，都用「很笨拙的騾車」，都奉喇嘛教，都行君主獨裁統治；甚至於鴉片，細腰，穿鼻，纏足，如果走運行時，何嘗都沒有世界化的資格呢？故就一種生活或制度的抽象的可能性上看來，幾乎沒有一件不能成為世界化的。再從反面去看，若明白了民族生活的時間和空間的區別，那麼，一種文化不必須成為世界文化，而自有它存在的餘地。米飯不必成為世界化，而我們正不妨吃米飯；筷子不必成為世界化，而我們正不妨用筷子；中國話不必成為世界語，而我們正不妨說中國話。
>
> ——同上第三卷第 185 頁

　　胡適批評梁漱溟此書犯了「籠統」的毛病，原因就在於此。即是說，因為文化的含義太寬泛了，寬泛到「無所不包」，這樣，在說到具體問題時，就必須指出你說的是什麼樣的文化，它的內涵和外延如何，絕不能一概而論。也就是說，每個人在說到「文化」的時候，他心目中都有具體的「所指」，「所指」不同，其含義自然會相差懸殊。你以「無所不包」的文化為談論對象，一會兒要它成為「世界文化」，一會兒要它被另一種文化所取代，那是不會有結果的。

　　這種「籠統」的文化觀，存在於當時許多人的身上，既有如梁漱溟這些反對文化調和論者，也包括文化保守主義者在內。即以一些西方人對西方文化表示不滿而言，杜威和羅素等西方文化的代表性人物對西方文化表示不滿，且不論其真實用心何在，只就對兩種文化進行

比較而言，是不是意味著西方文化不如東方文化呢？是不是意味著西方要「東方化」呢？他們在中國講演，面對的是中國人，你讓他說東方文化不好而西方文化大好嗎？同時，他們心目中的東方文化是具體的，不是抽象的。梁漱溟為文化所分的三個方面，在那些西方文化的代表性人物口中，也是存在的。東方文化中自有其光輝燦爛的部分，不在這一方面就在另一方面；中國在清代以前一直居於世界領先地位，乃是其文化中的優秀部分在起作用的結果。用毛澤東的話說，古人創造出來的東西，既有民主性的精華，也有封建性的糟粕。人家說你好的一面，你當成整個，那是以點代面，一葉障目。梁漱溟此書是反對東西文化「調和」的，他不是出於對東方文化的自省，對東方文化的具體分析，而是出於一種自信，所以他預言下一步將是東方文化復興而為世界文化的時代。

　　還要看到，即使對西方文明也有個具體所指的問題，不能「籠統」地看。二十年代人們所說的西方文化，跟過去人們所說的「西學」，並不完全是一回事。過去人們所說的「西學」，主要指資本主義上升時期的人文主義思潮和各種制度、科學技術等等。隨著資本主義進入帝國主義，第一次世界大戰爆發，它的許多黑暗面暴露了出來，更多的人看到了它血淋淋的黑手。另一方面，西方思想界湧現出一批新人，像羅素等人即是，他們分別提出了許多新的學說，有些是為了糾正已經出現的錯誤而提出來的。十九世紀中葉產生了馬克思主義，以後在全世界迅速傳播，影響深遠；隨後俄國十月社會主義革命取得成功，更使全世界人民眼界大開。這使西方文化具有了全新的內容。中國人面對瞬息萬變的西方文化，由於視角和認識的不同，得出不同的結論，提出不同的對應策略，自在情理之中。梁啟超「歐遊」後理想的幻滅，陳獨秀等人轉變為共產主義者，都是在這個大背景下發生的。梁漱溟先生沒有用發展的眼光去看「東西方文化」，這也是一種「籠統」。

　　不幸的是，胡適批評的「籠統」，不僅表現在梁漱溟所著《東西文化及其哲學》一書裡，也表現在同時代其他一些人的認知裡，不僅表

現在這次中西文化大論戰中，也表現在其後許多次論戰中，不僅貫穿在近百年的中西文化大論戰裡，也貫穿在中國人認識世界的整個活動中。在這第一場大論戰中，梁先生在他的那本有名的著作中表現了出來，胡適又明察秋毫地指了出來，這是一件好事。

「全盤西化」論種種

羅榮渠在為《從「西化」到現代化》一書所作〈代序〉說：「東西文化之爭，到二十年代後期逐漸沉寂下來，這是因為國民革命的武器的批判壓倒了批判的武器，轉移了中國思想界文化界的興奮點和注意力。但僅僅幾年之後，從三十年代初開始，新的論戰又爆發了。這些新的論爭已不限於東西文化觀的問題，在廣度和深度上都大大超過之。最重要的是，在新的論爭中提出了『現代化』的概念來代替『西化』這個偏狹的概念，同時在知識界的討論中，也把中國出路問題從文化領域延伸到經濟的領域，實際上是引出了整個中國出路即發展道路問題。」（《從「西化」到現代化》第 13 頁）羅榮渠從「現代化」一詞的提出說起，著重介紹了一九三三年《申報月刊》為紀念其創刊周年而編發的「中國現代化問題號」特輯。本書由於所取角度不同，對這個問題不擬多談，而把重點放在「全盤西化」論上。

「全盤西化」論是「西化」或「西方化」的發展，是這一思潮達到極致的表現。

中國早在光緒三十三年發行的《環球中國學生報》上，就有董壽慈作〈論歐化主義〉，抱怨中國「歐化過淺」（《李敖大全集》第三卷第 15 頁）。這年是一九〇七年。直到過了四分之一以上世紀，才由陳序經正式提出「全盤西化」論。

　　陳序經，廣東文昌人，早年留學美國，回國後先後在嶺南大學、中山大學等校任教。一九三三年十二月二十九日，陳在中山大學做了〈中國文化之出路〉的講演，首次提出了「全盤西化」的主張。其講稿先在廣州《民國日報》發表，隨即由商務印書館出版，內容有所增補，題目也改為〈中國文化的出路〉。作者運用西方人類學、社會學和文化學的理論，對中國文化和當時的文化思潮做了全方位的觀察，認為「文化可以說是人類適應時境滿足其生活的努力的工具和結果」。對當時國內的文化派別，他批判了復古派和折衷派，論證了中國文化的出路只能是「全盤西化」。此文引起持續一年多的大論戰。一九三五年王新命等十教授發表〈中國本位的文化建設宣言〉，既是這一論戰的產物，又把這一論戰推向新的高潮。在中國文化論戰中，陳序經的〈中國文化的出路〉一文，具有里程碑的意義。後來他又寫了《東西文化觀》上、中、下三編，分別對復古派、折衷派做了細緻的分析，對「全盤西化」的理由做了進一步的申述。

　　陳序經的思想無疑是比較激進的。在陳序經看來，胡適在中西文化問題上跟他不同。吳景超以全盤西化問題向陳序經質疑，陳在回答中明確指出胡適是折衷派。吳景超在〈建設問題與東西文化〉（1935年2月）一文開頭，引用胡適〈建國問題引論〉裡的一段話，接著說：「在建設的過程中，胡先生對於東西文化的保存與採用，採取一種折衷的態度，於此可見。」又說胡適的態度跟十教授的〈中國本位的文化建設宣言〉「一樣」。吳稱胡為「折衷派之一支流」。吳景超的文章在《獨立評論》第一三九號發表，胡適看到後，很不滿意，立即在《獨立評論》第一四二號的〈編輯後記〉中說：「我很明白的指出文化折衷論的不可能。我是主張全盤西化的。」接著說：「但我同時指出，文化自有一種『惰性』，全盤西化的結果自然會有一種折衷的傾向。」因此，「我們不妨拼命走極端，文化的惰性自然會把我們拖向折衷調和上去的。」（《胡適文集》第十一卷第671頁）胡適用幾句古語進行辯解：「取

法乎上，僅得其中；取法乎中，風斯下矣。」他把這作為他主張「全盤西化」的根據。平心而論，陳序經把胡適歸入折衷派並不確切。胡適在一九六二年逝世前不久作〈科學發展所需要的社會改革〉的講演說：「我在一九二五年和一九二六年首先用中文演說過並寫成文字發表過，後來在一九二六年和一九二七年又在英美兩國演說過好幾次，後來在一九二八年又用英文發表……」（同上第十二卷第 707 頁）所說寫於一九二六年的文章，就是〈我們對於西洋近代文明的態度〉。說此文讚賞西洋文明則可，說它提倡「全盤西化」卻沒有道理，因為他沒有這樣說。一九二九年，胡適在為《中國基督教年鑑》所作〈中國今日的文化衝突〉中，明確提出了「全盤西化」的主張。對這篇文章的主旨，他在一九三五年六月二十二日所作〈充分世界化與全盤西化〉中是這樣概括的：「……我指出中國人對於這個問題，曾有三派的主張：一是抵抗西洋文化，二是選擇折衷，三是充分西化。我說，抗拒西化在今日已成過去，沒有人主張了。但所謂『選擇折衷』的議論，看去非常有理，其實骨子裡只是一種變相的保守論。所以我主張全盤的西化，一心一意的走上世界化的路。」（同上第五卷第 453 頁）胡適所說他這幾篇文章，都發表在陳序經〈中國文化之出路〉的講演之前。陳序經先把「全盤西化」論的桂冠戴在自己頭上，又以折衷派指責胡適，可以說用的是「激將法」，逼著胡適跟他一起走。

從上引胡適的答辯可以看出，他主張「全盤西化」，既有必須「西化」的理由，也有策略上的考量。胡適被公認為我國「全盤西化」論的領袖。但是，胡適所說的「全盤西化」究竟應該如何理解，「全盤」指如梁漱溟所說「經濟、政治，乃至一切無所不包」的文化還是僅僅一個部分，他的「全盤西化」跟陳序經等人的「全盤西化」是否相同，區別又在哪裡，從這個口號產生以來，人們就沒有認真研究過，以致眾說紛紜，莫衷一是，連胡適自己在提出這個主張後不久就把它改為「充分世界化」。這真成了一個魔瓶。

且對胡適所說「西化」的具體含義做一番探討。

在〈介紹我自己的思想〉裡，談及〈我們對於西洋近代文明的態度〉等三篇文章，胡適是這樣說的：「其實一切文明都有物質和精神的兩部分：材料都是物質的，而運用材料的心思才智都是精神的。木頭是物質；而剜木為舟，構木為屋，都靠人的智力，那便是精神的部分。器物越完備複雜，精神的因子越多。一隻蒸汽鍋爐，一輛摩托車，一部有聲電影機器，其中所含的精神因子比我們老祖宗的瓦罐，大車，毛筆多的多了。我們不能坐在舢板船上自誇精神文明，而嘲笑五萬噸大汽船是物質文明。」（《胡適文集》第五卷第 513-514 頁）胡適是物質、精神統一論者，他這樣的論述也許跟反對他的人所理解的「精神」不盡相同，但其「西化」所指是明白無誤的，即要有蒸汽鍋爐，要造摩托車，要建大汽船。

〈中國今日的文化衝突〉（在《胡適文集》中題為〈文化的衝突〉）一文，在〈接受現代化〉一節裡說到了「採用西方文明某些方面如電報、電話、鐵路和輪船、軍事改組、政治變革以及新的經濟制度……」（第十一卷第 169 頁）這裡除了一些工業產品外，特別提到了「軍事改組、政治變革以及新的經濟制度」，用馬克思主義的語言說，這屬「上層建築」，用本書的說法，是制度文化，跟五四運動高舉的兩面大旗「科學」和「民主」基本上相同。

一九三三年寫的〈建國問題引論〉說：「這件建國的工作是一件極巨大，極困難，極複雜的工作。在這件大工作的歷程上，一切工具，一切人才，一切學問知識，一切理論主義，一切制度方式，都有供參考採擇的作用。」這裡用了五個「一切」，卻不是「無所不包」的文化，習俗文化的全部和工具文化的大部都不在內。在同一文裡，他強調了「今日當前的大問題依舊是建立國家的問題」，「大家應該用全副心思才力來想想我們當前的根本問題，就是怎樣建立起一個可以生存於世間的國家的問題……」（同上，第 356-357 頁）建國問題，首先就是選擇什麼制度的問題。

在一九四七年作的〈眼前世界文化的趨向〉裡，胡適把當前「世界文化共同的理想目標」概括為三個：「第一，用科學的成績解除人類的痛苦，增進人生的幸福。第二，用社會化的經濟制度來提高人類的生活，提高人類生活的程度。第三，用民主的政治制度來解放人類的思想，發展人類的才能，造成自由的獨立的人格。」（同上，第十二卷第 669 頁）這既是世界人民的「共同理想」，也是胡適開給中國人的「西化」的方子。在對第三個理想做具體論述時，胡適特別對當時一些人主張的「階級應該有自由，個人應該犧牲自由，以謀階級的自由」提出了批評，認為那是「一個小小的波折，一個小小的逆流」（同上第672 頁）

前邊提到的〈科學發展所需要的社會改革〉，是胡適於一九六一年十一月十六日在東亞區科學教育會議上所發表的講演，原為英文稿，後由徐高阮譯為中文，在臺灣《文星》雜誌發表。正是這一篇演講，引起許多人的反對，點燃了臺灣中西文化大論戰的烈火。此後不久，胡適逝世，這也是他最後一篇演講詞。這篇演講的主旨很明確，要發展科學，「我們東方人」第一「必須經過某種智識上的變化或革命」，第二，必須進行相應的「社會改革」，這兩者都是基礎，是前提，後一點從題目上就可看出。在建立一種新的認識、新的哲學上，胡適談得很多，他強調：「一位東方的詩人或哲人坐在一隻原始舢板船上，沒有理由嘲笑或藐視坐在近代噴射機在他頭上飛過的物質文明。」（第十二卷第 703、706 頁）

以上所述，概括起來，胡適所說的「西化」，除了建立應有的正確認識以外，不外兩個方面，一是用最現代化的生產方法，製造出先進的工業產品，進一步發展生產，提高人民的生活質量，另一是進行社會變革，實行民主制度，這最有利於發揮人民的創造力和聰明才智。軍事改組和建立好的經濟制度，也屬於「社會變革」。可以說，胡適的主張不過是一要發展經濟，搞好基礎，二要在上層建築領域實行變革，以適應經濟發展的需要。如果說胡適的「西化」有兩個輪子，這就是

兩個輪子。〈眼前世界文化的趨向〉是解放戰爭時期胡適向國民黨地區的人民講的，到臺灣以後，胡適更起勁地要蔣介石實行社會變革。雖然胡適生前沒有看到臺灣民主的實現，但在蔣家第二代手裡終於露出了民主政治的曙光。臺灣走上民主道路，胡適是最早、最有力的推動者，這也是他畢生的追求。

還要看到，胡適所說「西化」的「西」，並不是一個空間概念，而是一個時間概念，指的是人類文化中新產生出來、符合現實需要、能推動社會繼續向前發展的那一部分。用個簡單明瞭的說法，「西化」就是現代化。在這點上，胡適跟《申報月刊》的「中國現代化問題號」特輯的精神是一致的。胡適本人早在一九二九年就說過：「新文化運動的大貢獻在於指出歐洲的新文明不但是物質文明比我們中國高明，連思想學術，文學美術，風俗道德都比我們高明的多。陳獨秀先生曾指出新文化運動只是擁護兩位先生，一位是賽先生（科學），一位是德先生（民治）。」（〈人權論集〉，《文集》第五卷第 583 頁）這也是毛澤東所首肯的，他把「科學」和「民主」稱作五四運動的兩面大旗。我想，也可以在「現代化」前邊加上「文化」的修飾語，即是用人類最新的文化成果，首先是用人類對自身認識的最新成果，武裝頭腦，指導行動，一言以蔽之，實現文化現代化。

胡適在〈充分世界化與全盤西化〉裡說到他提議用「充分世界化」代替「全盤西化」幾個字的理由時，有這樣一段話：「例如我此刻穿著長袍，踏著中國緞鞋子，用的是鋼筆，寫的是中國字，談的是『西化』，究竟我有『全盤西化』的百分之幾，本來可以不生問題。這裡面本來沒有『折衷調和』的存心，只不過是為了應用上的便利而已。我自信我的長袍和緞鞋和中國字，並沒有違反我主張『充分世界化』的原則。我看了近日各位朋友的討論，頗有太瑣碎的爭論，如『見女人脫帽子』，是否『見男人也應該脫帽子』；如我們『能吃蕃菜』，是不是我們的飲食也應該全盤西化；這些事我看都不應該成問題。人與人交際，應該『充分』學點禮貌；飲食起居，應該『充分』注意衛生與滋養：這就

21

夠了。」（同上第五卷第 454 頁）胡適此處所說，非常典型化地表現了在中西文化大論戰中兩派爭論的焦點究竟是什麼。其實這個問題最簡單不過。它把兩種或幾種不在同一個層次上的文化混淆到了一起。「西化」指那些重要的東西，核心的東西，這裡說的吃什麼、穿什麼、用什麼和行什麼禮節等，屬於文化裡的紅花、綠葉之類，太瑣碎、太細小了。它們是人們的生活習慣、興趣愛好，最能夠表現出民族特色，而且有很強的穩定性，對社會如何發展、生產如何提高幾乎不會有什麼影響。胡適說「這些事我看都不應該成問題」，為什麼？就因為它們不在應該「西化」的事物裡。

且說胡適的〈中國今日的文化衝突〉發表後，潘光旦撰文說，文中一個詞可以譯為「全盤西化」，但他認為不確切，不同意這個說法。胡適在〈充分世界化與全盤西化〉中申述道：「我贊成『全盤西化』，原意只是因為這個口號最近於我十幾年來『充分』世界化的主張；我一時忘了潘光旦先生在幾年前指出我用字的疏忽，所以我不曾特別聲明『全盤』的意義不過是『充分』而已，不應該拘泥作百分之百的數量的解釋。」「我現在很誠懇的向各位文化討論者提議：為免除許多無謂的文字上或名詞上的爭論起見，與其說『全盤西化』，不如說『充分世界化』。『充分』在數量上即是『儘量』的意思，在精神上即是『用全力』的意思。」（同上第 454 頁）在同一篇文章裡，他又說「充分世界化」就是「充分採用世界文化」。

這就可見胡適所說必須「西化」的具體內容所在，即經濟基礎和上層建築。所說「現代化」，也主要是這兩個方面。這也可見「全盤」的具體含義何在了。「全盤」指應該「西化」的必須全部、徹底地「西化」，不能留死角。那些不該「西化」的當然不在「全盤」之內。「全盤」不等於所有的文化。所以胡適說：「例如我此刻穿著長袍，踏著中國緞鞋子，用的是鋼筆，寫的是中國字……本來可以不生問題。」

正是在這點上，胡適跟陳序經等人有了明顯的區別。陳序經在《中國文化的出路》第五章《全盤西化的理由》中，舉出他的兩個理由是：

（一）歐洲近代文化的確比我們進步得多。（二）西洋的現代文化，無論我們喜歡不喜歡，它是現世的趨勢。即是說，陳序經著眼的不是政治制度、經濟制度這一類重要的東西，而是所有的文化，包括學術、繪畫等在內。他說，任何一種文化，都是一個系統，不能把它們分割開來。這從他對胡適、陳獨秀等人的批評中也看得出來。在《中國文化的出路》和《東西文化觀》兩本書裡，陳序經都對陳獨秀和胡適「西化」的範圍之窄表達了不滿。在《東西文化觀》的第三編（這一編的題目也是〈全盤西化的理由〉）裡，他說「陳氏所要的西化，不外是民主主義和科學，除此以外別沒所要。那麼陳先生所要的西化卻非全部的西化，而是部分的西化。」（見《陳序經學術論著》第 250 頁）對胡適，他認為胡適在〈介紹我自己的思想〉一文裡說的「我們必須承認我們自己百事不如人。不但物質機械上不如人，不但政治制度上不如人，並且道德不如人，知識不如人，文學不如人，音樂不如人，美術不如人，身體不如人」是表達得最好的，「設使這些言論是代表整個胡先生，那麼這個胡先生差不多可以說是主張西化的胡先生」（同上第 155 頁），言下之意，胡適要西化的範圍太小了，因此算不得「全盤西化」派；因為胡適還留戀某些中國文化，不能全部予以掃蕩，所以他是折衷派。這就是陳序經眼裡的胡適。這也從另一方面說明，胡適所要的西化，是科學和民主這些最主要的東西。

　　「全盤西化」派中的其他一些人，跟陳序經有相似之處。如呂學海說「不管我國的地理環境是怎樣（其實我國的地理環境與西洋並無根本上之不同），文化情況或社會狀態如歷史、宗教、風俗、習慣等怎樣，我國都可以『全盤西化』。」（轉引自《從「西化」到現代化》第 385 頁）。這樣的「全盤西化」之後，中國成了什麼樣的國家，中國文化成了什麼樣的文化？

　　在下一節要談的王新命等十教授的〈中國本位的文化建設宣言〉，發表以後，胡適發表〈試評所謂「中國本位的文化建設」〉，指出〈宣言〉只不過是「『中學為體西學為用』的最新式的化妝出現」而已，王

新命遂作〈全盤西化論的錯誤〉，說「陳序經的全盤西化論，和胡適的西化論畢竟有點不同。陳序經是主張以西洋的文化代替中國的文化，並希望全盤西化的父親能生全盤西化的兒子。胡適是主張自己向著西化的懷抱猛撲，讓中國固有的文化自然而然地從西化懷裡曳自己回到『中國本位』。前者是從西化到西化，後者是從全盤西化到半盤西化，前者是極端的全盤西化論，後者是以折衷為目的的全盤西化。」（轉引自《從「西化」到現代化》第 433 頁）指出陳序經的「全盤西化」論跟胡適的「全盤西化」論有所不同，是對的，對胡適的「全盤西化」論的解釋卻是錯的。其原因，就在於他沒有看出胡適所說的需要「全盤西化」的東西是什麼，胡適要達到的「半盤西化」又是什麼，它在整個文化中，在國家發展、社會前進中起什麼作用。

從〈宣言〉到〈宣言〉

在《申報月刊》發起「中國現代化問題」討論和陳序經在中山大學演講〈中國文化之出路〉之後不久，一九三五年一月十日，王新命、何炳松、武堉幹、孫寒冰、黃文山、陶希聖、章益、陳高傭、樊仲雲、薩孟武十位教授，在《文化建設》第一卷第四期發表了〈中國本位的文化建設宣言〉。

〈宣言〉一開頭，作者以憂心忡忡的心情告訴讀者：「在文化的領域中，我們看不見現在的中國了。中國在對面不見人形的濃霧中，在萬象蟄伏的嚴寒中：沒有光，也沒有熱。為著尋覓光與熱，中國人正在苦悶，正在摸索，正在掙扎……」又說：「中國在文化的領域中是消失了：中國政治的形態、社會的組織、和思想的內容與形式，已經失去它的特徵。由這沒有特徵的政治、社會和思想所化育的人民，也漸漸的不能算得中國人。所以我們可以肯定的說：從文化的領域去展望，

現代世界裡面固然已經沒有了中國，中國的領土裡面也幾乎已經沒有了中國人。」

在這樣的時機，由十位教授聯名發表宣言，宣言又充滿如此悲傷的調子，其意義自非尋常，所以立即引起人們的極大關注。

最早對十教授〈宣言〉發表評論的，是吳景超。吳景超在〈建設問題與東西文化〉（《獨立評論》第一三九號）一文裡，為十教授的態度定性為折衷派，說「這種折衷的態度，我個人是很贊同的」。以下，作者批判了全盤西化派和復古派。也正是吳氏這篇文章，使胡適感到不快；吳把胡適歸在折衷派裡。胡隨即撰文，宣稱自己是贊同「全盤西化」的，不是折衷派。陳石泉〈中國文化建設的動向〉（1935 年 3 月 13-3 月 21 日《大公報》）、張佛泉〈西化問題之批判〉（1935 年 4 月）、張熙若（張奚若）〈全盤西化與中國本位〉（1935 年 4 月）、陳立夫〈文化與中國文化之建設〉（1935 年 5 月 10 日）、常燕生〈我對於中國本位文化建設問題的簡單意見〉（1935 年 5 月 30 日）等文，都持跟吳景超相近似的態度，也都有些小異，各自申述了不同的看法。

明確反對十教授〈宣言〉的，是胡適。胡適一針見血地指出，「十教授在他們的宣言裡，曾表示他們不滿意於『洋務』『維新』時期的『中學為體西學為用』的見解。這是很可驚異的！因為他們的『中國本位的文化建設』正是『中學為體西學為用』的最新式的化妝出現。說話是全變了，精神還是那位勸學篇的作者的精神。『根據中國本土』，不正是『中學為體』嗎？『採取批評態度，吸收其所當吸收』，不正是『西學為用』嗎？」（《胡適文集》第五卷第 448 頁）胡適特別指出：「凡兩種不同文化接觸時，比較觀摩的力量可以摧陷某種文化的某方面的保守性與抵抗力的一部分。其被摧陷的多少，其抵抗力的強弱都和那一個方面的自身適用價值成比例：最不適用的，抵抗力最弱，被淘汰也最快，被摧陷的成分也最多。如鐘錶的替代銅壺滴漏，如槍炮的替代弓箭刀矛，是最明顯的例。……」（同上第 450 頁）此文發表後，陶希聖撰文辯解，胡又作〈略答陶希聖先生〉，見《胡適文集》第十一卷。

王新命也作〈全盤西化論的錯誤〉，指出「陳序經的西化論，和胡適的
西化論畢竟有點不同」，前已引用。又說「陳胡二氏的全盤西化論，有
二共同點。就是中國固有的文化，縱有可存，也不應存，西方文化，
縱有可捨，也不應捨。」在這裡，王新命犯了像梁漱溟同樣「籠統」
的毛病，他所指責的胡適的錯誤當然遠離了實際。這且不說。針對胡
適的批評，「王新命等十教授」於五月十日聯名發表了〈我們的總答
覆〉，宣稱「我們所主張的中國本位，不是抱殘守闕的因襲，不是生吞
活剝的模仿，不是中體西用的湊合，而是以此時此地整個民族的需要
和準備為條件的創造」。又說：「我們的信念是如此，所以我們所揭櫫
的中國本位文化建設，在縱的方面不主張復古，在橫的方面反對全盤
西化，在時間上重視此時的動向，在空間上重視此地的環境，熱切希
望我們的文化建設能和此時此地的需要相吻合。」（轉引自《從「西化」
到現代化》第 468 頁）嚴既澄於二十二日在《大公報》發表〈〈我們的
總答覆〉書後〉，針對「中國本位」幾個字，說「就本報日前所發表王
新命等十位先生之總答覆看來，原來提出這個名詞的人僅以此表示『中
國此時此地所需要的』這點意思，那真未免有點太不值得了。」對於
王新命等人辯解的他們的「中國本位」跟胡適指責的「中學為體西學
為用」「根本不同」，嚴氏在文章中說：「據我個人近來在許多人的口中
和筆下觀察所得，他們的這種分別是不大容易得到眾人的理解的；許
多人都只知道『中國本位文化建設』說就是截長補短說，其辦法就是
以中國固有的文化為主，而吸收西洋文化之所長以補助之。……以致
我在未讀他們的總答覆之前，心裡也老是疑惑他們的主張和中體西用
說並不見得有多大不同處，我所謂形勢很嚴重的惡影響，也正是指那
些從這個普遍的誤解產生出來的言論和現象而言。」（轉引自《從「西
化」到現代化》第 471-472 頁）

值得注意的是，這份〈宣言〉的執筆者和簽署者心中十分清楚，
他們所憂慮的不在整個國家，而在這個國家的「文化領域」；他們所建
議的，也不是國家的政治、社會、組織應該如何，而是應有「它自己

的特殊性」和「一定的時代性」。「中國本位的文化建設，是創造，是迎頭趕上去的創造；其創造目的是使在文化領域中因失去特徵的沒落的中國和中國人，不僅能與別國和別國人並駕齊驅於文化的領域，並且對於世界的文化能有最珍貴的貢獻。」作者始終把他們的注意力集中在文化領域，是這篇宣言的最大特點，也是應該引起我們深切注意的。即使像陳序經那樣的「全盤西化」論者，他所說的西化又何嘗不是偏重在「文化領域」？這一點，吳景超看得很清楚。吳景超在〈建設問題與東西文化〉一文裡，引用了陳序經申述「全盤西化的理由」所說第一點之後說：「因為『文化本身是分不開的』，西洋文化是『一種系統』，『各方面都有連帶及密切的關係』，所以我們在一方面如採納西洋文化，別方面也非採納西洋文化不可。假如這種理論是對的，那麼全盤接受說便可成立，可是『文化本身上是分開不得』的說法，只含有一部分的真理。我們可以承認火車頭與軌道兩種文化單位是分不開的，男女同校與社交公開兩種文化單位是分不開的。我們決不能一方面採納西洋的火車頭，一方面還保存中國的男女授受不親的禮教。但是整個文化的各部，是否都像上面所說的那樣『分不開』呢？我們採納了西洋電燈，是否便非採納西洋的跳舞不可呢？採納了西洋的科學，是否便非採納西洋的基督教不可呢？我們的答案，恐怕不會是肯定的。文化的各部分，有的分不開，有的是分得開。別國的文化，有的我們很易採納，有的是無從採納……」（轉引自《從「西化」到現代化》第 404 頁）在另一處，吳景超說：「在『西方文化』這個名詞之下，包含許多互相衝突，互不兩立的文化集團。獨裁制度是西化，民主政治也是西化；資本主義是西化，共產主義也是西化；個人主義是西化，集團主義也是西化；自由貿易是西化，保護政策也是西化。這一類的例子，舉不勝舉。所謂全盤西化，是化入獨裁制度呢，還是化入民主政治？是化入資本主義呢，還是化入共產主義？西方文化本身的種種矛盾，是主張全盤西化的致命傷。」（同上第 405 頁）

〈中國本位的文化建設宣言〉所說的文化為狹義的文化，也就是過去多年我們常常把文化跟政治、經濟並舉的文化，或者說主要指學術、文藝、教育、科學技術等這些起工具性作用的文化，以及人們的文化心理、風俗習慣等，嚴既澄也看出來了。前邊引用了嚴所作〈《我們的總答覆》書後〉一文。在所引「許多人都只知道『中國本位文化建設』說就是截長補短說」一段話後，作者說：「還有人更進一步而討論到中西文化的優劣比較的問題，例如北平市各名流舉行第一次『中國本位文化建設座談會』於公園水榭之時，便有某院長說到今日到會的人大多數都穿著中國衣服，可見還是主張中國本位文化者為較多的話（根據報載），而且當時到會者所發言論，也大都側重于中國固有文化之發揚，這就與中體西用說無甚差別了。可見這個看法是很普遍的，而那天也參加座談會的宣言起草人之一陶希聖先生卻並未曾明白矯正各位發言人的誤解——依他們現在的總答覆說，這個看法便成為誤解了」，這以下便是前引的「以致我在未讀他們的總答覆之前，心裡也老是疑惑他們的主張和中體西用說並不見得有多大不同處」。

都說「文化」，但「所指」不同，不僅容易產生誤解，從根本上說，那不是就同一個問題展開辯論，而是各說各話。可是辯論雙方都沒有覺察到這個問題，仍都在有滋有味地繼續辯論，仍都在激烈地爭吵。讀到這些地方，有時覺得好笑。

有趣的是，三十年後，也有幾位文化名人發表一份宣言，題目是〈為中國文化敬告世界人士宣言〉，副題為〈我們對中國學術研究及中國文化與世界文化前途之共同認識〉，署名者為牟宗三、徐復觀、張君勱、唐君毅四人。正文之前有一段按語：「此宣言之緣起，初是由張君勱先生去年春與唐君毅先生在美談到西方人士對中國學術之研究方式，及對中國與政治前途之根本認識，多有未能切當之處，實足生心害政，遂由張先生兼函在台之牟宗三、徐復觀二先生，徵求同意，共發表一文。後經徐、牟二先生贊同，並書陳意見，由唐先生與張先生商後，在美草定初稿，再寄徐、牟二先生修正。往復函商，遂成此文。

此文初意，本重在先由英文發表，故內容與語氣，多為針對若干西方人士對中國文化之意見而說。但中文定稿後，因循數月，未及迻譯。諸先生又覺欲轉移西方人士之觀念上之成見，亦非此一文之所能為功。最重要者仍為吾中國人之反求諸己，對其文化前途，先有一自信。故決定先以中文交《民主評論》及《再生》二雜誌之一九五八年之元旦號，同時發表。特此致謝。」〈為中國文化敬告世界人士宣言〉就是這樣來的。本書所說新儒家，即指這篇〈宣言〉的四位作者和他們所代表的思潮。這篇〈宣言〉在很長時間裡大陸是看不到的，現在收在湯一介主編的《港臺海外中國文化論叢》之《當代新儒家》一書裡，由三聯書店於一九八九年四月出版。本書所據，也就是這個版本。

　　讀新儒家〈宣言〉，你會感受到作者們的那顆焦灼的心，跟一九三五年十教授〈宣言〉是一樣的。

　　新儒家是──用該書編者景海峰〈編序〉中語──「中國現代思想中文化保守主義的傳人」，這一點，他們自己並不否認。這些新儒家是直接繼承宋明理學而來的。他們的焦灼來自內外兩方面。就國內方面說，從一八四〇年以來，儒家的道統經受了三次大的打擊。第一次，是一八四〇年以後的「西學東漸」，變法維新，使一向被當作官方學派的儒家思想退居極其次要的地位，被邊緣化，受到冷落。第二次是五四運動。在五四運動中，孔儒學說不僅失去了跟其他學派相同的生存資格，而且慘烈得多，要被打倒，被批判。「打孔家店」就是那個時候很響亮的一句口號。第三個打擊，乃是這幾位新儒家當時的處境──流落海外。在這些新儒家看來，中國文化是鮮活的，是有生命的，可是人們看不到這一點。「五四運動以來流行之整理國故之口號，亦是把中國以前之學術文化，統於一『國故』之名詞之下，而不免視之如字紙簍中之物，只待整理一番，以便歸檔存案的。」這幾位作者「自知我們並未死亡」，他們戚戚然以「在許多西方人與中國人之心目中，中國文化已經死了」而感到悲傷，他們高呼，他們懇求：「中國與世界人士研究中國學術文化者，須肯定承認中國文化之活的生命之存在」！

　　從國外方面說，新儒家認為外國人對待中國文化一直存在兩種錯誤的傾向。一種是對孔儒學說做了錯誤的理解和闡釋，如利瑪竇等人把宋明理學「只作一般西方當時之理性主義、自然主義、以至唯物主義思想看」，而未得其要領。另一種是把中國看作一個古董店，「西方人從中國文物所引起之好奇心，及到處去發現、收買、搬運中國文物，以作研究材料之興趣，並不是直接注目於中國這個活的民族之文化生命、文化精神之來源與發展之路向的。此種興趣，與西方學者要考證已死之埃及文明，小亞細亞文明，波斯文明，而到處去發現、收買、搬運此諸文明之遺物之興趣，在本質上並無分別。」文中說：「我們的懇求，只是望大家推擴自己之當下自覺是活的之一念，而肯定中國之歷史文化，亦是繼續不斷的一活的客觀的精神生命之表現，則由此研究所得的結論，將更有其客觀的意義。」

　　讀新儒家〈宣言〉，你可以看到，作者筆下的文化，跟一九三五年十教授〈宣言〉是相同的。

　　從前引段落已可知道，新儒家所焦灼、所擔心、所不願看到的，是中國傳統的學術文化失去生命，成為一堆廢物。而所謂學術文化，首先是中國古代的哲學，它是中國——如〈宣言〉所說——「精神生命之核心」，「只有從中國之思想或哲學下手，才能照明中國文化歷史中之精神生命」。其次是中國文化中之倫理道德與宗教精神。還有中國心性之學。在第十節，作者們詳盡論述了「西方人應向東方文化學習」的智慧，共分五點，一是「『當下即是』之精神，與『一切放下』之襟抱」，二是「一種圓而神的智慧」，三是「一種溫潤而惻怛或悲憫之情」，四是「如何使文化悠久的智慧」，五是「天下一家之情懷」。〈宣言〉的作者們當時的處境，從一方面說，值得人們同情，從另一方面說，又不能不說使他們真正體會到了另一種社會制度跟中國幾千年的專制的區別，使他們有了一個重大的參照系。〈宣言〉中說到「中國文化之發展與民主建國」的問題，便有其必然性。在這些新儒家看來，民主政治是必要的，「現在之問題，則唯在中國民族迄今尚未能真正完成其民

主建國之事業」。新儒家看到這一點，是對的，但是他們又從中國文化中去尋找「民主思想之種子」，就不妥當了。他們把建立民主政治的希望寄託在個別「聖君」的道德之「良心發現」上，才真是緣木求魚。

不可否認的是，在新儒家眼裡，所謂文化，或說中國文化，主要指學術（即孔儒學說）文化，其「所指」跟王新命等十教授所發表的〈中國本位的文化建設宣言〉相同。

新儒家這些在文化上持保守主義立場的人，在政治上卻不一定也是保守主義者。對此，景海峰為《當代新儒家》所作〈編序〉，有深刻的論述：「文化保守主義與政治上的保守主義有密切關係，但又有很大不同。從根本上來說，文化保守主義者並不是墨守現行政治制度和社會現狀的政治保守主義。在政治觀點和社會立場上，他們可以採取很激烈的態度和方式，而對待文化傳統卻恭敬備至，充滿刻骨銘心的愛意……本世紀初的英國政論家塞西爾（H.Ceeil）在其有名的《保守主義》一書中寫道：『保守主義在政治實踐上當然是同自由主義和社會主義對立的。然而，作為一種政治思想體系而論，它並不同這二者直接對立。』就文化層面言，維護傳統的文化保守主義者不但不反對社會革命運動，而且有可能成為它的同情者和支持者。如熊十力對於現代中國革命的態度，便是如此。在政治上，他是一位堅定的愛國民主人士，對封建專制主義深惡痛絕，對民主革命有深切的嚮往和極大的關懷。但在對待傳統文化方面，他卻恭敬虔誠，態度保守，遠遠落後於時代。面對五四的震撼，他一方面為反帝反封建的昂揚氣氛和科學民主的巨大聲浪所打動，另一方面對批判傳統文化的喧囂又深深地感到不安。這種矛盾的心境伴其一生，在他著作的字裡行間無處不流露出來。」（該書序文第7頁）就這點說，熊十力是值得人們敬仰的。只不知他在看到這篇〈宣言〉中的這個段落時會是怎樣的想法。這種矛盾現象，從另一方面說明，這篇〈宣言〉所說的文化，是通常把文化跟政治、經濟並舉的狹義的文化，並不包括國家政治制度、經濟制度等在內。

　　說到這裡，我想到林語堂。在對西方文化、特別是對英美等國家民主制度的態度上，在對中國傳統文化的看法上，林語堂跟胡適基本上是相同的。對中國傳統文化，兩人有一個重大區別，是胡適只顧埋頭研究，而不注重向西方人宣傳，林語堂卻以向西方人宣傳中國文化為己任，做了許多工作。林語堂有一副對聯：「兩腳踏東西文化，一心評宇宙文章。」前一聯又分為兩個方面：對中國人講外國文化，對外國人講中國文化。在對外國人講中國文化這點上，林語堂跟牟宗三等四人的這個〈為中國文化敬告世界人士宣言〉有相似之處。宣傳中國文化和如何推動國家向前發展應該是兩回事，都是文化，但「所指」不同，把它們攪在一起，就是混淆了主次，混淆了黑白，混淆了本質和現象。

　　在三十幾年時間裡，熱愛中國傳統文化的人先後發表了兩個〈宣言〉。兩個〈宣言〉，詳略不同，主旨有異，但其基本精神是一脈相承的，都是有感于中國傳統文化被冷落而發出焦急的呼籲。讀新儒家的〈宣言〉，你會感到，作者們「中國文化本位」的立場，跟他們的前輩是同樣堅定！所不同者，一九三五年〈宣言〉著重談如何發展「中國本位文化」，而新儒家〈宣言〉，是如何把中國文化推向全世界。兩個〈宣言〉還有一個極其相似的地方，就是都把學術文化當作文化的根本。他們厭惡封建專制，嚮往民主政治；這一點，應該得到肯定。但由於對文化本身的狹隘理解，他們所開的處方，完全錯了，這樣他們那個美好的願望，便只能是「畫地作餅」，永遠不能為他們充飢。新儒家〈宣言〉還給人們留下一個難題：對他們既急於向西方人士推銷中國的傳統文化又急於「民主建國」的心情，或者如該書編者景海峰所說，這些「維護傳統的文化保守主義者不但不反對社會革命運動，而且有可能成為它的同情者和支持者」的這一矛盾現象，該如何理解？

一九六二年臺灣中西文化大論戰

　　如果說前述〈「全盤西化」論種種〉主要評述了胡適等「西化派」的觀點，〈從〈宣言〉到〈宣言〉〉主要評述了「新儒家」的觀點，那麼，在這一節裡，我們就把一場活生生的大論戰介紹給讀者，這便是一九六二年發生在臺灣的中西文化大論戰。這次大論戰，爭論之激烈，參加人數和論爭陣地之多，爭論時間之集中，影響之深遠，都是前所未有的。從一九四九年起，大陸的主流意識形態和主流文化已經確定，知識界在道路取向上的不同意見便只能在臺灣一隅展開。雖在臺灣一隅，但它在中國現代思想史上的地位和重要性卻是不能忽略的。因為參加論戰的人，大部分是從大陸去的，有許多人還是以前幾次論戰的主角，這次論戰可看作前幾次論戰的繼續，只不過把戰場搬到臺灣罷了。

　　這次論戰，要從胡適說起。

　　前邊提到的胡適的〈科學發展所需要的社會改革〉，原是他一九六一年十一月十六日在東亞區科學教育會議上的講演（按，有的傳記中把講話日期說成 11 月 6 日，把會議名稱說成「亞東區科學教育會議」，此處據北京大學出版社 1998 年版《胡適文集》第六卷文末附注），本為英文稿，由徐高阮譯成中文，刊登在十二月一日出版的《文星》雜誌第九卷第二期上。此前三年多，由牟宗三等四人聯署的〈為中國文化敬告世界人士宣言〉發表。也許胡適預料到他這次講演將會產生巨大的反響，並引起一些人的反對，他在講話的開頭以「魔鬼的辯護士」自喻，說：「我居然來了，居然以一個『魔鬼的辯護士』的身分來到諸位面前，要說幾句怪不中聽的話給諸位去駁倒、推翻。」在這篇講演中，作者堅持他三十多年來的一貫思想而又有新的發揮。其中心思想是：「為了給科學的發展鋪路，為了準備接受、歡迎近代的科學和技術

的文明，我們東方人也許必須經過某種智識上的變化或革命。」所說
「智識上的變化或革命」，就是拋棄傳統觀念，建立用西方的先進思想
和技術改造整個國家的新觀念。接著，他從消極的和積極的兩方面，
論述了「這種智識上的革命」的任務，再三強調，科學技術不僅是物
質的，而且也是、甚至更是精神的，「我們東方的人最好有一種科學技
術的文明的哲學」，「把科學和技術的近代文明看作高度理想主義的、
精神的文明」。針對一些人留戀「東方文明」，胡適說：「現在，正是我
們東方人應當開始承認那些老文明中很少精神價值或完全沒有精神價
值的時候了：那些老文明本來只屬於人類衰老的時代，——年老身衰
了，心智也頹唐了，就覺得沒法子對付大自然的力量了。的確，充分
認識那些老文明中並沒有多大精神成分，甚或已沒有一點生活氣力，
似乎正是對科學和技術的近代文明要有充分瞭解所必需的一種智識上
準備；因為這個近代文明正是歌頌人生的文明，正是要利用人類智識
改善種種生活條件的文明。」（《胡適文集》第十二卷第 704-706 頁）

　　最先對胡適這篇講演詞表示反對的，是「新儒家」徐復觀。徐在
他主持的《民主評論》上，發表了〈中國人的恥辱，東方人的恥辱〉
一文，說：「今天在報上看到胡博士在東亞科教會的演說，他以一切下
流的詞句來誣衊中國文化，誣衊東方文化，我應當向中國，向東方人
宣布出來，胡博士擔任中央研究院院長，是中國人的恥辱，是東方人
的恥辱。」說胡適「過了七十之年，感到對人類任何學問都沾不到邊，
於是由過分的自卑心理，發而為狂悖的言論，想用誣衊中國文化、東
方文化的方法，以掩飾自己的無知，向西方人賣俏，因而得點殘羹冷
汁，來維持早已捧到廁所裡去的招牌，這未免太臉厚心黑了」。接著，
《政治評論》、《中華雜誌》、《自由報》、《文星》、《大華晚報》、《自立
晚報》、《聯合報》、《徵信新聞》等多家媒體，都發表了相似的意見。《大
華晚報》連載「立法委員」邱有珍給胡適的公開信，用詞激烈，胡適
的秘書胡頌平怕胡適看見，心中不快，影響其心臟，遲遲沒有拿給胡

適看，但胡適卻自己注意到了。另一位「立法委員」，竟在「立法院」的會議上提出「質詢」。

　　也有替胡適說話的，主要是大學畢業不久、剛剛二十七歲的李敖。李敖的〈播種者胡適〉是在徐復觀的文章發表之後寫的，表面上沒有談到胡適在東亞科教會上的講演，實際上那是他對徐文的反批評。由於那些人連胡在新文化運動中的功績和其他方面的功績都持否定的態度，所以李敖的文章就從胡在中國現代化上的「真貢獻和真價值」說起。接著，香港《自由報》社長雷嘯岑，以馬五的筆名，在一月十七日出版的《自由報》上發表了〈由文章談到胡適〉，認為李敖的文章「是一篇好文章」，「褒貶意義都有，可算是縮影的《胡適評傳》」。香港《中國學生週報》上的若蘭、《展望》雜誌上的孟戈、臺灣《作品》雜誌上的蘇雪林、《民主中國》雜誌上的牟力非、《文星》雜誌上的王洪鈞、東方望、田尚明等，都有支援李敖的文章發表。還有些報刊，如《自立晚報》、《十字論壇》、《自治》半月刊，以及後來坊間出版的一些專集，全文轉載了李敖的文章。這一下，原來反對胡適的，現在都回過頭來反對李敖。加上不久胡適因病猝然長逝，這樣李敖便成了臺灣中西文化大論戰一方的大將，另一方的主要人物則是新儒家徐復觀以及胡秋原、任卓宣（又名葉青，曾是中國共產黨重要成員）、鄭學稼等人。

　　如果說圍繞〈播種者胡適〉的爭論著眼於對歷史事實的認知和核實，不可能、也沒有必要多費唇舌，那麼，由李敖另一篇文章所引起的爭論，就是面向未來，涉及國家走什麼道路、社會如何發展的大問題。李敖的另一篇文章，題為〈給談中西文化的人看看病〉。

　　李敖這篇文章開頭說，自徐昌治編了《聖朝破邪集》「三百年來，朝代換了，古人死了，這部書的紙張也變黃了，可是聖朝破邪的細菌並沒有消失，它鑽進中國人的感情裡，一代又一代，隨著愚昧程度的深淺而有著不同的病象：有時中體西用的譫語出現了，那好像是一場傷寒；有時超越前進的怪調出現了，那好像是一場白喉；有時義和團的瘋狂出現了，那好像是一場猩紅熱。」作者慨歎，「在思想上，我們

不是一個正常發展的有機體。在別人都朝著現代化的跑道競走的時候，我們卻一直發著怪病，一直在跑道的起點逡巡不前。」「三百年了，原在我們前面的，離我們更遠了；原在我們後面的，也紛紛跑到我們前面去了。可是我們還不肯勞動足下去快跑，我們還在腦袋裡做著後來居上的迷夢，夢著我們老祖宗曾是不可一世的選手，我們總想憑點祖上的餘蔭來佔便宜，總想憑點祖傳的步法迎頭趕上。」作者要為中國文化診診病。過去也有人診過病，但「歷代研究這些心病的醫生本身就是病人」，自然不能看清病象，弄清病源。他把病例分為十一種，每種釐定一個病名。計有「義和團病」、「中勝於西病」、「古已有之病」、「中土流傳病」、「不得已病」、「酸葡萄病」等，他們共同的色彩是西方並不值得學，我們固有文化是無待外求的。另外還有「中學為體西學為用病」、「東方精神西方物質病」、「挾外自重病」等。（《李敖大全集》，第二卷第 415-448 頁）

　　胡適、李敖等人文章的主旨是很明確的。他們所要求的西化，就是科學和民主，就是在政治上、經濟上、社會組織上，把人類最新、最好的一套搬運過來，以真正代替在中國延續了兩千多年的封建君主專制。這是針對蔣介石的獨裁統治的。也可以說，在國家政治生活上實現現代化。這一點，在論戰中屬於胡適、李敖一派的幾個人都有很明白的宣示。詩人余光中說：「問題不是中國之西化，而是中國之現代化。如是則中西文化論爭殆亦今古之爭，而今古之爭是自古至今、自今而後永無休止的爭執。」學者勞榦說：「西化就是指近代化，凡是近代的國家，文化都已達到一個共同的標準。這種文化也就是以科學和工業領導的文化。」李敖是把五四運動中提出的「科學」和「民主」跟「現代化」聯繫在一起，三位一體，作為「西化」的具體內容。在《為中國思想趨向求答案》一書的序文裡，李敖說：「在路的兩邊，他們散播真正西方的花種，花種名目是『科學』、『民主』、『現代化』。這些種子不是來自東方，兩千五百年的中國歷史裡不曾有它。兩千五百年來從沒有過的果實，我們要它從我們的手裡連根長起。『悠然見南山』

的季節還早著哩！現在的時候，只是播種與春耕。」又說：「在舉世滔滔，走向『科學』、『民主』、『現代化』的洪流裡，任何民族都沒有力量做時代前途的阻礙，想用『玄學』、『教條』、『古典化』來獨挽狂瀾。」（同上，第414頁）

　　李敖〈看看病〉的文章發表後，很快形成狂轟濫炸式的大圍剿。給李敖戴的帽子之多，難以計數。有「胡適的鸚鵡」、「胡適信徒」「陳序經的陰魂不散，『全盤西化病』的復發」。「他以『文化醫生』自居，『指控』過去和現在談中西文化的人，都是『蒙古醫生』，都是有『民族愛情』的『傳統派』。」說李敖「淺薄無知，真是不可思議」。又說李敖「把『文警』、『傳聲筒』、『打手』等輕蔑的字眼，籠統的加到討論文化問題的學人身上，可謂惡毒已極，下流之至，盡了最大的侮辱之能事！」說李敖和陳序經「穿著一條褲子」。還有稱李敖為「文化太保」等。至此，論戰雙方都已擺開陣勢。支持李敖的都是一些年輕人，而反對者，則大都是中老年人，而且都是名家。這不僅體現著現代文化在不同年齡人口中的向背情況，而且預示著未來文化選擇、文化發展所必然會有的趨勢──那些反對者，儘管喊得聲嘶力竭，對社會的發展究竟能起多大作用，是很值得懷疑的，因為他們的聲音必然隨著他們的逝去而減弱。

　　從四月份起，論戰進入第二階段，即論戰的擴大。其最明顯的特點，是參加的人數和陣地擴大了。以上所說報紙刊物，在此後的一兩個月裡，繼續刊發大量文章。另有許多日報、晚報、英文報，也都不斷發表文章或消息。還有，如《中國世紀》、《獅子吼》、《文苑》、《中外建設》、《創作》、《青年雜誌》、《政大僑生》、《台大青年》、《新時代》、《中西文化》等，都捲入在論戰之中。論爭之激烈，從下文即可看到。「數月來，一位『狂熱的西（美）化派』青年，用盡了尖酸刻毒的字眼，罵盡了近三百年來四十餘名學者名家；一言不合，持『如刀之筆』以橫衝直撞，結果是狠話說了一大堆，造成一股子暴戾之氣，卻不在論戰主題上用功夫。於是『文化太保』這個名詞流傳於中年以上的知

識分子之間，也出現在雜誌上了。」論戰擴大和深化的另一個標誌，是舉行座談會，發表多人談話，用集體輿論造勢。五月十三日，《政治評論》社舉辦「中西文化座談會」，邀請「對此問題有研究及有關係的學術教育權威人士參加」，葉青（即任卓宣）為主席，有口頭發言和書面發言兩種。發言者有沈剛伯、吳相湘、徐復觀、吳康、胡秋原、趙一葦等。徐復觀在發言中說：「胡派言論見於最近某刊物。其用盡一切誣賴之方法、醜詆之詞彙、兇橫之氣勢，較之斯大林對付其政敵、希特勒之屠殺猶太人，有以異乎？抑無以異乎？」第三個標誌，是獨掌臺灣天下的國民黨系統的人馬，由外圍到核心，漸次走到前臺來了。先有一批「國家主義者」，即在臺灣的「青年黨」人，參加論戰。繼有前「國民黨中宣部長」梁寒操在臺北《自立晚報》發表〈最近中西文化問題論爭的我見〉，說：「像陳序經等所主張全盤西化之論，在理論上實在很難成立。」發展到「副總統」陳誠等人出來發表談話，指斥李敖。

香港《天文臺》雜誌四月十六日寫道：「今年發生在臺灣思想界中的一件大事，是中西文化論戰。截至目前，大致分成三派：傳統派、西方派、超越派，這些文章多數發表於特別為此而擴大了篇幅的《文星雜誌》（銷路亦為之而激漲），已有數十萬字。香港文化界應不能忽視此一現象。」「在短短的數期中，這次『突如其來』的大論戰，已接觸並包括了許多許久未被提出及應予解決的文化思想問題。使臺灣沉寂的思想界，忽然活躍起來，潑辣尖銳，生猛異常。較諸過去的科學論戰及社會史論戰，顯然進了一步（或正向此發展），內容亦較豐富、緊密、時代化、國際化一些。技巧更成熟得多。」又說，這次論戰「是不大和平的，『無情』的」，「實際上已發生傷亡及痛苦」。「但從大處看，從文化思想需要再啟蒙、再澄清、再建設、再擴大豐富緊密、再復活及準備再戰鬥的客觀要求看，這一次的痛苦，卻是難產前的陣痛。」「而此難產不發生於大陸、香港、南洋和美國，而發生在臺灣，也是一種好現象。表示臺灣的思想界仍然是較有條件、較有任務感、較有

獨立精神和自由（不受任何外國人的拘束）的基幹、先鋒。」總的說，在臺灣出現的這一場充溢著火藥味兒的大論戰，香港的學術界和新聞界比較地顯得超脫和冷靜，大多數人沒有參加到論戰之中，而僅僅是站在場外、站在第三者的地位觀看。他們喜歡那種敢於自由表達意見、敢於爭論的形勢，遠遠超過對具體觀點的認同。像費光華那樣激烈反對李敖西化論的聲音，被大量報導性文章所淹沒，幾乎讓人聽不到。那些報導性文章，對李敖又多是同情的，至少是為有這樣的青年而感到興奮。

　　這次論爭，總的說，不夠冷靜和理智。反對李敖的一方以打棍子、戴帽子、抓辮子為主要手法，並沒有真正講出多少道理。李敖的文章，指證確鑿，判斷有力，但言詞過於激烈，使對方很難接受，一開始便處在相敵對的地位。〈敬答吳心柳先生〉透露，作者自寫了兩篇〈看看病〉的文章後，「一直用『老僧不聞不問』的態度來應付外界的營擾」，同時深信，目前唯一一該做的事，是「從〈看看病〉式的導言或引論，轉進到細談一些問題，多寫幾個分論」。可惜作者沒有「多寫幾個分論」。不過這只是形式上的缺陷。這場論爭最根本的問題，我以為主要在於雖然人人都知道這是「文化」論爭，但各個人心目中的「文化」是什麼，大家並沒有一個交集點，或者說沒有共識，而且互相之間相差很大。李敖所說的文化，跟胡適相近，或者說相同，指國家大政方針，如政治制度，經濟制度等等。胡適發表那個〈科學發展所需要的社會改革〉的講演，是服從他的推動臺灣向民主政治轉變的總趨向的。國民黨蔣介石政權偏安到臺灣以後，由雷震主辦、胡適在背後支持的《自由中國》雜誌，是臺灣向民主政治過渡的旗手和急先鋒。雷不大注意策略，而是赤臂上陣，後來住了國民黨的監獄。胡適一方面名氣大得多，一方面老謀深算，他柔中帶剛，用八卦手法，在私下積極向蔣介石進諫的同時，用蔣介石難以反對的公開講演、談話，提出自己的建議和要求。這篇〈科學發展所需要的社會改革〉成為胡適向蔣介石進諫、要求變革的最後書證。李敖在談到他的西化時，常常把它跟

現代化，或者跟五四時期人們提出的兩個口號，即科學和民主相提並論，從中可以知道他追求的是什麼。在生活習慣上，在對待中國傳統文化上，李敖跟胡適幾乎完全相同。李敖在上大學期間跟他人最大的區別，是常常穿著長袍子，並因此而被一些人視之為「怪」。李敖是「穿長袍的西化派」。在大學時，李敖學的是歷史，他後來確實做了歷史學研究。對中國歷史，對中國傳統文化，他從未反對，更沒有否定。

可是反對西化者呢？他們心目中的「文化」又是什麼？且以梁實秋為例。一九三五年王新命等十教授發表了〈中國本位的文化建設宣言〉以後，梁實秋在《文化建設月刊》發表〈自信力與誇大狂〉，說：「『全盤西化』是一個不幸的籠統名詞，因為似是認定中國文化毫無保存價值，這顯然是不公平的。我們若把文化分析成若干部門，我們就可發現：（一）有中國優於西洋者；（二）有西洋優於中國者；（三）有不必強分優劣而可並存者；（四）此外更有中西俱不高明而尚有待於改進者。」即雙方半斤八兩。這還在其次，更重要的，在於他把各種不同文化都放在同一架天平上，等量齊觀。既然在梁實秋看來，東西文化半斤八兩，穿長袍和實行民主也不分軒輊，沒有主從，那麼他又怎麼能夠跟李敖說到一起呢？

再看其他人。胡秋原所說的文化，偏重在英、法、德等語種對同一個詞的不同解釋或不同翻譯上，舉例不少。任卓宣在〈全盤西化論之分析〉中說：「……於是不講民族主義的人大叫其『歐美式的議會民主』。談到文化……」這是把「文化」跟胡適等所要求的社會改革對立起來，割裂開來。又說：「今天的問題，尤其文化問題，不是咒罵所能解決的。只有研究、理解、說明才能解決。實際上，哪一個大民族都有其過去的文明和經典，也都不能全盤拋棄其已有而化為它國。」這裡，任先生把「文化」跟「文明和經典」等劃成等號，接著說到衣食住行：「再拿穿衣來說，『中西便是可以並容的，穿了西褲革履，卻也還可以穿一件長袍。』拿房屋來說，中國宮殿式的洋房，也是有之的，而且美觀。中西樂器互奏樂曲的事，現在開始出現。」在其他反對李

敖的作者們的文章中很少談到文化的含義，偶有談及，也是同樣的腔調。有人問：「全盤西化的主張，是不是連方塊字也可以取消？」另有人說：「聽說李敖先生冷天常常穿長袍，文章又滿篇成語，喜掉書袋，可見他還不能割斷傳統，完全西化。」有人甚至拿日常生活品做比較，說「西式坐廁之抽水馬桶」不如「中式蹲廁之抽水便池」，「以蚊帳而論，西式圓形蚊帳，氣悶局促，反不如中式方形蚊帳寬大舒適。」還有人「請問李敖先生：『感恩節』『萬聖節』已成了美國文化的一大特色，是不是也要移植？」這跟胡適、李敖所說的西化，相差何止十萬八千里！

「文化圈層論」的形成過程

中國百年來的中西文化大論戰，當然不是以上文字能夠概括得盡的，但有許多相似之處，這便是：

從論戰的爆發說，無論「打第一槍」的是誰，只要對中國文化（或東方文化）或西方文化表示明確無誤的好惡或取捨，立刻會招來一陣反擊。其根子是對中國傳統文化的態度。從清末「西學東漸」以來，對西方文化形成態度分明的三種意見，或說三個流派，即肯定（西化派）、否定（文化保守主義者）、調和。主張調和的，是折衷派，兩不得罪。肯定派和否定派處在勢不兩立之中，一方發難，另一方勢必立即接戰。

說到這裡，得趕緊聲明，這是對西方文化的態度說的。這三種態度不能原封不動地移植到對中國傳統文化上，認為對中國傳統文化也有這麼三派，甚至以為西化派必是對中國傳統文化持否定意見的。就狹義的文化而言，西化派並不否定中國傳統文化，無論五四時期的胡適、魯迅以及稍後的林語堂，還是六十年代才登上思想論壇的李敖，

他們都是中國傳統文化的熱心研究家或宣傳家；他們肯定西方文化卻不否定中國傳統文化，他們肯定的西方文化和堅持的中國傳統文化，在內涵上是不盡相同的。五四時期提出「打孔家店」，提倡新思想新文化新道德，反對舊思想舊文化舊道德，主要是從社會需要著眼的。那些舊思想舊文化舊道德，作為一種歷史文化，永遠存在，無法否認，也打不倒。但作為時代的精神力量，精神支柱，就不行了。反對這些「舊」東西，是不能再讓它們作為現代社會各項重大舉措的思想基礎和學理根據，要把它們從人們頭腦中的權威地位拿下來。反對西化的人，他們眼裡的文化，只有祖宗傳下來的那些東西，特別是兩千多年來深深影響著中國人，又為中國的讀書人畢生當作一門學問一直在研究、在傳播、在寫作的學術，那已經成了他們的靈魂，抽掉了這些東西，就像抽調了他們的靈魂，所以竭力反對。

從論戰的過程說，論爭發生後，大都很少做具體分析論述，而是以給對方做感性的定性為主，也就是戴帽子。這在反對西化的人說，是最主要的武器。他們拿在手中的帽子，如指責對方「數典忘祖」，民族虛無，侮辱祖先，可以隨時戴在對方頭上。臺灣中西文化論戰，這一點表現最突出。在前幾次論戰中，西化派是比較講道理的，另一方也想講道理，但道理不多，顯得空虛無力。在臺灣中西文化大論戰中，李敖本應多講一些道理，可惜他反而走了文化保守主義者的老路，不講道理，以給人看病為名，羅列了對方的許多罪名，使人很難接受，把一場有理有據的論爭變成一場混戰。

從論戰的結果說，以上幾次論戰，西化派都未能取得明顯的勝利，另一方也一樣，人們幾乎沒有在任何一個問題上取得共識。從二十年代到六十年代，雖然時間過去了不少，可是論戰的題目依舊，既未拓寬，也沒有加深。爭論多次，仍不過是要不要西化；爭論中出現的問題，如胡適提倡「全盤西化」卻說跟「穿長袍緞鞋」並不矛盾，景海峰說文化保守主義者在政治上往往並不保守而是積極要求實行民主政治，亦不得解決。所不同者，是社會依然在按照自己的規律，向前發

展。在人們為要不要西化而爭得面紅耳赤的時候，現代化的東西，即「西化」的東西，時刻不停、不聲不響地來到人們身邊，而且從不為反對西化的人所排斥；有些人一方面大聲喝斥「西化派」數典忘祖，一方面有滋有味地享受著「西化」帶來的好處。試想，人們坐在設備豪華的客廳的西式沙發上，喝著咖啡，享受著空調，卻在反對西化，這是一副什麼樣的情景？

這種現象，概言之，就是重複。前引王元化在為《杜亞泉文存》所作〈代序〉中說的「翻閱當時資料，我頗覺驚訝，今天有關東西文化的研究，好像還在重複著這場論戰中的一些重要論點」一段話，是讀過這幾次論爭的人都會有的感受。

其所以如此，一個很大的原因，在於人們對「文化」這個詞沒有一個共同的理解。人們各有各的「所指」，卻一直咬著不放。讀一些人的論辯文章，如拿李敖喜穿長袍駁其「全盤西化」論，感到作者好像唐·吉訶德，手裡拿著長矛，卻跟手裡拿著機槍、大炮的現代軍人對攻。這是詞義的不明確，論題的不對稱。還有的，如張熙若在〈全盤西化與中國本位〉中說：「為討論方便計，我們不妨說：西化差不多是抄襲西洋的現成辦法，有的加以變通，有的不加變通。現代化有兩種：一種是將中國所有西洋所無的東西，本著現在的智識，經驗，和需要，加以合理化或適用化，例如將中國古書加以句讀（注意：是加句讀，不是加新式標點，因為新式標點是不太適用於中國古文的），或將古文譯為白話文（也不一定要用歐化文體）；另一種是將西洋所有，但在現在並未合理化或適應的事情，與以合理化或適用化，例如許多社會制度的應用和改良（這也並不是不可能的，許多地方還是必需的）。……」（轉引自《「西化」與現代化》第 450 頁）看，都是「現代化」，一是給古文加句讀或譯為白話文，二是將西方的「許多社會制度」加以改良而後應用。把這樣的兩個事物拿來，一同「現代化」，真是不倫不類！

從思想方法說，正如胡適批評梁漱溟《東西文化及其哲學》「籠統」那樣，反對西化的人就都是這樣，在說到一個事物時，他們不管其內涵如何，只從形式上著眼。其實，這也是中國人普遍的思維特點。對東西文化都很熟悉的林語堂，在說到中國人和西方人的思維特點時，用中國人善於綜合、西方人善於分析來概括。善於綜合，就常常不管其詞義的內涵和外延，容易把種概念和屬概念混在一起，從而違背了最基本的邏輯。張岱年、程宜山著《中國文化與文化論爭》用「重和諧、重整體」等五個「重」概括中國人的思維特點。他們說：「……在先秦，是各種各樣的思維方式爭雄鬥勝，其中最基本的分歧，是整體思維與分析方法的對立、實測與反觀直覺的對立。這種對立，主要表現在儒道二家與名墨二家之間。漢代以後，名墨二家之學中絕不傳，儒道二家的思維方式占了統治地位。儒道二家的思維方式，以重和諧、重整體、重直覺、重關係、重實用為特色……」（第 216 頁）

以上問題，我在閱讀臺灣中西文化大論戰的有關資料時，有深切的感受。我是把這場大論戰當作一個「個案」研究的。為此，我寫了《李敖評傳》一書。對中西文化大論戰的論述，是全書最重要的一章。針對論題不對稱這一點，我在書中寫道：

> 事實上，這種現象從中西文化論戰一開始就存在……對於中國「文化精神」，人們的說法也很不一致，可是有一點是相同的，即只抓住了一個很小的方面，或一些空靈的東西，而丟掉了根本。辜鴻銘在《中國人的精神》裡，說中國人的性格和中國文明有三大特徵，即「深沉、博大和純樸」，「還應補上一條、而且是最重要的一條，那就是靈敏」（黃興濤、宋小慶譯本，海南出版社 1996 年 4 月版，第 7 頁）。辜鴻銘和林語堂都把漢字作為「中國人精神的象徵」（辜鴻銘語，見同上）。陳寅恪說對對子體現了中國文化的精神。錢穆則把「天人合一」說成「中國文化精神最主要的一個特性」。牟宗三等人在〈為中

國文化敬告世界人士宣言〉中列舉「西方所應學習於東方之智慧者」的五點⋯⋯。讀者可以看到，林語堂、陳寅恪和錢穆的概括過於具體而微，辜鴻銘和〈宣言〉所說，則又過於輕靈、空虛。試想，什麼是深沉、什麼是博大、什麼是純樸、什麼又是靈敏呢？純樸還容易說清是怎麼一回事，其他三種就簡直像天書一樣，神秘莫測⋯⋯

──第 174-175 頁

正是這個問題，使我感到有必要對文化問題做一番深入的探究。這本小冊子的主要內容就是那個時候形成的。當時很想提出一個理論，或者說一個模式。但直到付印之前都未想出一個好的方案。《李敖評傳》出版之後，一個偶然的機會，現在作為這本書名稱的幾個字忽然跑到腦海。本想寫一篇文章把這個想法公之於眾，一來擔心難以發表，二來自覺影響有限，於是決定另寫一本李敖傳記。這就有了《臺灣狂人李敖》。我在二〇〇五年寫作和出版的《董永新論》中說：

　　「文化圈層論」是筆者提出來的，目的在解決一個令我困惑多年的老問題。過去讀有關中西文化比較或論戰的文章，常常感到雙方所指總是南轅北轍，相差甚遠，形不成真正的對話。比如甲說「西方文化」就是五四運動中李大釗、陳獨秀、胡適等人提出的科學和民主那一套，乙卻說：「不對，朋友見面，不是握手，而是擁抱、接吻，才是西方文化。」對中國文化的認識，也是人言言殊，各有各的道理。比如辜鴻銘把「深沉、博大和純樸」加上「靈敏」當作「中國人的精神」，林語堂把漢字作為「中國人精神的象徵」（辜鴻銘也有這個說法，引號裡的話便是辜鴻銘的），陳寅恪則說「對對子」體現了中國文化的精神，還有其他說法。如果只是這樣說說也還罷了，到爭論起中西文化的「優劣」來，就擰脖子了，因為各人所說的文化都只是豐富多彩的文化裡的一個部分，含義各不相同，

更不能代表主要方面，雖然有時爭得面紅耳赤，終因彈不到一根弦上，自不會取得什麼結果。此其一。其二，上世紀九十年代掀起一股文化熱，把什麼也說成文化，吃飯有吃飯文化，散步有散步文化，睡覺有睡覺文化，住窯洞有窯洞文化，使筷子有筷子文化。過去許多年，我們都堅持「經濟」、「政治」、「文化」三大板塊，即經濟是基礎，是第一性的東西，政治是上層建築，由經濟基礎所決定，而文化則是一定的政治和經濟的反映，反過來又施影響於一定的政治和經濟。吃飯文化、窯洞文化等等跟三大板塊裡的文化有什麼關係？按照梁漱溟的說法，「文化就是吾人生活所依靠之一切」，「文化之本義，應在經濟、政治、乃至一切無所不包」（《中國文化要義》，學林出版社影印本，第 1 頁），那政治、市場經濟等又算什麼？如果說科學和民主是文化，吃飯穿衣也是文化，那麼，應該如何給它們定位，你能等量齊觀嗎？……我就是帶著這個問題思考「文化」這個概念的。

固然文化的定義可以有許多，但是梁漱溟的說法還是不能推倒，我們可以稱它為廣義的文化。解除以上所說困惑的途徑，不是閉眼不看廣義的文化，把它排除在外，改用狹義的文化，而是首先承認它，然後提出一種理論，或設計一個模式，制訂一個統一的標準，讓各種不同的文化自行排隊，站在適合於自己的位置上。「文化圈層論」就是這樣出來的。

——第 28-29 頁

本書的來歷如此。

「文化圈層論」也可以叫做「三種文化論」。《臺灣狂人李敖》寫完之後，《文藝報》上發表了一篇有關季羨林先生「河東河西論」的文章。我也認為中國將在未來人類歷史上發揮重大作用，在這點上我跟季羨林先生是相同的，但我不同意季羨林先生提出的論據，便寫了一

篇將近一萬字的文章與之商榷。這篇稿子正式表達了三種文化的觀點，文章的題目是〈核心文化、中間文化與邊緣文化〉。這篇文章沒有發表。季羨林先生的「河東河西論」，本書後邊會談到。

第二章　軸，或說核心：人的自我解放

文化：人的價值的物化

　　如何為人類定義，曾使一些人類學家感到困惑。有從外形定義的，有從智力定義的，有從文化定義的，但都不能盡意。近幾十年來，科學家發現一些動物的智力跟人類相似，人類能夠做到的，某些動物也可以做到。對基因的分析，更使人類學家難堪，因為一些靈長類動物的基因跟人類的基因相差很小。其實，為人定義，是學者們書齋裡的事。在書齋以外，在人群中，對人是什麼，什麼是人，從來不會發生疑問，也不會做出錯誤的判斷。人和動物的區別是多方面的，必須綜合來看。即使單純從某個方面去看，其差別也十分明顯。比如螞蟻和蜜蜂過著社會性的群體生活，但它們那個「社會」，跟人類社會是根本不能同日而語的。生物進展構成一個像光譜一樣的鏈條，動物既然處在生物發展的鏈條之上，就有跟比它高級的人類相近似的地方。在光譜上相處越近，相似之處越多，但彼此的界線還是清楚的。同是理性，也還有原始理性和理性──且不說高級理性──的不同。沒有人會把不是人的東西指認為人，也不會把人指認為其他東西，除非他是個神經不健全者。即使「野人」，無論有也罷，無也罷，在人們的觀念裡，意識上，不管他多麼「野」，也還是人，具有人的本質特徵。

　　在歷史上，曾有人把另一些人不當人看，比如古希臘人就把外來者稱作「野蠻人」，並使這個詞帶上輕蔑和卑賤的意義而流傳至今，在

像亞里士多德這樣一些大師的筆下，也常常可以看到。自人類社會進入階級社會以後，處於受壓迫、缺乏人身自由的奴隸，更過著豬狗不如的非人生活。亞里士多德是這種不合理現象的辯護者。在《政治學》中，他從以幸福生活為核心的共同生活角度，探討人類行為和互相交往的問題。亞里士多德認為，奴隸制度的建立是以自然為基礎的，因為沒有家長，所以是必然的，「奴隸制本身被證明是合理的，因為有些人只適宜於做粗陋的工作，所以根據自然的派定註定要為他人服務，他們是『生就的奴隸』。他們被地位優越者統治，這對他們來說甚至是幸運的，正像家畜只有在人的統治下才會興旺一樣。」（據 M·蘭德曼《哲學人類學》第 20 頁）這是人類社會發展中出現的曲折及其在一些「哲人」頭腦裡的反映，它表現了人與人之間的不平等，表現了階級壓迫，並不意味著這些奴隸，這些被侮辱、被損害的人不是人。他們同樣是人，是人中的一個部分。

馬克思主義反對孤立地抽象地看人，而是把人放在行動中、放在一定的社會環境裡去看。馬克思在《資本論》中說：「人即使不像亞里士多德所說的那樣，天生是政治動物，無論如何也天生是社會動物。」恩格斯在《自然辯證法》中稱，人是「一切動物中最社會化的動物」。馬克思和恩格斯所說的人，從內容到形式都是現實的。他們反對把人的本質歸結為抽象的「自我意識」。馬克思說：「人並不是抽象的棲息在世界以外的東西。人就是人的世界，就是國家、社會。」人的本質是「一切社會關係的總和」。馬克思稱他的這種哲學是「實踐的唯物論」或「新唯物論」。「新唯物主義的立腳點則是人類社會或社會化了的人類」。（《馬克思恩格斯全集》第三卷第 5 頁）

蘭德曼在《哲學人類學》的〈人類學與馬克思主義〉一節裡寫道：

　　自馬克思的《巴黎手稿》發現以來（這一發現恰好在時間上與哲學人類學的出現相吻合），同時存在著正統的歷史唯物主義（它排除能動的主體而贊同客觀性、內在的社會結構和歷

史過程）和一種對馬克思的人類學解釋，它力圖「恢復人在馬克思主義中的地位」。赫伯特・馬爾庫茲是始作俑者：他認為青年馬克思對資本主義的批判並非以經濟為基礎，而是以人類全部本質力量意義深遠的、自由實現的理想圖畫為基礎的。這個理想在由金錢和商品統治的私有制社會中不能實現，私有制與人是敵對的，使人同他存在的全部現實相分離，並使人變成被異化的非存在。一旦人成了國民經濟學的真正對象，廢除生產工具的私有制，以及廢除由私有制產生的勞動異化和人對人的統治的革命要求，就會合乎邏輯地出現。只有那時，階級社會才會變成符合人性的社會，人才結束了他的史前史而開始了他真正的歷史。正如恩格斯所說，人才最終克服了自然的「個體生存競爭」而一勞永逸地脫離了動物王國。

開初，馬克思認為只有恢復在異化中喪失了的最初的人類本性，才會出現未來的國家。然而，早在一八四五年至一八四六年，馬克思就放棄了這種線性的歷史目的論模式。根據這種模式，歷史從一開始就朝著一個特定目的發展，一旦達到目的，歷史就將結束。後來馬克思認為，歷史不會發展和實現人從最初就被確定了的命運；相反，歷史是一個充滿偶然性的過程，在這個過程中，人經常獲得各種新的需要，從事各種新的活動，都有賴於不斷變化的自然和社會環境。無階級的社會並不是最終的國家，但正是在無階級的社會中，「新的創造力的發展……人的所有這類能力的發展，……才成為目的本身。」人生產他的全體，而他也完全包括在不斷形成的過程中（《資本論》）。

因此，馬克思加入了那些從赫爾德出發、發展了現在稱之為文化和歷史人類學的研究方法的人們的行列，正像他說希臘人那樣，人不再是期待著相似理想的理論家，不再是一種永恆理想的複製品，而是這樣的存在物：他通過勞動創造自己的世

界，以及他本身生活於其中的、與資產階級和工業社會相適合的意識形態。這種人自身及其世界的創造不只出現一次，而是在無限的、未預定的歷史過程中一再出現。這就是馬克思傳遞給薩特的費希特遺產。

——第 55-56 頁

恩斯特·卡西爾在《人論》下篇第六章，說到他最重要的著作之一《符號形式的哲學》：「……如果有什麼關於人的本性或『本質』的定義的話，那麼這種定義只能被理解為一種功能性的定義，而不能是一種實體性的定義。我們不能以任何構成人的形而上學本質的內在原則來給人下定義；我們也不能用可以靠經驗的觀察來確定的天生能力或本能來給人下定義。人的突出特徵，人與眾不同的標誌，既不是他的形而上學本性也不是他的物理本性，而是人的勞作（work）。正是這種勞作，正是這種人類活動的體系，規定和劃定了『人性』的圓周。……」（第 87 頁）

人和動物的區別在於，人是按照意願地活著，而動物是現實地活著。動物只為著此刻，為著當下，沒有過去，也沒有未來。人卻不是這樣。人的生育，明明白白是為了傳宗接代，近，養兒防老，遠，延續人類自身。這是人類明確意識到的。人類在取得生活資料以後，總會將一時消費不了的物資留下來，以備下次再用。他有明確的未來意識。古希臘偉大詩人荷馬在《伊利亞特》中借阿波羅的口說：「如果我為人類，為那些彷彿樹葉似的靠著大地的恩惠繁榮茂盛了一時而馬上就要枯萎凋落的可憐蟲，竟同你廝殺起來，那你就要以為我沒有意識了。」（譯文據《西方思想寶庫》第 29 頁）古羅馬政治家、律師、學者西塞羅，在其〈論義務〉的演講中說：「人與動物之間最明顯的差別是這樣的：禽獸在很大程度上為感官所驅動，很少考慮過去或未來，只是為眼前而活著。但是人因為天生具有理性，他憑藉理性可以知道事物的關係，看到萬物的原因，理解原因和結果的相互性質，作出類

推，因而很容易審視其一生的整個過程，為生活的行動做必要的準備。」（《西方思想寶庫》第 11 頁）馬克思主義是從人會製造工具這點上看待人和動物的區別的。馬克思和恩格斯在〈費爾巴哈〉（《德意志意識形態》第一卷第一章）中說：「一當人們自己開始生產他們必需的生活資料的時候（這一步是由他們的肉體組織所決定的），他們就開始把自己和動物區別開來。」（《馬克思恩格斯選集》第一卷第 25 頁）

　　人為著心之所願而活著，是因為人會思維，人有理性。十八世紀歐洲傑出的思想家之一、法國盧梭在〈論人類不平等的起源和基礎〉中說：「一切動物，既然都有感官，所以也都有觀念，甚至還會把這些觀念在某種程度上聯結起來。在這一點上，人與禽獸不過是程度之差。某些哲學家甚至進一步主張，這一個人和那一個人之間的差別，比這一個人和那一個禽獸之間的差別還要大。因此，在一切動物之中，區別人的主要特點的，與其說是人的悟性，不如說是人的自由主動者的資格。自然支配著一切動物，禽獸總是服從；人雖然也受到同樣的支配，卻認為自己有服從或反抗的自由。而人特別是因為他能意識到這種自由，因而才顯示出他的精神的靈性。……」（轉引自《人類本性哲學》第 217 頁）歐洲傑出哲學家、稍後於盧梭的德國康德，在《實踐理性批判》中說：「人類，就其屬於感性世界而言，乃是一個有所需求的存在者，並且在這個範圍內，他的理性對於感性就總有一種不能推卸的使命，那就是要顧慮感性方面的利益，並且為謀求今生的幸福和來生的幸福（如果可能的話）而為自己立下一些實踐的準則。」（同上第 218 頁）在〈倫理學的形而上學的基本原理〉中說：「人，實則一切有理性者，所以存在，是由於自身是個目的，並不是只供這個或那個意志任意利用的工具；因此，無論人的行為是對自己的或是對其他有理性者的，在他的一切行為上，總是把人認為目的。」（同上第 218 頁）

　　人有很高的記憶和分辨能力。美國杜威在《哲學的改造》中說，人與動物不同，是因為人保存著他過去的經驗。動物的所有經驗，都

是隨起隨滅的，每個新的動作或感受，都是孤立的。而人，所有事件都充滿對既往事件的許多反響和回憶，能使他回到過去，想像到將來。中國古代儒家的一位重要人物荀子，說到了人的分辨能力。他說：「人之所以為人者，何已也？曰：以其有辨也。飢而欲食，寒而欲暖，勞而欲息，好利而惡害，是人之所生而有也，是無待而然者也，是禹、桀之所同也。然則人之所以為人者，非特以二足而無毛也，以其有辨也。今夫狌狌形笑，亦二足而無毛也，然而君子啜其羹，食其胾。故人之所以為人者，非特以其二足而無毛也，以其有辨也。夫禽獸有父子而無父子之親，有牝牡而無男女之別。故人道莫不有辨。」（《荀子・非相》）「有辨」，就是知善惡，分好壞，具有崇高的道德觀。

再進一步推究，可以知道，人之生存，有更遠大的欲望，有更豐富的內容。如果僅僅為了生存，只「食、色」二字即可。生存只是他最基本、最初級的要求，如馬克思所說，「第一個前提」。幾萬年、幾十萬年前的原始人，生存條件極其嚴酷、惡劣，但已經產生了從事藝術生產的廣泛興趣，屬於時間性的藝術產品我們看不到，留在世界各地的岩畫卻不是個別的，偶然的。在岩畫中，「食、色」占很小一部分，大量的內容，是他們「為生存而鬥爭」以外的活動，包括想像中的事物。讀那些岩畫，使人驚歎的，往往不是他們生活的現實主義描繪，而是他們生活的豐富和內心世界的寬廣。中國二十世紀著名的大眾化作家，被當作貫徹執行共產黨文藝路線最忠誠的趙樹理，一九五八年「大躍進」時期回到他出生的山西農村，見到了他幼年的許多出身窮苦的朋友，後來寫了一篇〈新食堂裡憶故人〉的文章說：「福歸哥的房背後，有個院子叫『東頭院』，住著一戶姓呂的，弟兄四個，我對他們其中兩個稱伯伯，兩個稱叔叔。他們都會木工，但只有幾畝很壞的地。在我的家鄉一帶，當工匠差不多是副業，完全靠它生活是困難的。他們四位，只有老四在三十歲以後才結了婚，三位當哥哥的都沒有結過婚（老二到五六十歲也找過個老伴）。他們都愛好民間音樂，八音會的樂器長期存在他們家裡。我愛打打鑼鼓大半也是在他們家學會的⋯⋯」

（五卷本《趙樹理全集》，第五卷第 315 頁）作者筆下的「故人」們的生活是很困難的，可說形同乞丐，但即使如此，他們還不忘開展音樂娛樂活動，呂家那個窮困的家竟成了村裡人娛樂消遣的中心，作者的「我愛好打打鑼鼓大半也是在他們家學會的」。物質生活的貧困，沒有、也不可能掩蓋他們精神上的富有。馬克思在說到人類一切歷史的「第一個前提」時，說「人們……為了生活，首先就需要衣、食、住以及其他東西」（《馬克思恩格斯全集》，第三卷第 32 頁），特別提到「其他東西」，顯然就超出了「食、色」二項。不能把生存當作人類的主要需求。生存，是所有生物的共同本性。細菌，這肉眼看不到的微生物，在人們難以想像的地方，比如灼熱的火山口、深深的海底、人跡罕到的南北極，留下了蹤跡。懸崖上，石頭縫裡可以長出高大的樹木；以前小學課本上有一篇〈種子的生命力〉，就是寫這一點的。大海裡的魚類，山中的野獸，生存競爭非常激烈，你死我活的慘劇上演不斷，卻一直在繁衍生息，連綿不絕。生物有很強的生命力和適應性，其頑強程度，令人驚歎。生存不是人類的特性。不能把人跟動物、植物甚至細菌等同起來。

　　自新石器時代以來，人類社會發展很快。如果從動態看待人類、從靜態看待動物，就會覺得人類處在「不確定」、「非特定」之中。M・蘭德曼在《哲學人類學》中寫道：

　　　　非特定化和特定化不是處於彼此平行的狀態。人不像動物靠特定化生活那樣，單純地靠非特定化生活；相反，非特定化包含了未完成。世界如我們看到的一樣，本身具有缺陷。人的自由和創造像他個人反映和創造了其行為一樣，是為了彌補這世界的缺陷，並且可以說是為了趕上特定化已給予了動物的優越性。那麼，在人類方面，只有非特定化和創造性一起，才彌補了動物的特定化。人們可能說，動物在天性上比人更完善，它通過自然之手一產生就達到了完成，只需要使自然早已為它

提供的東西現實化。人的非特定化是一種不完善，可以說，自然把尚未完成的人放到世界之中；它沒有對人作出最後的限定，在一定程度上給他留下了未確定性。

所以，人必須靠自己完成自己，必須決定自己要成為某種特定的東西，必須力求解決他要靠自己的努力解決自己的問題。他不僅可能，而且必須是創造性的。創造性完全不限於少數人的少數活動；它作為一種必然性，根植於人本身存在的結構之中，像前面談到過的一樣，「智慧的人」**（作為思想家的人）** 恰恰是「富有創造性的人」**（作為創造者的人）**。未完成、開放性、內在的無限性，顯得不可思議，它們既是積極主動的又處於形成的過程中——人在其自身中兼有所有這些自沃爾夫林以來巴洛克 **（以及浪漫主義）** 時期所具有的特性。

——第 192-193 頁

人的創造性活動的結果，便是文化的產生。

跟書齋裡學者們給「人」下定義一樣，人們給「文化」所下的定義，同樣多不勝數。臺灣學者殷海光在《中國文化的展望》中說：「美國有代表性的人類學家克魯伯和克羅孔借翁特瑞納的協助，合著了一本書（《文化，關於概念和定義的檢討》）。在這本書裡，羅列著從一八七一年到一九五一年八十年間關於文化的定義至少有一百六十四種。」（第 28 頁）無論有多少定義，也無論各條定義之間有什麼不同，有一點是相同的，文化不是自然物，它是人類創造的，人是文化的主體，文化只服務於人。就像人不會把動物當成人、把人說成動物一樣，人也總是把文化跟人的創造聯繫在一起。中國北方人喜歡住窰洞，近年被稱為「窰洞文化」。燕子銜泥壘窩，老鷹在樹上築巢，蜜蜂建造結構複雜的蜂房，其難度和符合科學道理，比簡單的窰洞有過之而無不及，卻從無人把它當作文化，就因為那是它們的本能。

　　人生來（從猴子變人發生質變的那天算起）就是有先天道德本性的，或者說，人生來就是文化的，這在中國古代著作中時有論述。被後世學者編為「四書」之一的《孟子》說：「惻隱之心，人皆有之；羞惡之心，人皆有之；恭敬之心，人皆有之；是非之心，人皆有之。惻隱之心，仁也；羞惡之心，義也；恭敬之心，禮也；是非之心，智也。仁義禮智，非由外鑠我也，我固有之也，弗思耳矣。故曰：求則得之，舍則失之。或相倍蓰而無算者，不能盡其才者也。《詩》曰：『天生蒸民，有物有則。民之秉彝，好是懿德。』孔子曰：『為此詩者，其知道乎！故有物必有則，民之秉彝也，故好是懿德。』」（《告子上》）這段話出於三處，其中《孟子》又引了《詩經》和孔子，意思相同。都說，人的仁義禮智這些美德是生來的（「我固有之也」），不是外加的（「非由外鑠我也」）。「有物有則」，「則」是人生行為的規範，「有則」，就是行為合乎規範。「秉」，強調了天賦。是說，人從小起，就是懂事的，就能按規範行事。

　　人之所以能有這些美德，除了遺傳因子——即基因——起作用以外，最重要的原因，在於人一生下來就生活在能陶冶人、影響人的性格發育的文化環境裡，也就是社會裡。一個嬰兒，自小在狼窩裡長大，就只有了狼性，有的連直立行走都不會，而徹底失去了人性。中國、印度等許多地方都曾出現過「狼孩」，就因為那個嬰幼兒自小生活在狼群裡，遠離了人類文化的哺育。美國人類學家露絲‧本尼迪克曾對印第安人的原始生活做過深入的調查，她於一九三四年出版了《文化模式》一書。書中說，文化是重要的，當一個嬰幼兒置於另一種族或另一文化中時，絕對不會出現野孩。一個東方孩子被西方家庭收養，他會學英語，會對養父母表現出深情，甚至還會選擇與他們一樣的職業。他吸收了收養他的團體的整套文化特質，而他自己生身父母團體的那套文化特質便會失去作用。本尼迪克書中所寫領養孩子的事，近年很多，孩子發育正常，從未出現過「野孩」（按，前邊所說「狼孩」，即為「野孩」之一種）。中國人在說到孝的時候，常有「不教而孝」的話，

這不完全是「天賦」，即「秉彝」，而是孩子在父母的悉心關照下，耳濡目染，心有感動，自發形成。不是模仿，也不僅僅是感恩，是他覺得應當以相同的方式給父母以關照，於是有了「孝」的行為。如果再加上理性的哺育，比如說，知道了孝之必須，知道了孝是人倫之大節，他必然會把孝當作最高的價值標準，最高的理性行為。有的人「不教而孝」，有的人自己是孝子，可是他的兒子卻不知孝敬老人，正說明人的理性在性格形成中起著重大的作用。

人和文化是互相聯繫、互相依賴的統一體，文化是人與外部世界相互作用的結果。人生活在前人創造的文化環境裡，接受文化的薰陶，他又去繼續發展和創造新的文化因素。文化是依靠著人而現實地存在著的，離開了人，無所謂文化。文化作為人的一種存在形式，實際上是人的自我價值的實現，是人的本質的物化。人只有創造了文化，人只有是文化的人，才真正具有了人的品格。人離開了文化，離開了文化的積累和創造，也就無法實現自我價值，無法表現其本質。人之所以能夠在社會上活動、工作、創造、發展，能夠喜怒哀樂，能夠進行人的再生產，不僅因為文化向他提供了必要的條件和環境，提供了人實現自我價值的工具和手段，也賦予了人意識到的欲望、目的和動機。人的一切理性的或非理性的活動，人的全部的思想、情感、意志以及追求自由和幸福的欲望、目的和動機，都是有意義的文化世界建構發展起來的，並且隨著文化世界的發展和進步，人的自我價值意識也就愈清晰，愈明確，愈自覺。

中國有學者從價值實現的角度，探討了人與文化的辯證關係。

> 文化世界是人創造的，但這個世界一開始並不是很豐富、很完善的，而是一個簡單、粗糙的世界。人為了自己的價值實現，為了滿足自己更高、更多的價值需要，就要以既有的文化為工具不斷創造、發展、豐富、完善這個世界，並不斷地從這個世界中吸取價值和意義，從而在更高級的意義上完成自我實現、自我完善。人的語言能力、思維能力及整個文化價值心理

和價值觀念，都是隨著文化世界的創造、積累而發展起來的，都是人不斷地從日益豐富、完善的文化世界裡獲得的。因此，在文化世界創造積累的過程中，人不僅表現為創造主體和享受主體，更表現為自我實現的主體與自我完善的主體。

文化世界是人創造的，但是，當它的價值、功能、意義一旦不能滿足人的價值需要的時候，或者當文化世界的價值、意義、功能發生悖謬而阻礙人的價值實現的時候，人就要改變舊的文化世界，另外創造一個新的文化世界。文化世界是不斷創造、發展的，人的欲望、目的、動機、追求、價值需要也是不斷發展的。在人與文化世界的關係上，人永遠是按照自己的欲望、目的、動機、要求、價值需要，不斷創造文化世界、改造文化世界的。人永遠是文化世界價值和意義的唯一尺度，並且按照這種尺度不斷地對文化世界的價值、意義和功能進行認識、評價和選擇。從這個意義上說，人永遠是文化世界的價值認識主體、評價主體、選擇主體、改造主體。人類認識、評價、選擇、改造文化世界的價值和意義，是一種能動的、自主的、有目的的意向性行為，因此，人又是文化世界目的性主體和意向性主體。

　　　　　　　　　——司馬雲傑《價值實現論》第 14-15 頁

　　人不僅是生命主體，也是創造主體、表現主體、變易主體。人最偉大的創造，是文化。它創造了文化，也要受文化的制約。這就是人和文化的辯證法。

人的自我解放四部曲

在本節裡，我們把「文化」放在一邊，著重從社會的角度，考察人性的歷史發展。

讓我們從《共產黨宣言》說起。

由馬克思和恩格斯聯合署名的《共產黨宣言》，是馬克思主義的經典，具有重大的意義。《宣言》中有許多思想需要認真閱讀，反覆思考和琢磨。尤其是有關共產黨的終極目標的論述。《宣言》說：「代替那存在著階級和階級對立的資產階級舊社會的，將是這樣一個聯合體，在那裡，每個人的自由發展是一切人的自由發展的條件。」這應該看作《共產黨宣言》的核心，也是本書立論的基礎。

這裡說的是未來社會。「在那裡，每個人的自由發展是一切人的自由發展的條件」，既被公認為人的自由發展的終極境界，那麼，以它為終點，向上逆推，便是人在爭取自由的解放鬥爭中的一個個環節，一個個步驟，一個個階段。

恩格斯在為一八八三年德文版《共產黨宣言》所作〈序〉說：「《宣言》中始終貫徹的基本思想，即：每一歷史時代的經濟生產以及必然由此產生的社會結構，是該時代政治的和精神的歷史的基礎；因此（從原始土地公有制解體以來）全部歷史都是階級鬥爭的歷史，即社會發展各個階段上被剝削階級和剝削階級之間、被統治階級和統治階級之間鬥爭的歷史；而這個鬥爭現在已經達到這樣一個階段，即被剝削被壓迫的階級（無產階級），如果不同時使整個社會永遠擺脫剝削、壓迫和階級鬥爭，就不再能使自己從剝削它壓迫它的那個階級（資產階級）下解放出來，——這個基本思想完全是屬於馬克思一個人的。」（《馬克思恩格斯選集》第一卷第 232 頁）這段話同樣十分重要。「這個鬥爭

現在已經達到」以前所述，構成共產主義者的行動哲學，就是開展階級鬥爭。共產主義者都是階級鬥爭論者，階級鬥爭的學說是共產主義者的主要法寶之一。「因此」一句所說，即「因此（從原始土地公有制解體以來）全部歷史都是階級鬥爭的歷史，即社會發展各個階段上被剝削階級和剝削階級之間、被統治階級和統治階級之間鬥爭的歷史」，是對人類社會幾千年歷史的深刻概括。

在這裡，就有了兩部歷史，一是階級鬥爭的歷史，一是人的自我解放的歷史。這兩部歷史其實是一回事，人開展階級鬥爭，歸根到底，是為了實現人的自我解放。人的自我解放，就是人性的解放。只是論述的角度不同，前者是就社會說的，後者是就人說的；適用的時間也不相同，階級鬥爭是在有階級的時代，而人的自我解放貫穿人類社會的始終。文化正是人的自我解放在物質和精神上的表現。所以，恩斯特‧卡西爾在《人論》中說：「作為一個整體的人類文化，可以被稱之為人不斷自我解放的歷程。」（第288頁）胡適在〈我們對於西洋近代文明的態度〉中說：「提高人類物質上的享受，增加人類物質上的便利與安逸，這都是朝著解放人類的能力的方向走，使人們不至於把精力心思全拋在僅僅生存之上，使他們可以有餘力去滿足他們的精神上的要求。」（《胡適文集》第四卷第4頁）。把人類自身的「解放」當作物質生產和精神生產的目標、動力，是胡適這段話的高明之處。

解放，源於人被壓抑，不自由。人被壓抑，不自由，來自兩方面，一是自身的和自然環境的，一是人與人之間的。前者，從人類產生以來就存在，貫穿人類社會的始終。在人類社會進入文明之前人的自我解放情形，美國著名學者路易斯‧亨利‧摩爾根在《古代社會》中做了全面、仔細的描述，受到馬克思和恩格斯的高度稱讚，本書從略。後者，存在於階級社會。被壓抑，不自由的，不是全體人民，而是大部分人民。大部分人民就是勞動者。原始社會，沒有階級和壓迫，因而也不存在以擺脫人對人的壓迫為內容的爭取自我解放的鬥爭。只有在階級社會裡，這一鬥爭才成為必要。古希臘三大哲學家之一的柏拉

圖，畢生從事著述，他的著作都採取對話體，大都留了下來。《國家篇》是其早期著述，他以蘇格拉底和克勞孔對話的方式，表現了他對善與惡的認識，他的倫理和政治，他的美學和神秘主義。其中一些對話，生動地表現了當時人們生活的苦難和處境的悲慘。一處說：「讓我用一個形象來說明人的本性開通或不開通的程度：——看吧！人類生活在地洞裡，這個地洞有一個口朝向光亮，日光自洞口而入；人們自幼生活在這裡，他們的腿和脖子被鎖鏈拴著，不能移動，只能看見前面的東西，也無法轉頭後顧。他們的後上方有一堆火，遠遠地發出光亮，在火堆與囚徒之間有一隆起的道；你（克勞孔）如果看的話，會見到在長長的路上建起的矮牆，像是一個屏幕，木偶在它前面表演，影子映在它的上面。」另一處說：「現在再看一下，如果這些囚徒被釋放，糾正自己的錯誤，那自然會有什麼結果。首先，當他們中有人解放了，突然完全站起來，回顧四周，走了幾步，看見光亮，極感不適；光使他十分痛苦，他看真實的光反不如以前看影像舒適，倘若這時有人告訴他，他以前所見的皆是虛幻的，而現在，他比較接近真正的存在，他的眼睛朝向比較真實的存在，他有比較清晰的所見，那麼，他會怎樣回答呢？你可以再設想，他的指導者又指出他們見過的物體，要他說出名字，他不是更加迷惑嗎？他不是疑慮現在所見之物反不如過去所見其影像清楚嗎？」（《西方思想寶庫》第 30-31 頁）柏拉圖生活的時代，正是奴隸制時代。此處所寫，無論從象徵的意義還是從寫實的意義說，都可看作奴隸生活及其心理的真實寫照。

奴隸社會是人類進入階級社會以後最早出現的一種社會形態，由奴隸和奴隸主兩個階級構成。奴隸主掌握著國家大權。奴隸的來源有多種。一種是生產活動中的失敗者，這種奴隸出在本部落或部族。另一種，是移民。他們或因生活困難，或因部族衝突，離鄉背井，到了一個新的地方，只能屈居於當地人之下；有些是去開拓殖民地的，經濟發展之後，形成一個新的居民群體，叫外來移民奴隸。第三種，是戰爭中的俘虜，主要指戰爭行為的體現者，也就是士兵和中下級指揮

官，指揮作戰的最高司令有時可以避免，有時難免。那個時候，無論在亞洲，在歐洲，在非洲，或者拉丁美洲，人類是分為許多部落或部族的，相互之間的鬥爭非常多，因此戰俘也很多。無論何種原因，一當了奴隸，就失去了人身自由。奴隸可以買賣，在歐洲的一些地區，有人專門從事奴隸貿易。惟其因為失掉了自由，自我解放也就從這一階級開始。西方歷史學之父希羅多德忠實地表達了奴隸們渴望自由之情：「作為奴隸，當你從未體驗過自由的時候，你是不知其甘甜的。如果你嘗試過自由的話，你就會勸我們不僅僅是用投槍，而且要用斧頭為自由而戰。」（《西方思想寶庫》第 980 頁）

　　人的自我解放，在人類的野蠻階段和蒙昧階段，主要是對著人的自身和自然環境的，進入階級社會以後，主要是對著壓迫者、剝削者，大體有以下幾個過程，或說階段。

　　首先是身體的解放。奴隸所爭取的便是身體的解放。在奴隸制下，奴隸是沒有任何行動自由的，他們把自己的一切，從身體到行動，全都交給了主人。先是默默的忍受，當忍受成為一種痛苦時，他們就思謀著反抗。一次又一次的反抗，一次又一次的犧牲，終於迎來了黎明。公元前一世紀的斯巴達克思起義是奴隸暴動的一次有聲有色的演出。斯巴達克思原為色雷斯人，後參加羅馬軍隊，大概由於開小差被擒後賣為奴隸。公元前七十三年，他率領七十多名同伴衝出加普亞的角鬥士學校，逃到維蘇威山上。許多逃亡奴隸聽到消息，都參加到他的隊伍裡，最後發展到九萬人以上。他兩次擊退前來圍剿的羅馬官軍，佔領了南意大利的大部分地區。這次起義最後失敗了，但影響深遠。一九〇三年，魯迅作〈斯巴達之魂〉，以其主人公「懍懍有生氣」之魄，激勵中華「不甘自下於巾幗之男子」，奮起反對封建專制統治。

　　奴隸制度解體，人類社會進入以農耕為主要生產方式、以封建制度為主要組織形式的農業社會。農業社會的勞動者，已經掙脫了捆在身體上的枷鎖，至少，他們不再是奴隸主的僕從了。溫斯坦萊在《自由法》中說：「真正的自由存在於人們得到食物和生活資料的地方，這

也就是使用土地……」(《西方思想寶庫》第 989 頁)農業社會的勞動者正是這樣。他們有了一塊可以種植莊稼的土地，他們可以自由地勞動，他們還有行動的自由，住宿的自由，遷徙的自由，他們想去哪裡就去那裡。「自耕農」就是他們的名字，「自給自足」就是他們的生活方式。一些國家實行「農奴制」，其身體自由的程度要小一些。在歐洲，公元八世紀、九世紀（即人們常說的中世紀初期）確立了這一種社會關係。人與人之間不論在社會生活還是在私人生活中，個人的聯繫成為社會的紐帶，一般是有權勢的人給予自由人一定程度的保護，自由人則表示竭誠效忠；尚未完全獨立的人，即農奴，稱為權勢者的「附庸」或「侍從」。歐洲當時實行封建封臣制度。做了一個領主的軍事附庸，這個封臣便從領主那裡得到一份「采地」。這一制度最初出現在現法國大部分地區，後來擴展到整個歐洲。農業生產大都以莊園為單位進行，莊園主擁有很大的權力。在英國，十七世紀初，農民分為自由農和「公薄持有農」兩種。自由農是未被農奴化的農民，他們擁有自己的土地，多數人擁有選舉權資格。「公薄持有農」是從貴族時代的農奴轉化而來的。十四世紀初農奴制解體之後，農奴獲得了人身自由，但仍然沒有可供自己支配的土地，只能依附於地主。世界著名歷史學家、法國費爾南‧布羅代爾在《文明史綱》中寫道：「……某些形式的自由，**至少是身體上的自由**，是允許農民享用的，他們可以從一個領主跑到另一個壓迫不那麼厲害的領主那裡，或者在城市裡避難。同樣，尋找徵兵的官員的士兵也有這種自由，一個拋家離舍去尋求更高的工資或到新大陸尋求更美好的生活的幻象的移民也是如此。此外還有失業者、積重難返的流浪漢、乞丐、精神上有缺陷的人、殘疾人和小偷，他們不參加勞動，靠別人的慈善或犯罪維持生存，因而在某種意義上是自由的。」(第 306 頁)在俄羅斯，農奴制在十七世紀中期最終確立。在農奴經濟中，商品關係已發展起來。許多農民在農閒時從事手工生產，並將產品拿到市場出售，然後用貨幣交納捐稅和地租。有些農民做了商人，便以貨幣代役租交給地主。可見這些農奴化的農民，比起

奴隸制時期的奴隸來，還是有很大的進步。在中國，普通人的命運要好一些。中國在兩千多年前的周代，奴隸制度逐漸解體，進入封建社會，主要由農民和地主兩個階級構成，生產是個體的和分散的，不像歐洲和俄國那樣，存在農奴。中國農民是真正的自由民，他們身體受到的束縛得到徹底解脫。除了皇權的高壓和地主階級的剝削以外，他們很少來自其他方面的壓力。

隨著生產力的發展，人們漸漸不滿足已經取得的身體的自由，而產生了新的要求。在農業社會裡，代替奴隸主階級出現的剝削者和壓迫者，是地主或莊園主，廣大勞動者要對之進行新的鬥爭。在奴隸社會，奴隸們常常集中在一起，這為他們的反抗提供了一個有利的條件，所以奴隸的反抗總是集體暴動。在農業社會，勞動者都是一家一戶，分散經營，要進行鬥爭，就必須互相串聯，就必須進行組織。這就使人和人之間的來往大大增加，人們的思想意識急劇擴展，原來狹小的表達空間顯得不夠。在此情況下，要求表達的自由，要求組織的自由，被提到議事日程的第一位。這在歐洲，表現最為明顯。言論自由、結社自由等，就是在這種情勢下提出來的。他們並不反對宗教，但是反對宗教的神性；他們提倡理性，反對教會宣揚的蒙昧主義；主張個性解放，反對教會的宗教桎梏；鼓吹個人主義，讚美人生的偉大，尊重人的價值和尊嚴；重視現時享樂，反對教會的禁欲主義和來世觀念。十八世紀，人文主義思潮興起，思想家們提出個性解放和言論、集會、結社、出版等自由的口號，適應了這一要求。

這裡順便說一下人文主義思潮何以首先出現在歐洲而不是亞洲，不是中國。這是有其歷史、社會和文化根源的。最主要的原因，是在經濟基礎上。歐洲國家大都屬開放型國家，不像中國以「天朝」自居，封閉守舊。歐洲即使一個很小的國家，也都跟「外國」有經常性的來往，或互通貿易，或侵城掠地，互相殺伐；歐洲強國此起彼伏，疆域不斷變更，與此有很大關係。歐洲許多國家臨海，這又為他們向外擴展提供了方便。歐洲在進入封建社會以後，不斷改進生產工具，生產

發達，並且最早有了機器生產，產生了資本主義萌芽。在科學技術上，也有許多發明創造。哥白尼和伽利略的科學發現，牛頓的科學綜合，在推動知識更新、開放思維和生產變革上，起了很大作用。先進的生產方式，勢必要求有新的思想意識為它服務，這是先進思想產生的土壤。這樣的土壤，在中國不可能形成。再一點，歐洲在中世紀，教會的影響特別大。基督教神學家的信條是，《聖經》的權威至高無上，一切以《聖經》為標準。原來的人道主義思想也被納入神本主義軌道，人性被貶低，人的獨立價值不再存在，除了體現在上帝之中的人性以外，別的人性不被承認。中國在商代，一度崇拜上帝，崇拜神性，但從周代開始，神性便被人性取代了，人們對鬼神之事，並不真正信仰，神性往往被人格化了。此後在人性觀念上就沒有大的變動。漢代以後從印度傳來的佛教，只是加強了人們的善惡觀念，並未引起實質上的變化。特別是在人性與神性的關係上，中國古代形成的泛神論始終堅持下來；泛神論也就是無神論，至少不像西方人對上帝那麼崇拜。在中國，無論哪一位神仙，包括「玉皇大帝」在內，都不能把人性壓制下去，它們只不過是人性的一種曲折的象徵性的反映而已。在人的價值觀念大體始終如一和神性從未干涉人性、壓倒人性的情況下，一直把精力用在「注釋六經」上的中國讀書人，自然不可能提出這一套思想。在西方就不同了。神性和人性處在兩極，神性殘酷地壓制人性，反差極大，這種現象跟迅速發展的社會和人們的思想很不適應，促使他們在思考，在尋求出路。從思想界本身說，他們固然有公認的經典和領袖，但從未定於一尊，後世的學者也不是在「我注六經」中討生活，而是在不斷地進行探索和研究。他們又善於哲學思辨。加上文藝復興提供的人文環境，於是在十八世紀的歐洲出現了人文主義思潮。

　　歐洲十八世紀出現的這股人文主義思潮，以人性解放為核心，輻射到經濟、政治等各個方面。其中最重要的，是用法律形式把這一套新的思想轉化成人們的生活規則。在人的自我解放的歷程上說，這可

以看作一次範圍廣泛的解放。人們爭取到了表達的自由，做了思想的主人；人們爭取到了政治上的自由，做了生活的主人。

　　但是這樣一種解放，還是極其有限的，難以滿足人們進一步要求的欲望。特別是在生產力進一步發展之後，人們的財富增加了，生活水平提高了，對自由的要求也就會水漲船高。進一步的要求是什麼呢？就是如何能夠掌握自己的命運。人們發現，如果不能在控制權力上爭得一份力量，那一點表達的自由和其他幾種自由都是靠不住的。美國著名政治學家羅伯特・道爾在《論民主》中說：「英國的貴族和中產階級市民，對於國王不經他們的同意就任意給他們增加負擔感到不滿，要求有參與統治的權利，並且如願以償。幾個世紀以後，中產階級認為自己的利益受到了忽視，反過來又提出了這項權利要求⋯⋯」（第88頁）實行民主政治就是這樣提出來的。民主政治，意味著非政治的人物當家做主，他們不一定親自參加政權管理，但是他們的意見必須受到尊重，權力機構如何運作，必須征得他們的同意。美國密執安大學教授卡爾・科恩把「民主」稱作「自治」，即由「人民自己管轄自己，人民即統治者」（《論民主》第7頁）。對這一點，馬克思主義的創始人馬克思等人有明確的認識和論述。馬克思說，「專制制度的唯一原則就是輕視人類，使人不成其為人」（〈致 R〉，《馬克思恩格斯全集》第一卷第411頁），而且說到真正的民主和虛假的民主的區分。馬克思所說「真正」的「民主」，包涵著「人組成社會」、「社會決定國家」、「人民收回國家權力」等要點。在〈論猶太人問題〉裡，馬克思認為資產階級革命後建立的民主是「政治解放」意義上的民主，雖然「政治解放還不是人類解放」，但它是人的自我解放過程必須經過的一個階段。在〈法蘭西內戰〉中，馬克思看到在巴黎公社的一些具體制度設計中體現出了「真正民主制」的萌芽，說：「公社給共和國奠定了真正的民主制度的基礎」，它代表著「社會收回國家權力、人民真正成為社會主人」的方向。在筆者看來，所謂「社會收回國家權力、人民真正成為社會主人」，就是人民真正把國家的所有權掌握在自己手裡，而把管理權交

給自己選出來的人；各級官吏，只有由人民賦予、又受人民監督和隨時可以收回的管理權，並沒有所有權，不能私相授受。這一種自由，可以把它叫做掌握命運的自由。馬克思高度評價巴黎公社，就在於這場運動是一場「人民為著自己的利益重新掌握自己的社會生活」的運動。

比掌握命運的自由更高一級的自由，乃是全面發展的自由，也就是馬克思所說「每個人的自由發展是一切人的自由發展的條件」那樣一種境界，那樣一種狀態。這種自由只能在最完全、最徹底的民主實現以後才能最終取得。人們知道，馬克思主義的最高理想，是消滅剝削，消滅階級。沒有階級的社會，也就是沒有專制的社會，也就是完全、徹底的民主的社會。在那樣的社會裡，不僅《共產黨宣言》所說的「存在著階級和階級對立的資產階級舊社會」早已被埋葬，而且「代替」那個舊社會的新的「聯合體」已經出現或開始形成，這樣，「每個人的自由發展是一切人的自由發展的條件」才會真正具備。也「只有到了那個時候，人類解放才能完成」（馬克思〈論猶太人問題〉）。不用說，那個社會就是共產主義社會。無疑，這是一個非常美好的社會，也就是中國古人所憧憬的大同世界。

以上所述，是人的自我解放已經走過和將要走的大致路程。按照人的科學發展觀說，人的自我解放分為四個階段，分屬於不同的社會形態。發生在奴隸社會的自我解放鬥爭，主要內容是爭取身體的自由，人人做自身的主人，本書以「自立」名之。當年的奴隸，從那種「非人」的狀態恢復到人的本來面目，重新有了「人」的資格，可以自立於人類之中而無愧，故稱為「自立」。這是對「非人」的否定，是「異化」的「異化」。這一鬥爭，中國在先秦完成，歐洲在進入中世紀以後還留個尾巴，直到人文主義思潮興起才畫了句號。歐洲十八世紀的人文主義思潮，包括爭取表達的自由、集會結社的自由和政治上實行民主等，本書統稱為「自由」。「自由」是針對封建主義的，是新興的資產階級向莊園主及其統治階級進行鬥爭的主要手段，資產階級也確實

取得了很大勝利，埋葬了舊的生產方式，極大地促進了生產的發展和社會的進步，使人在自我解放的道路上出現了飛躍。但有的未能真正實現。比如民主。固然，美國在華盛頓立國之時，就實行民主，其他一些資本主義國家，也大都實行三權分立、多黨制、競選等現代民主政治最基本的規則，但即使在這些國家，廣大勞動人民並沒有完全當家做主，更多的國家連這一步也還未能達到。這種自由，按照前引科恩的話，叫做「自治」（他用的是「民治」二字，見《論民主》第 6 頁），也可以稱為「自主」。「自治」，「自主」，就是國家的權力不再屬於一小部分人，而成了絕大多數人手中所有——當然通過代表，廣大群眾的命運真正由自己主宰。「自由」跟「自主」的區別在於：前者是被動的，能爭取到多少，爭取到了能不能實行，操之在他人之手；後者是主動的，如何辦，輕重緩急等等，全由自己決定。現在許多國家人民正在為實現「自主」而努力。「自覺」是人的自我解放達到最高境界的一種狀態，那時，所有的人，無論從事何種工作，無論做什麼，都有很高的自覺性。他們自覺地選賢任能，自覺地服務大眾，自覺地遵守秩序，自覺地把自己多餘的財富拿出來做公益事業。那個時候，社會像一架大機器，規則可能更細，條文可能更多，但由於它已成為人們的內在世界的一部分，反而運轉得更好。中國的大聖人孔子說：「吾十有五而志於學，三十而立，四十而不惑，五十而知天命，六十而耳順，七十而從心所欲，不逾矩。」（《論語‧為政第二》）「從心所欲，不逾矩」，就是高度自覺的表現。這是到共產主義以後才會有的。因為大家都能自覺，《共產黨宣言》所說「在那裡，每個人的自由發展是一切人的自由發展的條件」的「這樣一個聯合體」自會成為活生生的現實。共產主義之所以美好，之所以值得人們去追求，就在於在那個社會裡，每個人的自由發展都得到了最完美的實現。

　　從自立，經過自由和自主，到自覺，這四個階段，也可以說是身體解放，人性解放，政治解放，人類解放。這就是人的自我解放的整個歷程。

在文化的光譜上

本書第一章談到了「文化」一詞含義的廣闊和在具體談論時所指不明確帶來的麻煩、難堪甚至「危害」。在敘述「文化圈層論」形成過程的一段引文中說：「解除以上所說困惑的途徑，不是閉眼不看廣義的文化，把它排除在外，改用狹義的文化，而是首先承認它，然後提出一種理論，或設計一個模式，制訂一個統一的標準，讓各種不同的文化自行排隊，站在適合於自己的位置上。」現在是給各種文化做初步「排隊」的時候了。

排隊，首先得有一個標準。本章論述了文化的創造主體即人的發展過程，顯然，要給文化排隊，就要看各個文化現象在人的自我解放歷程中，發揮什麼樣的作用，是重大的還是微小的，直接的還是間接的，一時的還是貫穿始終的，等等。這便是標準。有了統一的標準，無論需要梳理的文化有多麼複雜紛亂，都是可以整理的，都有頭緒可以提起來。

物理學家研究色彩發現，各種不同的顏色原是由可見光的波長不同造成的，顏色由紫到深紅，構成一條譜線。牛頓於一六六六年用三楞鏡將白光分解為七種顏色。早期的分光計把光源發射的波長顯示成狹縫像，按序排開，稱為光譜，用照像片錄下。每條譜線是狹縫的一個像，代表一種波長。一些現代分光計採用光電探測，畫出譜線強度峰值分布，習慣上也稱譜線。按所在波段，有可見光譜，紅外光譜、紫外光譜等。光譜是研究原子和分子結構的重要工具之一。各種文化現象，按其在人的自我解放過程中發揮的作用的大小說，也存在一條譜線，雖然不像光譜那樣精確，可以用數字表示。比如實行什麼樣的政治制度在人的自我解放過程中發揮的作用，跟使用什麼樣的寫字工

具——是毛筆還是羽管筆，或者什麼樣的吃飯工具——是筷子還是刀叉，所發揮的作用，根本不能夠相提並論，它們相距之遠，是不言自明的。

且以政治制度作為譜線的第一段，把它放在左邊。接下去應該是經濟制度、軍事、法律、教育等。這裡說的是經濟制度，它跟經濟本身不完全是一回事。其次，有宗教、藝術、學術、科學技術、語言、神話等等。還有道德倫理、人們的價值觀念、風俗習慣以及筷子文化、廁所文化、散步文化等。最後說的幾種文化大概就排在譜線右邊一頭了。

光譜一般是有頭有尾的一條橫線。現在改變做法，用圓形表示：把人的自我解放歷程作為軸，把以上所說文化的光譜作為半徑，使它由內向外逐步展開。越在靠近軸的地方，越加重要，越是遠離軸的文化，其作用越小。由於許多文化現象所發揮的作用相差不多，我們把它歸在一類裡，這便有了層次。依照這個思路，本書把各種文化分為三大類，五個層次。一種是制度文化，又分為兩個層次，即兩圈，政治制度為第一圈，次制度為第二圈；第二種是工具文化，只要一圈——即第三圈——就夠了；第三種是習俗文化，也分為兩個層次，甲類習俗為第四圈，乙類習俗為第五圈。這就是「文化圈層」。「文化圈層論」即是各種文化現象的生存秩序，就像排成一行的隊伍，個頭由高到矮，力氣由大到小。

如果不用譜線表示，也不用「圈層」表示，那就稱它們為制度文化、工具文化和習俗文化，這就是「三種文化論」。

第三章　制度文化

制度文化、核心文化、第一種文化

制度文化，筆者也叫它核心文化、第一種文化。

制度文化包括了政治制度、經濟制度、法律、軍事等在內，而以政治制度為主。從原始社會部落的形成，部落領袖的產生及職權範圍，到現代世界各個國家實行的各種制度，應有盡有。梁漱溟在〈中國文化要義〉中為文化下定義說：「我今說文化就是吾人生活所依靠之一切，意在指示人們，文化是極其實在的東西。文化之本義，應在經濟、政治、乃至一切無所不包。」（第1頁）最後一句點出的「經濟、政治」，就都屬於制度文化。有人把制度文化分作三個層次，「第一層次是關於社會形態方面的規定性，如原始社會制度、資本主義社會制度等；第二層次是一定社會形態下的具體社會制度，如經濟制度、政治法律制度、家庭婚姻制度等；第三層次是在具體社會制度下的各個具體工作部門和工作崗位的有關辦事程序和行為規範等。」（見《中國文化研究二十年》第436頁）本書基本用第二層含義。

制度有繁簡，治法有區別，都是保證社會、國家在一定的軌道運行。制度有繁簡，容易理解，治法有區別，是說有人治和法治的不同。中國自古以來，人治的色彩特重。但即使是人治，也自有其法度，人治本身就是一種制度，何況那最高的「治人者」並不能時時、處處、事事隨心所欲，一時衝動，或自作親為，他還有固定的操作方法，還要有人輔佐，有人執行，這都需要制度。在任何一個社會、國家，沒

有制度是不可想像的。制度是紐帶，是粘合劑，是機器運轉的規則。

制度具有權威性，要求人們服從。恩格斯在〈論權威〉中說：「就拿紡紗廠做例子罷。棉花至少要經過六道連續工序才會成為棉紗，並且這些工序大部分是在不同的車間進行的。其次，為了使機器不斷運轉，就需要工程師照管蒸汽機，需要技師進行日常檢修，需要許多工人把生產品由一個車間搬到另一個車間等等。所有這些勞動者——男人、女人和兒童——都被迫按照那根本不管什麼個人自治的蒸汽權威決定的時間開始和停止工作。所以，勞動者們首先必須商定勞動時間；而勞動時間一經確定，大家就要毫無例外地一律遵守。其次，在每個車間裡，時時都會發生有關生產過程、材料分配等局部問題，要求馬上解決，否則整個生產就會立刻停頓下來。不管這些問題是怎樣解決的，是根據領導各該勞動部門的代表的決定來解決的呢，還是在可能情況下用多數表決的辦法來解決，個別人的意志總是要表示服從，這就是說，問題是靠權威來解決的……」（《馬克思恩格斯選集》第二卷第 552 頁）恩格斯這段話是批駁「自治論」的，說明了權威的重要。人類社會猶如工廠，一切靠制度保證，因此制度是最有權威的。在人類社會生活中，制度是一隻看不見的手，它時時刻刻在指導著、撥弄著人們，任何人逃避不開。

在權威的背後，有時還有另一隻有力的手，就是個別超凡的人物，那是另一個權威。他的權威來自權力。社會發生變化，除了自然的力量以外，就只有權力這種無形的手能夠起到推動的作用。人們對權力的迷戀和追尋常常會演出一幕幕最精彩的活劇，是其他各種形式的藝術都無法比擬的。有時候，兩個權威在「打架」，不過總的說，制度這個權威是常勝將軍，即使有時候暫時屈服在個別超凡人物的淫威之下，到頭來還是會把那超凡人物打倒在地。

制度文化是對權威和權力的圖解。

制度文化是社會形態的最直接體現，有什麼樣的社會形態，就會有什麼樣的制度文化。研究文化，必須從制度文化入手，這才能抓住

要害。許多談文化的著作，往往在神話、語言、宗教等題目上大做文章，而把制度文化放過不提，這是不夠全面的。

文化的組織者和整合者

對制度文化的重要性給予足夠重視的，是 B・馬林諾斯基的《科學的文化理論》。

B・馬林諾斯基是人類學功能學派的創始人之一，也是對中國人類學研究有重大影響的一位學者，中國老一代的人類學家、社會學家吳文藻、費孝通等即出於馬氏門下。馬林諾斯基於一八八四年出生於奧匈帝國統治下的波蘭克拉科夫，在獲得博士學位後，曾到德國研究經濟學史和實驗心理學等，到倫敦後才加入人類學和社會學研究者的行列。馬氏重視田野考察和實證研究。他的主要著作有《西太平洋的航海者》、《安達曼島民》、《原始社會的性與壓抑》、《文化變遷的動力》、《巫術、科學與宗教》等。他跟英國的拉德克利夫－布朗創立了功能學派。他們以結構功能觀點研究社會文化，認為事實就是真實本體，功能就是文化真諦，把握真諦只須直接觀察事實的各個方面的功能；他把旨在界定文化性能與人類需求——無論是基本需求還是派生需求——之關係的分析，稱作功能分析。在馬氏看來，人的生存需求是文化創造的動力，最初是簡單的生存和生育的需求，以後有進行經濟活動對秩序的需求，對知識的需求，以及其他種種需求，於是各種各樣的文化被創造出來了。這跟前引馬克思所說「人們為了能夠『創造歷史』，必須能夠生活。但是為了生活，首先就需要衣、食、住以及其他東西」的論述有共通之處。《科學的文化理論》是一部尚未完成的巨著。在其第四節〈什麼是文化〉中，馬氏說：

開篇伊始，最好先對文化的眾多表現形式作一鳥瞰。它顯然是一個有機整體（infegral whole），包括工具和消費品、各種社會群體的制度憲綱、人們的觀念和技藝、信仰和習俗。無論考察的是簡單原始、亦或是極為複雜發達的文化，我們面對的都是一個部分由物質、部分由人群、部分由精神構成的龐大裝置（apparatus）。人借此應付其所面對的各種具體而實際的難題……

——第 52-53 頁

在隔過幾段話後，馬林諾斯基說：「……這裡的關鍵概念就是組織（organization）。為了達成任何目的，獲取任何成果，人類都必須組織。我們將闡明，組織意味著很確定的配置或結構，其主要元素普遍地存在，適用於所有組織化群體，而組織化群體的典型形式又是普遍地存在於整個人類。」馬氏「提議將這樣的人類組織單位稱為制度（institution）。這是一個由來已久，但並不總是能被清楚界定和連貫使用的術語。這個概念意味著對一套傳統價值的認同，人們為此而結成一體。它也意味著人們之間，以及人與自然或人工環境的特定物理部分之間，都有著確定的關係。在自身目的或傳統要求的憲綱之下，遵循著其團體的特定規範，使用著受其控制的物質裝備，人類共同行動以滿足他們的某些欲望，同時也對其環境產生影響。這個初步概念應被提煉得更為精確、更為具體、更為恰當。但在這裡，我願再次強調除非人類學家及其人文學同事就具體文化事實中的確切單元取得一致意見，我們將永遠不會有研究文明的任何科學。同理，如果我們能就此達成一致，如果我們能發展出制度性行為一些普遍性有效的原理，我們就能為我們經驗和理論的追求再次奠定一個科學的基礎。」（第 55 頁）馬氏又說：

我們提出的功能和制度這兩類分析方法，將使我們能更加具體、精確和徹底地界定文化。文化是由部分自治（autonomous）和部分協調（coordinated）的制度構成的整合體。它依據一系

列原則而整合，例如血緣共同體通過生育；空間相鄰通過合作；活動中的專門分工；最後但同樣重要的是，政治組織通過權力的運用而整合。每個文化的完整性（completeness）和自足性（selfsufficiency）都歸因於一個事實：即滿足基本的、實用的及整合化的全部需求。因此，像最近有人提出的每個文化僅啟用其潛在範圍中的一小部分的說法，至少在一種意義上是極端錯誤的。

——第 56 頁

　　馬氏的話，據我的理解，制度在文化中具有巨大的作用，其作用，主要在對各種文化進行整合上。馬氏舉例說，「只要觀點、倫理運動，最偉大的工業發現仍然局限於某個人的頭腦，其在文化上就全然無效。假如希特勒只是發展了他的全部種族教條，假如他只是憧憬納粹化的德國及整個世界為其正當主人——德國納粹所奴役的夢想；假如他只是在自己的頭腦中殺盡了猶太人、波蘭人、荷蘭人或英格蘭人並征服了全世界——假如這一切都只是想像，那整個世界應該更幸福，而文化的科學和蠻人的科學就會缺少一個最可怕，當然也是最佳的例證來說明。一旦某個私人的創見落入肥沃的土壤，就能導致普天下的災難和世界性的流血、饑荒和墮落。」馬氏總結說，「人類行為的科學始於組織」。（第 59 頁）而在馬氏的字典裡，組織和制度幾乎就是同一個東西。希特勒給人類帶來災難，不在別的，就在於他掌握了德國的大權，使他的那種夢想變為現實。如果他沒有德國的制度或組織可利用，也就是說他沒有「落入肥沃的土壤」，任何災難都不會發生。

　　梁漱溟在其《中國文化要義》第一章「試尋求其特徵」說：「往日柳詒徵先生著《中國文化史》，就曾舉三事以為問：中國幅員廣袤，世罕其匹；試問前人所以開拓此摶結此者，果由何道？中國種族複雜，至可驚異。即以漢族言之，吸收同化無慮百數，至今泯然相忘，試問其容納溝通，果由何道？中國開化甚早，其所以年禩久遠，相承勿替，

77

迄今猶存者，又果由何道？」梁漱溟說：「此三個問題，便是三大特徵。」又說：「從以上三特徵看，無疑地有一偉大力量蘊寓於其中，但此偉大力量果何在，竟指不出。」（第6頁）梁先生「竟指不出」的「偉大力量」，其實並不難找，其主要成分，就是制度。

梁著第三章〈文化之形成及其個性〉，從題目已可知道，它是探討文化是怎麼形成的。這章開頭說：「中國一直是一個沒有經過產業革命的農業社會；中國傳統的風教禮俗，無疑地自要與它相適應。尤其有見於二千年文化頗少變革，更不難推想其間（經濟基礎與上層建築之間）相互適應已達於高度，上下左右扣合緊密。但我們沒有理由可以遽行論斷一切中國風教禮俗，就為這種經濟所決定而形成。相反地，說不定中國生產工具生產方法二千餘年之久而不得前進於產業革命，卻正為受了其風教禮俗的影響。」（第32頁）梁漱溟又引中國人類學家黃文山一篇文章，說：「黃先生又引人類學權威鮑亞士（Franz Boas）的話，指出『經濟條件無疑地比地理條件與文化間之關係較密切，因為經濟即構成文化之一部分；然它不是唯一決定者，它一方決定，一方被決定。』就在馬克思、恩格斯，雖創為唯物史觀，其持論亦並不如流俗所傳那樣。根據恩格斯給布洛赫的信（1890年9月），即明白指斥如以經濟為唯一決定因素即屬荒唐；而肯定經濟雖為根基，但其上層建築如政治宗教等一切，亦同樣地在歷史過程中，有著他們的作用；而且亦影響於經濟，有著一種交互作用。」（第33頁）

說到這裡，有必要指出，梁漱溟此處探討的是制度或經濟對其他文化形成起什麼作用，跟本節的主旨──制度文化在社會、人生中的重大作用──不是同一回事。如果說制度（或經濟）文化對其他文化的形成和發展起著重大作用，但「它不是唯一決定者，它一方決定，一方被決定」，那麼，制度文化在社會、人生發展上作用之大，就是毋庸置疑的了。

古希臘被公認為人類歷史上的一個黃金時代，它創造了無與倫比的文化，但後來衰落了。這跟地理環境有關，但是最主要的原因還是

在受到強權的侵入。對世界歷史、特別是歐洲歷史有精湛研究的中國學者閻宗臨，在其所著《希臘羅馬史稿》的〈緒論〉中說：「希臘……淪於蠻橫馬其頓之手，終於分裂，為羅馬所滅亡。羅馬貌似統一，其困難亦復如是，因羅馬統一的久暫不繫於民族文化內在的力量，而繫於地中海的統一，能否為其掌握？迦太基亡後，羅馬開拓地中海，漸次取得海上霸權，跨入富強時代。然以個人與社會失調，啟無限制的野心，集權產生，個人毀滅；社會是個體的結合，羅馬社會破毀，實利統於掌握政權特殊階級之手，由是內戰不息，荼毒生靈，迨至三世紀，城市凋落，經濟割裂，羅馬統一亦破毀，為蠻人開一坦途，西方淪為群主爭霸的時代，而地中海生命的活力亦由此萎縮。」（《世界古代中世紀史》第3-4頁）

　　跟希臘羅馬文化不同，中國古代文化並沒有被毀壞而成為「斷層」，一直堅持了下來，是什麼原因呢？原因可能有很多個，而且在不同的人看來，或從不同的角度去看，主要原因也可能有多種說法，但是有一點不容忽視，就是它跟歷代君主有極密切的關係。中國古代思想學術文化跟希臘羅馬文化的一個重大區別，是它是為統治階級著想的，而不像希臘羅馬文化那樣，遠政治，重思辨，總是在虛無飄渺的哲理上兜圈子。中國古代文化固然內容豐富，涉及人生、社會各個方面，但其主要智慧還是在如何「牧人」上。孔儒學說在這一點上獨步群雄，它基本上是孔子及其信徒們在急於爬到統治者行列的心情驅使下創造出來的，其「牧人」的智慧可謂登峰造極，必然會成為歷代封建君主最主要的思想武器。在漢武帝罷黜百家之前，其他學說也有信奉者，但儒學已經在官場佔據了許多人心。獨尊儒術是董仲舒的建議，但是如果沒有漢武帝的支持、推行，絕不可能產生那樣大的力量。在兩千多年的時間裡，孔儒學說跟歷代封建君主結為一體，互相依存，榮辱與共。在孔儒學說的巨大影響下，中國歷代的教育、藝術、科學技術等，無不打上儒家色彩，連從印度傳進來的佛教，也改變了原來的面貌，而變成儒佛相混的中國佛教；加上道教，成為儒、佛、道三

教合一的局面。中國以「孝」為核心的價值觀念、倫理道德、風俗習慣、人們的文化心理，跟孔儒學說有極大關係，可說是在孔儒學說影響下形成的，實際上成了孔儒學說的次生形態。在這兩千多年裡，朝代不斷變更，農民起義此起彼伏，但都沒有影響到以孔儒學說為核心的中國思想學術文化的基本面貌，主要原因，就在於它得到歷代封建君主的大力支持和保護，具有準官方性質。

　　無數事實表明，歷史的進程是由制度文化決定的。而在制度文化中，政治制度及其實際掌權者──君主、國王、皇帝──所起的作用，又是其他人或集團所難以望其項背的。

「變遷要素」、「物理宇宙」

　　馬林諾斯基在重視制度在文化中的重大作用的同時，也明確指出了制度文化的一個重要特點，即變遷要素。變遷要素，也可以說是時間要素，馬林諾斯基就說「……時間要素，即變遷要素……」（第 56 頁）。即某種制度都跟一定的時間緊密地聯繫在一起，過了這個時間，其制度的具體內容就可能很不相同。馬林諾斯基明確說：「所有文化進化或傳播過程都首先以制度變遷的形式發生。」（同上）有時在很短的時間內，同一塊地方，同樣的種族和居民，人們的生活發生了截然不同的變化。他們或者有了新的國王，新的制度；或者身份和地位發生了倒轉，剝削者成了被剝削者；或者原本平靜的生活，突然之間，變成了生離死別，流離失所。而人們的風俗習慣等等卻不是這樣。一種習俗一旦形成，可能幾十年、幾百年、甚至幾千年也不見其有顯著的變化。即使像神話、藝術、宗教、科學、語言等，相對來說，也要穩定得多。變遷，是制度文化最主要、最根本的特點。

　　在過去許多年，世界上絕大多數國家和民族，無不處在時分時合、時主時奴、時存時亡、時此時彼變動不居的狀態之中。中國在東周時

代，國家有五霸，有七雄，外交政策有合縱，有連橫，相互之間，侵城掠地，你爭我奪。秦漢以後，中國實現了大一統，但也曾數次南北分治，數次由邊遠的少數民族「入主中原」，佔據統治地位。在元人統治下，原來的漢族，地位一落千丈。從秦二世起，農民起義不斷。這些起義，雖然對生產力的發展並未起到多大的促進作用，但大都引起了改朝換代的變化。《三國志演義》開頭所說「天下大勢，合久必分，分久必合」，也是世界其他地區經常發生的現象，具有普遍性。即使在同一個朝代內，甚至在同一個人當政下，國家制度也會發生很大變化。十五世紀後期的法國，路易十一於一四六一年即位後，為了穩定經過百年戰爭的國內局勢，摧毀大貴族的勢力，他在平定了大貴族糾合的親兵反叛之後，採取一系列措施，擴大王室領地，加強王權，初步建立起一套專制制度，到法蘭西斯一世時基本形成。由原來國內政局平穩、經濟繁榮的「和平世紀」，到進入專制，就是在路易十一手下完成的。再如英國。十七世紀後期，英國發生一次「光榮革命」。資本家和新貴族利用被他們控制的議會，制定了一系列限制國王權力的法案，使國王處在「統而不治」的狀況之下，實際上等於摧毀了專制制度。議會在通過《權利法案》之後，一六八九年通過了《叛亂法案》，規定平時國王必須經過議會同意才能徵集和維持軍隊，而且只能保持一年。這一法案通過後，每年重申一次，以免被國王破壞。議會對王室的預算也做了規定。為了防止國王獨斷專行，保證國會能定期舉行，議會於一六九四年制定了《三年法案》，規定每三年必須召開一次議會，每屆議會的任期不得超過三年。一六九五年廢除了《書報檢查法案》，使出版事業有了較大的自由。這就確立了議會之權高於王權、司法權獨立於王權之外的原則。威廉三世時，國王經常召集一些大臣在小屋子裡開會，商討國事。後來，有時國王並不親自參加，而是由一些大臣臨時負責，這便有了「首相」之稱。這一變革過程到一七四二年完成。這就是英國的立憲君主制。這種制度比當時世界其他國家的政治制度優越，成為其他國家效法的榜樣。在英國革命的醞釀和發展

過程中，形成了代表資本家新貴族和代表社會中下層人民利益和願望的思想體系，這種思想很快傳播到歐洲、美洲和世界其他地區，對世界各國的思想發展起了很大的推動作用和深刻的影響。馬克思主義哲學的一個重要原理——否定之否定，在制度文化上表現最為突出。有的是全部否定，如改朝換代，有的是部分否定，如制度的修訂，等。有時即使是一個小小的改動，也會對國家的發展、人民的生活起極其巨大的作用，如增息和減息，就是現代國家引導經濟、使其加速或使其放慢的杠杆。毛澤東在〈矛盾論〉中說的「……許多國家在差不多一樣的地理和氣候的條件下，它們發展的差異性和不平衡性，非常之大。同一個國家吧，在地理和氣候並沒有變化的情形下，社會的變化卻是很大的。帝國主義的俄國變為社會主義的蘇聯，封建的閉關鎖國的日本變為帝國主義的日本，這些國家的地理和氣候並沒有變化」（《毛選》第 277 頁）一大段話，都是指制度的變遷的。

　　變遷有兩種，一種是漸變，一種是突變。前者是累積式的由量變轉為質變；後者是一次性的質的變化。法國路易十一實行的改變屬漸變。二十世紀三十年代德國法西斯化也是一個漸變的過程。第一次世界大戰是由德國皇帝威廉二世發起的。戰爭失敗後，德國一方面要支付大量經濟賠款，一方面發展經濟要依靠美國資本的輸血，缺乏自主性，一時難有起色。隨即爆發了世界性的經濟大危機，德國是受影響最大的國家之一，許多工業康采恩倒閉。國內階級矛盾加劇，人民生活狀況日益惡化。這為德國走向法西斯化提供了豐厚的土壤。法西斯主義頭子希特勒是大日爾曼主義的狂熱信奉者。他先創立了全名為「民族社會主義德國工人黨」的法西斯主義政黨，於第一次世界大戰失敗後不久拋出《二十五點綱領》，要求所有日爾曼人在一個大德意志國家的框架下統一起來。後發動叛亂，遭到失敗。在獄中，他寫了《我的奮鬥》第一部，大力宣揚種族主義。一九二九年的世界性經濟大危機，使希特勒的法西斯主義和民族復仇主義受到壟斷資本家巨頭的重視。希特勒重新組建了納粹黨，建立嚴密組織，明確鬥爭目標，是奪取政

權。這個納粹黨還建立起武裝力量。一九三二年春天德國舉行總統選舉，希特勒未能獲勝，但在議會選舉中獲得了勝利，成為議會中第一大黨。這時德國共產黨的勢力也有很大發展。一九三三年初，希特勒被任為總理，標誌著法西斯主義分子公開上臺。上臺伊始，希特勒就決定舉行新國會選舉；同時策劃製造了「國會縱火案」，打擊、迫害共產黨人。次年八月，總統興登堡逝世，希特勒宣布取消總統稱號，改為國家元首，他自任國家元首。這樣，希特勒完全控制了國家權力。從此，全世界人民不同程度地遭受到法西斯主義侵略蹂躪之害，第二次世界大戰便是由希特勒糾集日本和意大利的法西斯主義者發起的。德國是馬克思主義的故鄉，德國共產黨也曾是一個勢力強大的無產階級政黨，卻不想讓法西斯主義給全人類帶來巨大災難。

漸變，可以分為有意識的——即目標明確的——漸變和無意識的——即事先沒有明確目的的——漸變兩種。希特勒上臺屬有意識的漸變，他所做的一切都是為了達到他建立大日爾曼帝國、消滅猶太人和其他「劣等種族」的目的。美國從一建國起就是一個民主國家，可作為後一種漸變的例子。

美國所在的美洲被稱為「新大陸」，是因為一四九二年由哥倫布率領的船隊「發現」了它。在那之前，那塊土地上就有人類在生息繁衍，而且在拉丁美洲，曾有過光輝的瑪雅文明、阿茲特克文明和印加文明，只是由於它遠離歐洲、亞洲這幾個文明古國所在的大陸，過去不為人知罷了。美國是一塊廣袤而美麗富饒的土地。它被「發現」以後，也迎來了一批又一批的歐洲移民。原先居住在這塊土地上的印第安人，既沒有形成強大的部族，也沒有建立起任何可稱為「國家」的組織，從社會形態的要求說，應該算作一塊處女地。從歐洲遠道而來的移民，以勞動人民為主，他們是來尋求生存的，不是來當主人的。也有富人，是為了掠奪財富而來，財富到手，他們會運回老家，不會留在當地，他們的根子仍在歐洲。無論哪一種移民，都有一種「外來戶」的心態，沒有想到把「天下」據為己有。幾個文明古國的情況就不同了。從當

地發展起來的強大部族，無不認為自己是當地的主人，不容外人欺負；建立起政權不僅要由自己掌管，還要傳給兒孫後輩，永世長存。這在中國，最為突出，以後會說到。美國在一開國就建立起民主秩序，自然離不開個人因素，不過最主要的原因，是人們沒有把「天下」當私有財產的觀念，當作可利用之器。他們不是想著自己掌了權就享受榮華富貴，甚至可以像「傳家寶」一樣，由兒孫後輩一代一代傳下去。他們只是想著當前，想著大家。他們另一個思想資源，便是西方國家已經興起的人文主義思潮和人權觀念。大西洋兩岸的密切接觸，既使他們在經濟上形成剝削與被剝削的關係，形成矛盾，潛藏了危機，又給他們提供了用新的思想武裝頭腦的便利條件，而思想是既不分階級、也不分國界的。十七世紀後期，英法兩個殖民主義者把他們在歐洲大陸的鬥爭擴大到北美，這引起了殖民地人們對宗主國的反抗，最後發展為獨立戰爭。喬治·華盛頓被任為總司令，由托馬斯·傑斐遜起草《獨立宣言》，一七七六年七月四日第二屆大陸會議通過，這一天也就成了美國誕生之日。《獨立宣言》所依據的政治哲學，是天賦人權論和社會契約論，它宣稱「人生而平等，享受著生命、自由以及追求幸福這些不可讓渡的權利」。《宣言》說，為了保障人們的這些神聖不可侵犯的權利，人民建立起政府，政府的權力來自人民的授予，是為人民辦事的，事辦得不好，違背了人民的意願，人民隨時可以更換政府。《宣言》通過後，英美處於戰爭狀態。在開展獨立戰爭的幾年裡，各殖民地高度自治的政府和議會證明了自己的優越性，它們順利地完成了向獨立的轉化。以後制定了《聯邦憲法》，成立了合眾國。這就是美國的來歷和美國民主的最初面貌。顯然它不是哪個人預先設計的，它完全是根據形勢的發展、人民的意願，用人類文化當時所達到的高度，一步一步發展出來的。

對於美國這種「變遷」，法國人費爾南·布羅代爾是這樣說的：「美國長期以來都相信它在鑄造一種新的命運，一種新的未來，它沒有先前那些日子的陰影，因為過去即刻自動消失。逃避與過去的一切聯繫，

或斷絕與根深蒂固的事物的關係，把賭注押在無法意料的事情上，此為金科玉律。『opportunity』（機會）一詞乃是關鍵詞：所有配得上這個詞的人，在『機會』到來時都應該把它抓住，開發利用它，一直達到它所允許的極限。正是在這種『競爭』中，人才能脫穎而出，顯現出自己的價值。」「美國作為一個集體也是這樣表現自己的：美國的過去是一系列的機會，一經提供，幾乎立即就完全被把握住；它的過去是一系列『碰運氣』的過去，這些『碰』通常成功了……」（《文明史綱》第 424 頁）即是說，美國的未來「無法意料」，美國的民主是「碰」來的。但這個「碰」，是完全、徹底地建立在對人類最新文化成果的確信和堅定不移上，既沒有任何意識形態的干擾，也沒有「與過去的一切聯繫」成為精神負擔，更沒有被「先前那些日子的陰影」所遮蔽。它是一張白紙，是由幾個無私的人——美國人的傑出代表——共同制定的。它是最新人性觀、價值觀的產物。

　　前述法國在十五世紀由路易十一開始的建立專制制度的變革，也是一種漸變，它介於以上兩種之間。古希臘由原始公社制的氏族社會向私有制的文明社會——奴隸制的轉變，也屬於漸變。這一變革過程不像後來社會變革那樣，是通過一個統治階級推翻另一個統治階級的革命形式進行的，而是在社會自身由先進的人物通過立法的形式進行的。馬克思對這一變革過程曾作過研究。還有其他的漸變，比如在同一個人（或同一個集團）主持下通過局部變革最後引起重大變化的漸變。

　　至於突變，就更多了。農民起義、軍事入侵、軍事政變、朝代更迭等都是。這裡說的「變遷」，主要指路線、方針、政策的變更，不完全在執行者的人事構成上。領導人任期屆滿，或者死去，更新了人事，但原先執行的一套並沒有改變，不應當視作「變遷」。如果路線、方法、政策等有了重大改動，即使人員沒有變動，仍應視作「變遷」。因為路線、方針、政策的變動，意味著文化面貌的變化。馬克思論述了制度發生變遷的原因：「按照我們的觀點，一切歷史衝突都根源於生產力和交往形式之間的矛盾。此外，對於某一國家內衝突的發生來說，完全

沒有必要等這種矛盾在這個國家本身中發展到極端的地步。由於工業比較發達的國家進行廣泛的國際交往所引起的競爭，就足以使工業比較不發達的國家內產生類似的矛盾。」（《馬克思恩格斯全集》第三卷第 83 頁）

　　這裡，本書使用了馬林諾斯基創造的「變遷因素」這個詞，現在再使用一位學者用過的一個詞「物理宇宙」，進一步說明「變遷」的特點和性質，這位學者便是前已引用過的恩斯特·卡西爾。

　　卡西爾把人稱為符號的動物，也就是能利用符號去創造文化的動物。在《人論》第二章〈符號：人的本性之提示〉中，卡西爾說：「與其他動物相比，人不僅生活在更為寬廣的實在之中，而且可以說，他還生活在新的實在之維中。在有機體的反應（reaction）與人的應對（response）之間有著不容抹殺的區別……」這是說人和動物的區別的，以下舉例已略去。接著說：「……沒有什麼靈丹妙藥可以防止自然秩序的這種倒轉。人不可能逃避他自己的成就，而只能接受他自己的生活狀況。人不再生活在一個單純的物理宇宙之中，而是生活在一個符號宇宙之中。語言、神話、藝術和宗教則是這個符號宇宙的各部分，它們是組成符號之間的不同絲線，是人類經驗的交織之網。人類在思想和經驗之中取得的一切進步都使符號之網更為精巧和牢固。人不再能直接地面對實在，他不可能彷彿是面對面地直觀實在了。人的符號活動能力（Symbolic activity）進展多少，物理實在似乎也就相應地退卻多少。在某種意義上說，人是在不斷地與自身打交道而不是在應付事物本身……」（第 33 頁）對卡西爾「物理宇宙」一詞應如何理解？

　　同書第六章說：「社會現象是與物理現象一樣從屬於同樣的規律，然而他們具有著不同的和遠為複雜的特性。這些現象不應當僅僅根據物理學、化學和生物學來描述。」以下引孔德的話，孔德話中說到「由於社會條件改變了生理學規律的活動，社會物理學必須有它自己的一條觀察方法」（第 83 頁），這可能是卡西爾「物理宇宙」一詞的出處。同一章說：「人的突出特徵，人與眾不同的標誌，既不是他的形而上學

本性也不是他的物理本性，而是人的勞作（work）。正是這種勞作，正是這種人類活動的體系，規定和劃定了『人性』的圓周。語言、神話、宗教、藝術、科學、歷史，都是這個圓的組成部分和各個扇面。因此，一種『人的哲學』一定是這樣一種哲學：它能使我們洞見這些人類活動各自的基本結構，同時又能使我們把這些活動理解為一個有機整體。」（第87頁）

　　卡西爾的思想有三點是明確的。其一，卡西爾整本書都堅持「不應當在人的個人生活中而應在人的政治和社會生活中去研究人」（第81頁），而這跟馬克思和恩格斯所說人是「社會關係的總和」相一致，不僅表明了他的歷史唯物主義立場，而且也說明他重視人的社會關係。其二，他把「物理宇宙」跟「符號宇宙」相提並論，而「符號宇宙」指的是語言、神話、宗教、藝術等這些「人的勞作」，可見「物理宇宙」跟這些東西不是同一回事。其三，卡西爾極力反對用生物本能去解釋人類的活動，也就在這同一章裡，他引用約翰・杜威的《人類本性與行為》一書，說「企圖把創造性活動限制於一定數量的、界限分明的本能種類，乃是非科學的」，可見「物理宇宙」跟本能無關。從這三個基本觀點出發，據筆者的理解，卡西爾所說「物理宇宙」，當指人一生下來就生活著在的社會環境，這裡既有父母和其他親人的親情給他以溫暖，更有人生在世所必須遵守的紀律、規則、制度等，要他按照規範去行動，而以後者為主。特別是對成人說，他的整個人生基本上是在由各色各樣的制度、規則、紀律織成的「物理之網」中渡過的，「物理之網」和「符號之網」構成了人的生活的大部。只是在卡西爾的思想上，他把文化主要限定在語言、神話、宗教、藝術以及科學等「符號宇宙」，該書下篇即分章論述了這幾種「人的勞作」的產物，因此才對「物理宇宙」語焉不詳。

　　物理，是一門基礎自然科學，研究物質的結構和自然界各基本組合間的相互作用、結合方式等。本章所說制度文化各構成單位，正都各有一個物理結構，它們的運動方式也是物理性的，即物質只改變形

態，而不改變本身的化學成分。如果我的理解不錯，那麼，本節所說的制度文化的「變遷」，便都是物理性的變遷，不是其他形式的變遷。在物理世界，常常發生天翻地覆、天塌地陷、山河移位這種有形的看得見的變化。這也正是制度文化容易造成社會大變動的同一現象。在制度文化下，人是物理的地發生變化的。各種制度都是一些無形的手，它把我們推到這裡，擠到那裡，但無論怎樣擺佈，我們仍然是我們。從另一個制度下來的人，他自己可能不變，但卻不能不受這新的制度的制約，只有適應這新的制度才能夠生存。在制度文化下，人只發生物理運動，而不發生其他運動。像社會各階級、各種人地位、位置等的變動即是，而不涉及人的本性、本質，乃至人的文化素質等。國家和社會發生的變化，也是物理性的，比如領土和疆域的變更，社會性質和朝代的變化，人的階級地位的變易，等等。

事實上，把「物理」一詞用在人類社會結構和組織上，並非卡西爾一人，許多人都有這個用法。像馬林諾斯基的《科學的文化理論》、美國社會學家蘭德爾·柯林斯和邁克爾·馬科夫斯基的《發現社會之旅》等，都用到這個詞，所指基本相同。《發現世界之旅》說：「一個事物除非它有一個名稱，否則我們不會注意到它。在物理世界中是如此—— 一個植物學家可以注意到幾十種植物，而一個外行看到的只是一片田地；對於理解社會來說，這一點尤其重要。」（第 4 頁）

如是，我們可以得出以下三點結論：

第一，人類社會最重要的一種文化，核心的文化，是制度文化，制度文化構成了一個物理宇宙。

第二，「變遷」是制度文化最重要的一個特點。

第三，制度文化造成的「變遷」，是物理性的變遷，不是其他形式的變遷。

制度文化是全人類的

　　全世界的共產主義者都說，「馬克思主義是放之四海而皆準的普遍真理。」

　　馬克思主義是一種思潮，是一種學說，也是一種制度。這個制度的名稱就叫共產主義，它是人類社會的一種形態，按照《共產黨宣言》，它是最終形態，人類社會最後要進入共產主義，也就是中國古人說的世界大同。「放之四海而皆準」，就是全世界都適用，都應該用。即是說，馬克思主義具有全人類性。無論何人所創，從何處誕生，它從誕生之日起，就成了全人類的精神財富。它既不屬於西方，也不是東方文化，如果以地區區分，就不能確切地說明它的巨大意義和價值。

　　其實，所有制度文化都應作如是觀。比如市場這個東西。市場，一般的解釋是「商品交換的場所和領域」。商品，就是剩餘產品。人們從事生產活動，最初主要是供自己或自己家族使用，但必然會有用不著的，即剩餘產品，到進入工業社會以後，人們的生產活動便主要是為了供交換之用。列寧說：「哪裡有社會分工和商品生產，哪裡就有市場。」（《列寧全集》，第一卷第83頁）在中國，兩千多年前、傳說由孔子編定的詩歌總集《詩經》中「氓之蚩蚩，抱布貿絲」等句子，就是對市場生活的生動描寫，它的產生更要早得多。世界上任何一個角落，只要有市場，其文化都差不多：買者要用盡可能少的代價買回盡可能多的物品，而賣者則要用盡可能少的商品賺取盡可能多的利潤，雙方互講價錢，最後在一個適中點達成協議，於是成交，誰也不吃虧，誰也有所得。這樣的市場文化，無論在哪個大洲，無論是白人黑人還是黃種人，同樣在遵守，同樣奉為金科玉律。一九二九年世界性經濟危機得到緩解，是因為出了凱恩斯主義，加上了政府干預。政府干預

只起調解作用，市場經濟的基本規律並未受到影響。一些國家曾經實行計劃經濟，那是人為的，在某種特定情況下可能會起一定作用，但從事物本質上說，它違背了經濟發展規律，人們遲早會拋棄它。

像市場文化屬於全人類一樣，其他制度文化也是全人類的。當然都是普遍性和特殊性的結合、統一。只是其普遍性遠遠高於特殊性，而且其普遍性和特殊性，在性質上不盡相同。普遍性決定其本質，特殊性是其具體存在形式。存在形式可以有多種特色，甚至「千奇百怪」，但其本質是清晰可辨的。

為什麼說制度文化是全人類的呢？

首先，讓我們借助馬克思主義，從理論上說明。馬克思主義的歷史唯物主義有一條最基本的原理，是經濟基礎決定上層建築。歷史唯物主義認為，人類的物質生產是社會生活的基礎，是決定其他一切的。在原始社會，由於生產工具簡單，生產力低下，產品極其簡陋和數量嚴重不足，人類只能過最低級的生活。由於是聚族而居，漸漸形成部落，又漸漸有了首領，或說酋長。部落間為爭奪生存空間，互相發生戰爭，又是必然的。戰爭必然有勝有敗，引起死亡。造成的直接結果，是一個部族壯大了，而另一個部族消失了，勝利者一方有了權勢，而失敗者一方被踩在腳下。勝利者的權勢又只能集中在個人手裡，同一個部族的剩餘產品也必然歸主事者所掌握，於是有了階級。部族鬥爭產生民族融合，失敗者被俘虜成為奴隸。本部族的普通勞動者，也會淪落為奴。所以階級的產生必然會使社會進入到奴隸社會。生產的發展使產品一分為二，在供自己使用外，將多餘的產品拿去交換，這就成了商品。有了商品，也就有了市場。所有的市場都是自發產生的，社會進步也是自發的，不以個人意志為轉移。

為什麼世界四大文明古國在社會發展的路徑上，在社會形態的變遷上，大家好像商量好的一樣，畫下了相差不多的路線圖，就在於這是客觀規律。美國從一開國就建立起民主秩序，原因之一，是它當時處在人類「有意識地發展」的階段，而不是無意識階段。

　　制度屬於上層建築，是由經濟基礎決定的，人類社會的經濟基礎就是那麼幾種，在其影響下，制度也就只能是相應的幾種，而且其順序不會改變：先有奴隸社會，再進入以農業生產為主的封建社會，再進入工業社會；工業社會也是逐步發展的，即由初級工業到高級工業，由手工製作到機器製造，由機器化到自動化，等等。人類社會的路徑大致如此，各個不同的國家和民族，走在大致相同的路線圖上，所制定出來的制度，必然有大致相同的骨架。

　　再看人性。馬克思主義從來不反對人性，但認為「人的本質並不是單個人所固有的抽象物，實際上，它是一切社會關係的總和」，這是人們都知道的，本書前邊也已提到。在《德意志意識形態》中，馬克思和恩格斯說：「這裡所說的個人不是他們自己或別人想像中的那種個人，而是**現實中的**個人，也就是說，這些個人是從事活動的，進行物質生產的，因而是在一定的物質的、不受他們任意支配的界限、前提和條件下能動地表現自己的。」（《馬克思恩格斯選集》第一卷第 29-30 頁）也即是說，人性不是先天固有的生物學、生理學意義上的東西，不是超時間的不變的，而是歷史進程中經濟和社會關係在人身上的反映，是時代的產物。馬克思特別重視「生命的生產」，由「生命的生產」所構成的人與人的關係，比階級鬥爭中產生的人與人的關係複雜得多；因為人類「生命的生產」貫穿在人類社會的始終，而「階級鬥爭」所形成的人與人的關係僅僅有兩千年左右的時間。可見這裡所說「一切社會關係」，並不僅僅指階級關係，它既包括階級關係，也包括人和人在生產勞動中產生的各種關係，還包括階級鬥爭、生產鬥爭以外的其他關係，如兩性關係，親戚關係、家庭關係、朋友關係、同事關係、宗族關係、民族關係、國家關係等等。關係多種多樣，涉及的人員有多有少，從制度文化的角度說，要為人們各種關係做出行為的規範卻不必太繁瑣。屬於道德範圍的，有倫理道德管著；屬於習俗的，有民俗風尚可作為借鑒。需要從制度上做出規定的，主要有人的地位和價值，有人們應該享受的各種權利、自由和應盡的義務，有產權的認識

和界定，有各級官員的選舉或罷免、職責規定，有人與人間發生爭議時的處置辦法，有對刑事犯罪分子的懲處條例，等等。這些方面，在不同形態的社會可能會有不同的具體要求，但不會相差很大。人類社會發展到現在，無論生活在哪個地區，無論屬於何等人種，何等膚色，也無論是發達國家還是發展中國家，既然相互之間共通處多，要對人的行為做出規範的制度，相通之處也就會很多，至少不會有質的區別。這就決定了，全世界各國的制度基本精神是相同或相似的。

其次，從人類歷史看，各個國家或民族在不同時期制定的制度難以盡數，但如果仔細分析就可以看到，實際上的制度並不多。比如政治制度，具體形式可能多種多樣，但基本形式也只有幾種。早在兩千多年前，亞里士多德在《政治學》中討論過幾種政體的優劣。一處把政體分為由「若干好人所共同組織的」的「貴族政體」和「以一人為治」的君主政體，另一處分為平民政體、寡頭政體和僭主政體三種，還有一次說「政府有四種形式──民主政體、寡頭政體、貴族政體和君主政體」。他比較的結果，「民主（平民）是公民通過投票將政府官員在他們中間進行分配的政府形式；而在寡頭政體下，需要財產資格，在貴族政體下，還要有受過教育的資格」。君主政體有兩種，「一是帝王統治，受到獲得權利的條件限制；另一種是『僭主政治』，不受任何限制」。貴族政體和君主政體相比較，「我們寧可採取貴族政體而不採取君主政體」。亞里士多德說的幾種政體，除民主政體（他後來說得最多的是平民政體）以外，其他都屬於專制。十八世紀法國著名政治哲學家孟德斯鳩，發展了英國著名思想家洛克的分權學說，提出了防止政治腐敗在於對權力予以限制的重要論斷。他把政體分為三種：共和政體（又分為民主政治和貴族政治）、君主政體、專制政體。他理想的政體是英國式的君主立憲制。美國公民理論學者托馬斯‧雅諾斯基教授在《公民與文明社會》一書中，把文明社會的政體分為自由主義政體、傳統政體和社會民主政體三種，並「對這三種政體國家中的趨勢作出了雖然複雜但卻連貫的概括」（第 272 頁）。

其實，真正的區分，基本上只有兩種，一種以民主為核心，一種以專制為根荄。民主就是共和制，專制就是君主制。兩千四五百年前的印度，相當於歐洲的希臘文明時期和中國的戰國時期，共有十六個國家，其中兩個國家實行共和制，其餘十四個國家實行君主制。五百年前，意大利人馬基亞維里作《君主論》，在其開宗明義第一章說：「迄今為止，統治人類的一切國家和政權有兩類，它們不是共和國，就是君主國。」（第4頁）這是在世界上發生重大影響的一本書，馬克思和恩格斯都稱讚過這本書。馬克思說，馬基亞維里使「政治的理論觀點擺脫了道德」，而把「權力」「作為法的基礎」（《馬克思恩格斯全集》，第三卷第368頁）恩格斯在《自然辯證法·導言》中說到歐洲文藝復興時，充滿激情地說：「這是一次人類從來沒有經歷過的最偉大、進步的變革，是一個需要巨人而且產生了巨人——在思維能力、熱情和性格方面，在多才多藝和學識淵博方面的巨人的時代。」他列舉的幾個「巨人」就有這本《君主論》的作者：「馬基雅弗利是政治家、歷史家、詩人，同時又是第一個值得一提的近代軍事著作家。」（《馬克思恩格斯選集》第三卷第445-446頁）跟馬基亞維里一樣，把歷來的國家分為君主制和民主制兩種的，還有好多人，如著有《論美國的民主》的法國十九世紀初的政治思想家夏爾·阿列克西·德·托克維爾，他在書中一直以「貴族制國家」跟美國這樣的「民主國家」相對稱，他在書中多次引用了馬基亞維里。

馬基亞維里把人類社會的政治制度概括為兩種，可謂高屋建瓴，言簡意賅。那個時候，「新大陸」遠遠沒有發現，實行民主的美國還是在其三百年後才誕生，馬基亞維里所說的共和制，指古希臘。古希臘的城邦民主很為人稱道。除了古希臘的民主以外，其他的共和制比較少見，在馬基亞維里以前的社會制度，最主要的形式還是君主制，也就是專制。亞里士多德所說寡頭政體、君主政體、僭主政體，無不是君主專制的一種具體形式，只不過獨裁的輕重程度不同而已。按照馬克思主義，階級社會有好幾個階段，各不同階段的統治者不同，但其

所建立的政體，實質上完全相同，都是專制政體，只是有奴隸主專政、封建地主階級專政、資產階級專政的區分。

馬克思在《黑格爾法哲學批判》等著作中，不僅完全承襲了馬基亞維里政治體制兩分法的思想，而且深入論述了兩者的區別。概言之，共和制（民主制）是人民為主，普通人也過得像人，不受歧視；而君主制，是把人不當人，一切以統治者的意志為轉移。在對人的態度上，這兩種制度是截然不同的。在《摘自「德法年鑒」的書信》中，馬克思說：「專制制度的唯一原則就是輕視人類，使人不成其為人，而這個原則比其他很多原則好的地方，就在於它不單是一個原則，而且還是事實。專制君主總把人看得很下賤。……君主政體的原則總的說來就是輕視人，蔑視人，**使人不成其為人**……」（《馬克思恩格斯全集》第一卷第 411 頁）在《黑格爾法哲學批判》中，馬克思說：「……從君主制本身不能瞭解君主制，但是從民主制本身可以瞭解民主制。在民主制中任何一個環節都不具有本身以外的意義。每一個環節都是全體民眾的現實的環節。在君主制中則是部分決定整體的性質。在這裡，整個國家制度都不得不去迎合固定不動的那一點。民主制是作為類概念的國家制度。君主制則只是國家制度的一種，並且是不好的一種。民主制是內容和形式，君主制**似乎**只是形式，而實際上它在偽造內容。」（同上，第 280 頁）

既然政體的形式只有兩種，或幾種，那無論任何一種，就都具有很大的普遍性。任何一個國家或民族，你只要建立起國家，是你自家創造的也好，借鑒他國的也好，都不能脫離開這兩種或幾種模式，不是民主或基本民主的，就是專制或基本專制的。儘管你認為所有的具體規定，所有的官職，都出自你自家的創造，你仍不能超越這兩種基本形式。所以政治制度是全人類的。

讀馬基亞維里這本書，讓人想到中國的歷史和許多先哲的論述。《君主論》第四章，把有史以來的君主國劃分為由君主和一群臣僕（大臣）統治的王國和一群諸侯統治的王國兩種，跟中國古代的封建制和郡縣制頗為相像，「由君主和一群臣僕統治的王國」猶如秦始皇開始實

行的郡縣制，而中國夏商周時代的封建制，就跟「一群諸侯統治的王國」一樣。《君主論》第五章所說「扶植傀儡政府」的做法，在中國歷史上也常有演出。第二十二章談如何選用大臣，籠絡大臣，就像讀韓非子等人的著作。韓非子等人被稱為「法術之士」，是因為他們極力向帝王推銷他們治理國家的法術。非常巧妙，馬基亞維里提出的法術，竟跟韓非子等人主張的「君使臣以禮，臣事君以忠」相同。馬基亞維里被一些人批評，謾罵，是因為他在這本書裡教君主運用權術。馬基亞維里教君主們偽善，也就等於親手撕下了君主們偽善的面具，這使他不可能取悅於那些君主們。於是出現了一個奇怪的現象，那些君主和政客們一方面做著馬基亞維里所說的事情，另一方面一次又一次掀起批判馬基亞維里的浪潮，然而就在他們批判馬基亞維里的時候，他們卻又把馬氏的書放在床頭，反覆閱讀。統治者要懂權術，東方和西方的學者都看到了，東方和西方的統治者都在用心地學習，這從一個很小的側面說明了制度文化的全人類性。

　　說到制度，一定要把形式和內容分開，不能混在一起。像議會這種形式，也具有全人類性。議會制度的產生並不是偶然的。馬克思晚年寫有大量的《人類學筆記》和《歷史學筆記》。他在《歷史學筆記》中對英國議會制度做了評述，以下引號中的話即出於馬克思本人（原來有些詞語用了黑體，引文從略）。這要從公元十三世紀說起。那時，國王亨利三世跟貴族發生衝突，而且愈益尖銳。「一二五八年，亨利三世十分缺錢，不得不召集男爵召開會議。他們的發言頗有威脅性，他這才讓他們解散，號召到牛津去召開新的會議」。同年七月六日，在牛津召開的新會議上，制定了一個限制王權的條例，規定由十五名貴族組成政權機關（名為十五人會議），監督國王。還有其他措施。條例特別規定，「召開會議，國王已不能隨心所欲，規定一年召開三次」。結果是「秩序重新恢復，舊的法律和法庭都革新了，官員又受到國家的監督。最高政權屬於貴族」。這次會議以後，兩派勢力繼續進行鬥爭，反對國王的一派，「請到議會來的有宗教男爵和世俗男爵，每個郡的兩

名下屬貴族代表和一定數量的城市代表」。一二七二年，亨利三世去世，他的兒子愛德華一世繼位。一二八三年，「愛德華在什魯斯伯里召開議會，維持西蒙所規定的制度，除了世俗男爵，被召去的還有各郡和各城市選出的代表。這種議會比只有封建貴族和教會貴族參加的會議更容易控制，於是，當時除了上院，同時產生了一個下院。愛德華為了從下院弄到一大筆錢，便授權下院受理同胞的上訴，向國王提出請求，只要男爵們當時一言不發，就一事無成。」（轉引自馮景源《人類境遇與歷史時空——馬克思〈人類學筆記〉、〈歷史學筆跡〉研究》第 181 頁）這都是十三世紀的事。這時候英國還處在封建主義時代。馬克思在《資本論》中說，英國歷史上原始資本主義積累是「在十五世紀最後三十多年和十六世紀最後（引者按，疑此字為『初』之誤）幾十年演出的」。可見當議會產生的時候，資本主義還沒有影子。把議會制說成資本主義國家的專利是不符合歷史事實的。

個人與制度的興廢

　　個人在創造制度文化中起什麼作用，是值得探討的一個問題。

　　制度文化跟其他文化不同。制度文化的隨機性很大。這是因為制度是由人制定的，而制定者的性格、價值觀、道德取向都不相同，這些區別會在制定制度時顯示出來。也許自然形成的市場經濟略有區別，但在極個別情況下，市場經濟也會受到來自當權者的粗暴干涉，如某些市場被臨時取締之類。這種「隨意性」是制度文化「變遷因素」的原因之一，也是其表現。

　　美國第三任總統傑弗遜，係一八○○年當選。他所做的第一件事，是終止——或說廢除——前任約翰‧亞當斯制定的《客籍法》和《懲治叛亂法》。傑弗遜認為，每個人生來就有得到維持生活的財產和職業

的權利，每個人都有受教育的權利，每個人都有不可侵犯的自由；這些觀點，已經反映在他主持起草的《獨立宣言》上。《宣言》是這樣說的：「我們認為這些真理是不證自明的：人人生而平等，他們的造物主賦予了他們某些不可轉讓的權利，其中包括生命、自由和追求幸福的權利。」這些話早已傳遍全世界。但在後來制定的一些法案上，卻出現了與此相悖的條文，有些法案甚至整體上都是違背這個精神的，由亞當斯總統制定的《客籍法》等法案即是這樣，所以他毫不含糊地否定了那兩個法案。無疑，他這樣做，既是個人的信念，更是對美國開國價值的堅守。從另一方面說，亞當斯總統制定那兩個法案，未嘗不是出於對自己價值觀念的堅守。制度是由一個個法案構成的，每一個法案都體現著制度的某一個方面或其基本精神。但是由於社會上的人常常在某個問題上會有不同甚至完全相反的兩種或多種意見，這個人認為正確的，並不能說明對方的意見完全錯誤，它也可能表達了為數不少的人的想法。問題不在這裡。這件事至少說明，第一，制度文化的「變遷」——產生或廢止，隨時可能發生，有時在一夜之間或在一次會議上就做出決定，而在做出決定之前和之後，有關人享受到的權利，所過的人生，是很不相同的。第二，個人在制度的制定和廢止上起著巨大的作用。固然，亞當斯和傑弗遜能當上總統，是選舉的結果，他們走上那個權力地位，體現了一種集體意志。但是，制定或廢止那樣的法案，卻主要決定於他們個人。二位總統，在任期間要做的事很多，要制定、改進或廢止的法案也不會是個別的，人們選他們也不一定僅僅局限在對這類法案的態度上。但是他們各按照自己的政治信念和價值目標，堅決做了。

掌權者以個人意志興廢法案，是世界各國大獨裁者的共同特點。法國皇帝拿破崙是在征戰中表現出他的天才的，因在攻克土倫中起了決定性作用而晉升為準將，那年他二十四歲。一七九五年五月，二十六歲的拿破崙已是巴黎內防軍司令，還擔任新建立的督政府顧問。一七九九年國內發生政變，形勢動盪不安，新任督政官西哀士認為只有

軍事獨裁才能防止王朝復辟，於是拿破崙被從埃及召回國，擔任第一執政，實行軍事獨裁。他任命了各級官吏，一八〇四年完成民法編纂工作，同年三月頒佈《拿破崙法典》。在拿破崙之前，法國的法律既不統一又不完善，南部實行羅馬法，北部（包括巴黎在內）實行以封建的法蘭克和德意志法制為基礎的習慣法，而人們的婚姻和家庭生活又受天主教會的控制和教會法的約束。《拿破崙法典》體現了一七八九年法國大革命的偉大成果，保障了個人自由、工作自由、良心自由、國家的世俗性質，以及在法律面前人人平等；同時它又保護土地所有者，給予雇主以更大的自由，而對雇工則漠不關心；它保護離婚，但只給婦女很少的合法權益。也就在《拿破崙法典》完成之際，有人建議，阻止陰謀的最好方法，是把執政府制度改為世襲的帝制。拿破崙接受了這一意見，於同年五月二十八日成立帝國，自己當了第一任皇帝，當即恢復了舊王朝的許多機構和制度。拿破崙從一八〇二年一月起便是意大利共和國（原稱阿爾卑斯山南共和國）總統，一八〇五年三月他成為意大利國王，五月在米蘭加冕。拿破崙把自己視作查理大帝的繼承人，他的帝國除了法國，還包括了現意大利、荷蘭等大部分地區在內的廣大領土，帝國四周又都是由皇親統治的僕從國。

中國也有這樣一個人物，他就是兩千年以前的秦始皇，姓嬴名政。秦，原本是周朝的一個諸侯大國，由嬴政的祖先世代為王。公元前二四六年，其父莊襄王死，十三歲的嬴政繼位，由相國呂不韋執政。嬴政親政後，任用李斯為相，先後消滅了齊、楚、燕、韓、趙、魏等諸侯國，實現了中國大一統。隨後他採取多種措施，如廢除封建制，改為郡縣制，國家大事由皇帝主持，各級官員由皇帝親自任免，形成中央集權的統一王朝。他徵調全國民夫，修築萬里長城，修建阿房宮；他統一文字，統一全國的度量衡，統一道路。他焚書坑儒，把全國的許多讀書人殺掉。為了使他的後代永遠統治中國人民，他自稱「始皇帝」。在實現中國的統一上，秦始皇功不可沒，但他的殘酷和獨斷專行的做法，也引起全國人民的激烈反抗，所以在他死後不久，由陳勝、

吳廣率領的農民起義爆發，並立即引起熊熊烈焰，由他建立的王朝頃刻之間瓦解。

作為四大文明古國之一的埃及，約在公元前三千一百年建立第一王朝，開始了法老專制統治。法老，是埃及國王的別稱，又是最高神的體現者，代表著奴隸主統治集團的利益，擁有政治、宗教、司法和軍事等的絕對權力。首相管理國家，常由法老的親信擔任。從第三王朝起，埃及經濟發展很快，實力大為增長。法老把全國財富聚集在自己手中，肆意揮霍。修建金字塔就是其最主要表現。金字塔是為法老修建的墳墓。吉薩的大金字塔和斯芬克斯獅身人面像就是在第四王朝修建的。經過多次「變遷」，公元前三三二年，馬其頓的亞歷山大大帝擊敗入侵埃及的波斯人，接管了埃及，被擁戴為法老。他在很短的時間內，建立起一個龐大的帝國。現埃及第二大都市亞歷山大港即為亞歷山大大帝所建，它在將近一千年的時間裡是埃及的首都。

由埃及的金字塔，我想到引起人們廣泛驚歎的各文明古國的「國寶」，想到在一些國家常能「發現」巨大財富──既是精神的也是物質的──的考古發掘事業。古人埋在地下的各種器物，乃是其財富的象徵，更是其權力的象徵。埃及的金字塔，中國西安的「兵馬俑」，世界上哪一處現在成為著名旅遊景觀的古人遺跡，不是為在歷史上起過巨大作用的「巨人」所建的紀念碑？他們在世時搜羅天下財富，據為己有，是其罪惡；但把它藏於地下，或建於地上，保留下來了，等於保留了人類的聰明才智，保留了文化，保留了歷史，又是其功勞。沒有那些人的「豐功偉績」，就沒有這麼多的寶貴文物。人類現有這麼多珍寶，應該感謝那些獨裁者。哪個人留下來的人類遺產越多，越說明那個人在歷史上起過的作用不同凡響。現在世界上的幾大奇蹟，哪個不是獨裁者所為？

五十多年前，中國共產黨取得勝利以後，為了宣傳馬克思主義的歷史唯物主義，曾在文化教育界開展過一場是「時勢造英雄」還是「英雄造時勢」的大討論，當時是宣傳「時勢造英雄」而否定「英雄造時

勢」的;因為按照歷史唯物主義,只能是時勢造英雄,而不能是英雄造時勢。對這個問題,顯然不能一概而論。揆諸世界歷史上的大量事實,可以這樣說,在許多國家,在許多情況下,是「時勢造英雄」,而在另外一些國家、另外一些情形下,既有「時勢造英雄」,也有「英雄造時勢」。而所以會有這個區別,全看那權勢人物的權勢達到何等程度。英雄是時勢造出來的,但當這英雄具有了絕對權威,他就可以隨心所欲,興自己所欲興,廢自己所欲廢,一切敢於反抗者,甚至懷疑者,他都可以「格殺勿論」。這就是「英雄造時勢」。拿破倫是這樣,秦始皇也是這樣。就其後果來看,無論功有多大過有多深,都會在歷史上長期發生作用。像《拿破倫法典》,直到現在,仍具有很大的影響。中國在兩千多年時間裡保持強大的統一,追根溯源,跟秦始皇統一中國有很大關係,秦始皇當年實行的中央高度集權,為後來許多朝代所堅持。

從一個側面也可以看出權勢者個人在制度的興廢上發揮著多麼大的作用!如何對運用權力的官員進行監督、監察,使政治保持清明、廉潔,是世界歷史上一個重要問題。中國在夏、商、周三代,尚無監察機關。秦統一中國,始皇嬴政大權獨攬,恣意妄行,自然不需要人對他進行監督,也不會有人敢去監督他,但他需要有人對各級官吏進行監督,以使政令更加暢通,他的旨意得到更好的貫徹,所以在他後期建立了中國最早的監察機構「御史府」,最早見到這個機構名稱,是秦始皇二十六年(公元前 221 年)。以後這一機構不斷加強和完善。但由於中國一直實行人治,在監察制度的具體執行上,常因皇帝個人的政治品德及其對肅貪倡廉重視程度的不同,而有很大的差異,有時抓得緊,有時等同虛設。比如西漢初年的漢文帝,即位第二年發布詔書,要舉「賢良方正能直言極諫者」,目的是「以匡朕之不逮」,就是糾正皇帝自己的錯誤。漢文帝是被稱為「仁義聞天下」的一位好皇帝,他親自耕地,為民表率。他深知「天下治亂,在予一人」,每有天災,他便以為是自己罪過,深刻檢討。他提倡敬老,廢除肉刑,穿粗布衣裳,

不建樓堂館所，也不讓給自己建墓。在他治理下，漢代生產有很大發展，人民生活安居樂業，開啟了「文景之治」（景，是他的兒子景帝）。而在一些荒淫無恥的皇帝治下，政治腐敗，貪官橫行，雖有監察機構，甚至有監察官以死相諫，要求嚴懲壞人，卻受到皇帝的庇護，無濟於事。到清代雍正年間，一些監察機構被撤消，皇權達到頂點，皇帝一言九鼎，造成許多冤假錯案，文字獄之多，駭人聽聞。

　　制度是由掌權者制定的，就成了掌權者手裡的工具，用以對付「治於人者」；制度是由人民或其代表制定的，能夠在不同程度上代表人民群眾的利益。人類社會發展到現在，立法機構之重要，已為越來越多的人所認識；立法機構跟行政機構之不能合一，必將成為不可扭轉的**趨勢**。

制度與人

　　本節說的「人」，是所有生活於一定政治制度下的人，只除了上節所說制度的建立者或廢除者。在專制制度下，每一種制度的興廢大都出自君主、國王、皇帝或一個集團的旨意，那是他們手中的武器，操之在手，任由己使，他們跟那個制度的關係不言自明。那麼，在那些人以外，所有的人，跟那制度是什麼關係，這是本節要回答的。

　　首先要說，制度是無形的，是要人們遵守的，執行的；前邊曾用「無形的手」相比。在專制制度下，制度就像一條枷鎖，加在每個人身上。在民主制度下，制度是所有公民自己或自己選舉的代表制定的，體現了大多數人的意志，即使不合自己的意見，也必須遵守、執行。沒有必要引用前人的論述。本書只想說明，人，無論自願也好，還是被強加在身上也好，既是制度的奴隸，也是制度的主人，或者，有時是制度的奴隸，有時是制度的主人。說奴隸，是指制度一旦訂立下來，人就失去了主動性，只能被動地服從。說主人，是人在自覺執行制度

的時候，就有了一種願望，有了一種理性，變被動為主動，變服從為自願。無論是主人還是奴隸，人和制度是兩張皮，制度沒有、也不會化為人的血肉，更不會成為人的符號，你從人的身上，行為舉止上，生活習慣上，看不出制度來。有人說過，「專制使人冷酷」，但造成「冷酷」的原因多種多樣，人在「專制」下因地位不同而顯出的「冷酷相」也會大異其趣，僅僅從人的「冷酷」上仍難以看到專制來。而且人和制度發生關係，僅僅限於人處在該一制度所管轄的區域內，人一離開那個區域，那個制度就無能為力了。人在某個區域，受某個區域制度的制約，到了另外一個區域，則受另外那個區域的制度的制約，而跟原來區域的制度脫離了關係。即他們的關係是以所處環境為轉移的。這是它跟其他文化最大的不同。

　　普通人的處境是由制度——主要是政治制度——決定的。這裡我引用中國一位傑出作家的描寫，看一下兩千多年處在封建君主專制統治下的中國普通人是怎樣生活的；這位作家是魯迅，他文章的題目是〈燈下漫筆〉，作於一九二五年：

　　　　……中國人向來就沒有爭到過「人」的價格，至多不過是奴隸，到現在還如此，然而下於奴隸的時候，卻是數見不鮮的。中國的百姓是中立的，戰時連自己也不知道屬於那一面，但又屬於無論那一面。強盜來了，就屬於官，當然該被殺掠；官兵既到，該是自家人了罷，但仍然要被殺掠，彷彿又屬於強盜似的。這時候，百姓就希望有一個一定的主子，拿他們去做百姓，——不敢，是拿他們去做牛馬，情願自己尋草吃，只求他決定他們怎樣跑。

　　　　假使真有誰能夠替他們決定，定下什麼奴隸規則來，自然就「皇恩浩蕩」了。可惜的是往往暫時沒有誰能定。舉其大者，則如五胡十六國的時候，黃巢的時候，五代時候，宋末元末時候，除了老例的服役納糧以外，都還要受意外的災殃。張獻忠的脾氣更古怪了，不服役納糧的要殺，服役納糧的也要

殺，敵他的要殺，降他的也要殺：將奴隸規則毀得粉碎。這時候，百姓就希望來一個另外的主子，較為顧及他們的奴隸規則的，無論仍舊，或者新頒，總之是有一種規則，使他們可上奴隸的軌道。

「時日曷喪，予及汝偕亡！」憤言而已，決心實行的不多見。實際上大概是群盜如麻，紛亂至極之後，就有一個較強，或較聰明，或較狡猾，或是外族的人物出來，較有秩序地收拾了天下。釐定規則：怎樣服役，怎樣納糧，怎樣磕頭，怎樣頌聖。而且這規則是不像現在那樣朝三暮四的。於是便「萬姓臚歡」了，用成語來說，就叫做「天下太平」。

任憑你愛排場的學者們怎樣鋪張，修史時候設些什麼「漢族發祥時代」「漢族發達時代」「漢族中興時代」的好題目，好意誠然是可感的，但措辭太繞灣子了。有更其直截了當的說法在這裡──

一、想做奴隸而不得的時代；

二、暫時做穩了奴隸的時代。

這一種循環，也就是「先儒」之所謂「一治一亂」；那些作亂人物，從後日的「臣民」看來，是給「主子」清道闢路的，所以說：「為聖天子驅除云爾。」

　　　　　　　　　　──《魯迅全集》，第一卷第 212-213 頁

這段話出自作家筆下，富有文學色彩。所說「奴隸」，是比喻意義的奴隸。從對中國兩千多年歷史的概括來說，魯迅這段話是很深刻的。魯迅對中國人思想上的貢獻，正在對中國歷史的認識，而不在對未來道路的規劃。

另一種制度下的普通老百姓又是怎麼樣的呢？手邊有中國年輕學者張西明寫的一本《新美利堅帝國》，從前邊幾次說到的美國《獨立宣言》的主要起草人、又當過美國總統的傑弗遜說起：「很顯然，傑佛遜等美國『民族精神』塑造者強調的是『機會平等』而不是『財富平等』，

強調排除任何阻礙成功的人為障礙，卻不在乎甚至鼓勵成功者與失敗者之間財富差距的天壤之別。經過二百多年的薰陶，美國人幾乎毫無例外地秉承了這樣的信條，即『每個人都應該有平等的機會脫穎而出』，他們相信天才、能力及其在教育上的投資都應該獲得加倍的回報。所以那些花費了很多時間才獲得一技之長的人，收入比沒有受過多少教育、技能平平的人可能會高出許多倍，美國人認為理當如此、天經地義。同樣，冒著經濟風險建立自己的生意，將新技術、新產品引入市場，為別人創造就業機會的老闆，其收入遠遠高於自己的雇員，對這種狀況美國人同樣認為理所應當、天經地義。只要每個人擁有同樣的機會去參與，即使對通過買彩票獎券而一夜之間成為百萬富翁的幸運兒，美國人也會為他歡呼、予以認可。」（第 436-437 頁）這段話已屬於常識，是許多中國讀書人都知道的。

這就是兩個不同制度下的老百姓的處境及其必然會有的命運。讀了這兩段引述，人們對為什麼中國在兩千多年時間裡幾乎沒有多大變化，而美國在不到二百年時間裡一躍而成為世界最富有的國家，會有一個初步認識吧。這也說明，制度在人類生活上具有多麼重要的意義！

制度之所以重要，來源於它的權威性。恩格斯的〈論權威〉，前已引用。他以交通規則和紡紗廠必須制定嚴格的生產程序為例，說明權威的重要：「聯合活動、互相依賴的工作過程的複雜化，正在取代各個人的獨立活動。但是，聯合活動就是組織起來，而沒有權威能夠組織起來嗎？」又說：「革命無疑是天下最權威的東西。革命就是一部分人用槍桿、刺刀、大炮，即用非常權威的手段強迫另一部分人接受自己的意志。獲得勝利的政黨如果不願意失去自己努力爭得的成果，就必須憑藉它的武器對反動派造成的恐懼，來維持自己的統治……」（《馬克思恩格斯選集》第二卷第 551-554 頁）制度就是統治者權威的化身。

B・馬林諾斯基在《科學的文化理論》中，說到組織化行為：「如同我們能科學地觀察到的，我們生活於其中並且經歷的基本文化事實，就是人類都被組織在永久性群體中。這樣的群體經由某些協議、

某些傳統法律或習俗、某些相當於盧梭『社會契約』的因素而相互聯結。」（第 57 頁）又說：「每個人都出生在一個家庭中、宗教信仰中、知識體系中，而且也經常生活在一種社會分層和政治制度中。這些都是長久的先行存在，其在個人一生中不會改變甚至不會受到影響……在任何地方和任何有效的實踐中，個人只有在組織化群體中並通過組織化活動才能滿足其興趣和需求，並展開其任何有效的行動。」在接下去的敘述中，馬氏說到了「個人在自家、在旅館、在營地或在某些『制度』——不管是在紐約的新興監獄、修道院，還是大學宿舍——之內」的「睡覺和起床」這類生活小事，但其重點還是明白的，就是：「如果我們要對自己的文明或任何其他文明中個體的存在作一描述，就得將個體的活動與組織化生活的社會配置，即與盛行於該文化中的制度系統聯繫起來。」（第 59-61 頁）

　　制度規範人的行為，意味著人必須適應制度的要求。按照本書的觀點，人的性格，包括文化心理、價值取向、思維方式、倫理道德等等，即甲類習俗，是在民族生活中長期形成的，像鹽溶於水一樣，已跟他整個「人」化為一體，不可分解。這裡邊包含了以前制度在塑造人的品格上所起的作用。甲類習俗塑造人的性格，是由內而來；制度像一把刀要削掉人的性格上的棱角，系自外而來。在這樣的情況下，制度和人是和諧相處的。這是一方面。另一方面，當制度發生變化以後，原來相適應的情況可能會變得不相適應；如果變化不大，不相適應的情況不會明顯表現出來，人跟制度基本上仍然可以和諧相處；但是，當制度發生了巨大變化以後，也就是在社會發生了物理性變化以後，就不同了。這時候，人的命運會有種種情況。一種是屬於制度制定者方面的，新的制度體現了他們的意志，他們會感到心情舒暢，擁護這種制度，捍衛這種制度，並利用制度提供的方便空間，積極主動地從事自己選定的職業，實現個人的自我價值。不屬於制度制定者階層的人有兩種可能。一部分人注意改造主觀世界，勉強適應；一部分人感到利益受到損害，輕者，無法和諧生活，重者，構成矛盾。社會

上的人，總會因為利益不同而分成不同的群體，同一制度不可能受到所有人的擁護，只能滿足部分人的需要，發生這種情況，是必然的，也是可以理解的。關鍵在，制定制度時，要盡可能照顧到絕大多數人的利益和要求。

從本質上說，人跟制度是矛盾體。人既是處在不斷的自我解放的過程中，不到完全解放人的追求不會結束，在某種意義上說，人所需要的自我解放，正是向制度提出來的，在人類社會的絕大多數時間裡，制度，是人的自我解放的對象。當它適應了人的自我解放的需求時，它是進步的，是好的，當它阻礙著人的自我解放的要求時，它是不好的，應該加以變革。是否符合人的自我解放的需要，是衡量制度好與不好的重要標準。中國古人謂：「夫先王典禮，所以適時用也。時過而不棄，即為民妖，所以興矯效之端也。」（向秀、郭象《莊子注》）禮，可作為制度解。這是說，如果制度是好的，就能適應時代之需；如果不好，而又不放棄，「即為民妖」，就必須起來革命，或予以變革。按照馬克思主義，制度屬於上層建築，應該跟經濟基礎相適應。經濟基礎在不斷發展、變動，制度也就應該不斷變革，至少是「微調」。「總是老一套」，會引起人們的不滿。人是經濟活動的主體，又是制度的被動服從者，這就是矛盾所在。這是另一個衡量標準。人的自我解放的要求和經濟基礎發展的要求，是一致的，都是制度改革的前提。從古今中外歷史看，有堅持不改變制度者，總是說自己的制度如何好；也有經常改變者，在許多情況下，制度是在不斷變革，有時取得好結果，有時相反，全在於人們對矛盾是如何理解又如何採取措施的。這樣，制度和人不完全是敵對的關係，有時候是統一的。對立——統一——再對立——再統一，人和制度就處在這樣螺旋式進展的過程裡，是不斷「否定之否定」的過程，一直到共產主義社會。前邊說，人類社會的階級鬥爭史和人的自我解放的歷史是同一回事，就是這麼來的。

這是對制度文化應當建立的一個最基本、最主要的認識。

次制度及其特點

　　讀者看到，以上所述，主要是就政治制度而言的。制度文化不限於政治制度，還有經濟、軍事等。但無疑政治制度是帶有根本性的制度，是決定其他各種制度的制度。如果說制度文化是最重要的一種文化，是文化的核心（前邊說過，在本書的話語系統裡，制度文化又叫核心文化），那麼政治制度就是核心的核心，是制度的綱，其他制度文化不能跟它同日而語，相提並論。為了說明各種制度文化本身的價值及其在人們生活中的作用，本書把政治制度以外的制度文化，稱作次制度文化。在「文化圈層論」裡，政治制度佔據第一圈的位置，次制度文化則在第二圈。

　　次制度文化包含哪些內容呢？

　　首先是經濟制度。經濟制度和經濟不是一回事。經濟指國家的經濟狀況、生產力水平以及人們的生活情形，它是社會的基礎。經濟制度可稱作一個社會組織經濟活動的各種制度的總和，包括財政制度、稅收制度、貿易制度以及有關人民生活福利的制度等。在歐洲，古希臘的商品貨幣經濟已經相當發達，蘇格拉底等大哲學家都有有關經濟問題的論述，標誌著經濟學研究的開始。歐洲國家一貫信奉重商主義，在國內外貿易上形成一整套嚴密的制度。從十八世紀亞當‧斯密發表《國民財富的性質和原因的研究》（即《國富論》）起，經濟學作為一門獨立的社會科學，歷來是一門顯學，受到學界的重視，有許多人在研究，在人們的經濟生活中發揮著重要作用。在中國，人們很少把經濟活動當作一門學問去研究，但經濟制度卻是自古就存在。中國一向重農抑商，所以經濟制度偏重在稅收和人民生活上。在過去，最主要的是鹽鐵專賣，兩千年以前就有人寫了《鹽鐵論》的專著。鹽鐵專賣

是歷代王朝的財政來源之一，都由官辦，後來加上了蠶絲的「織造」。歷代王朝的另一財政收入來源，是農業稅收，即前引魯迅文章裡說的「納糧」。中國在長期的農業社會裡，農民對朝廷、對國家的最大義務是「服役納糧」。正如《漢書・刑法志》說：「稅以足食，賦以足兵」。它是歷代王朝生存的資本，是其權力運用的基礎。沒有經濟制度，它便一天也活不下來。

其次是軍隊和軍事制度。從有部落起，就有了戰爭，不過那個時候並沒有嚴格的分工，打仗和漁獵等是由部落民一身而兼任的。自階級出現，就有了專門打仗的人——軍隊，就有了軍事制度。戰爭，和死亡、和殘酷聯繫在一起，是人類生存競爭最常使用的一種方式。人在戰爭中殺人，合理；在戰爭以外把人殺死，犯罪。古今中外，有多少詩人作家、道德家、歷史學家、哲學家和正義之士，斥責戰爭，詛咒戰爭，「純粹的暴力」、「最大的蠢行」、「可恥的殺戮」這類詞語就是對戰爭的描寫。但在軍事學家們的筆下，說法就不同了。馬基亞維里認為戰爭是君主們的正當事業；康德說戰爭如以一種正當的方式進行，就具有某些高尚的品德；黑格爾讚揚戰爭是一種健康的干擾劑，說它可以治療由曠日持久的和平帶來的停滯；尼采堅持，戰爭對於人類生存是必不可少的；克勞塞維茨這位在歐美國家最受崇拜的軍事戰略理論家說，戰爭不過是以另一種方式進行的政治。克氏的話一語中的。國家的興廢、變革，常由軍隊完成；所謂「打天下」，軍隊也，「坐天下」，也靠軍隊保護。無論在世界哪個地區，軍隊歷來被君主、國王、皇帝當作維持其統治地位最主要的工具，是他生存的支柱，大都由君主親自統帥，將軍由親信擔任，對其管理也有嚴格的規定。這是專制國家的特色，只是由於統治者本人的能力或其他原因，有時反受軍隊之害，如被軍事政變所推翻。在現代民主國家，軍隊不屬於私人，也不屬於任何黨派團體，而為國家所有，其職務是保護國家領土和主權不受侵犯。士兵來自本國老百姓，在絕大部分國家，老百姓有服兵役的義務，故有徵兵制之設。在中國，這已經成為人民神聖

不可侵犯的職責，誰都認為天經地義。前引魯迅文章中「服役」即指此而言。

再次是法律制度。法律，是用來規定人的權利、義務和人們的行為規則的，一般由立法機構制定，由國家政權機關保證執行。在馬克思主義看來，法律體現統治階級的意志，是階級專政的工具。法律的出發點是「正義」，即懲處壞人壞事，保護好人和人們的正當權益，曾被稱為「國家的裁判」。歐洲國家，從古希臘起，人們就有很強烈的法律觀念，並建立起直到現在仍在運用的法律的理論體系和基本框架。在中國，據《尚書》之〈堯典〉和〈皋陶謨〉記載，在堯舜時代，就有了象刑、流刑、五刑、鞭刑、朴刑、贖刑等。中國古人非常看重「禮」，把「禮」放在制度的首位，由「禮」而「法」，「法」自「禮」來。《禮記》說：「禮義以為紀，以正君臣，以篤父子，以睦兄弟，以和夫婦。」荀子在〈禮論〉中說：「禮起於何也？曰：人生而有欲，欲而不得，則不能無求，求而無度量分界，則不能不爭。爭則亂，亂則窮。先王惡其亂也，故制禮義以分之，以養人之欲，給人以求。使欲必不窮乎物，物必不屈於欲，兩者相持而長，是禮之所起也。」另一方面，中國人自古相信「君權神授」（歐洲一些國家也有這種思想，如英國在中世紀時就有，以致議會成了國王的傳聲筒，但比起中國來，要輕微得多），歷來實行人治，法律觀念不強，法制不健全，也未建立起法律理論體系。所謂法律，大體以懲罰為主，實際是「罰律」，缺少對人的權利和義務的規定，特別是對權勢人物權力的限制。法家學派是在孔子稍後出現的，韓非是其集大成者，仍是以「刑」為法律的主幹。法家提出以法治國的主張，其核心是「嚴刑峻法」，另外就是要有權術。在法家看來，君主不必有高尚的道德和特殊才能，也不必像儒家提出的自己做出榜樣，用德行感化百姓，只要想辦法糊弄住大臣，欺騙住百姓就可。在思想體系上，韓非跟馬基亞維里相似，都認為人性惡，都建議帝王以權術統馭臣下，防臣之心甚於防民。法家講究權術，就使他們墮入非道

德的泥淖。古今中外，都不乏惡法的使用。十八世紀英國政治家伯克說：「邪惡的法律是一種最壞的暴政。」（《西方思想寶庫》第 937 頁）

　　還有教育制度。古希臘柏拉圖對教育十分重視，他認為國家必須首先是一個教育機構，不能由市場化的機制來提供，更不能聽任私人的操縱和擺佈。柏拉圖的這一教育思想，對歐洲國家影響頗大，所以歐洲國家一直把教育事業當作國家的大事之一。中國在戰國時代教育事業有較快發展，其根源就在人們對教育的重視。教育不僅是塑造人性的積極手段和主要途徑，而且它的功能滲透到社會生活的各個方面。秦代之前，中國有不少私學，有的私學規模很大，學生很多，多者達到數千人，孔子便是一位大教育家，有弟子三千多人。這跟那個時代國家沒有統一，全國分為許多諸侯王國，各行其是相一致。秦始皇統一中國，為國家辦學創造了有利條件。進入漢代，國家把學校管起來了。武帝「令天下郡國皆立學校」（《漢書‧循吏傳》）。平帝元始三年（公元 3 年），「立學官，郡國曰學，縣、道、邑、侯國曰校。校、學置經師一人。鄉曰庠，聚曰序，序、庠置《孝經》師一人。」（《漢書‧平帝紀》）教育既是提高廣大群眾文化素質之所需要，也是人才的土壤和溫床。在中國，為統治階級培養人才是教育事業的第一要務，特別是在隋唐以後，一個人要走進官員隊伍，必須跨過「科舉」這道門檻。中國的教育制度，實際上就是中國的文官制度。中國的文官制度可分為前後兩期。前期是舉孝廉，西漢初設立，隋唐時代改為科舉制，直到清末。科舉制雖時有弊案發生，但總體說還是給了各界百姓以擺脫貧困、走入上層的機會，也為官僚隊伍的吐故納新開了方便之門。中國的科舉制一直受到西方學者的稱讚，認為是文官制度裡「最可值得效法」的一種，其實難逃為統治者培養「治人者」隊伍的通例。科舉制培養出來的各級官吏，無不向上負責，而從無向下──即普通老百姓──負責的，就說明他們不過是封建君主的忠實走狗。教育本應是普及學術、提高國民文化素質的工具，但在中國，教育制度異化

為文官制度，或說兩種制度合一，人們讀書只為了做官，讀書做官成了唯一的道路。

另外還有衛生或生活保障制度等。

所謂次制度文化，大致如此。前邊提到的監察制度，實為政治制度的一種。在某些特殊情況下，一些習俗性的東西當權者也做出嚴格規定，強迫執行。如中國在清兵入關後規定男人必須留髮，否則殺頭，從而使這一極其微小的文化現象被提拔到制度文化裡。這屬於特殊情況。

這些次制度，跟政治制度具有大體相同的特點，或者說，政治制度有什麼特點，這些次制度也有那些特點。如政治制度具有極大的普遍性，這些次制度儘管具體內容各有不同，就其實質和所起的作用說，各個國家是基本相同的，它們的普遍性遠大於各個國家或民族的特殊性。前邊說到制度跟人的關係，是兩張皮，制度是無形的手牽制著人，人要按制度辦事，不得違背，這一點，在政治制度上是這樣，在其他制度上又何嘗不是如此？不過，最大的相似之處，還是在制度文化的變易性上。世界各國的歷史大都寫著，每一個王朝興起，每一個帝國產生，最首要的事情，是頒佈各項法令，制定各種制度，鞏固已經取得的成果，開闢新的發展道路。這些新頒發的制度，往往涵蓋了許多方面，縱橫交錯，形成一張嚴密的網。正是這張網，構成了新的王朝或者新的帝國的框架，使新的王朝或者新的帝國得以順利運轉。在同一個王朝或同一個國家內，也會經常在制度上發生變易，就是馬林諾斯基說的「變遷因素」。

比如，古羅馬初期沒有成文法，只是遵循習慣法。習慣法的解釋權操于貴族之手，這是很不穩定的。公元前四八六年，執政官卡西烏斯提出制定《土地法》，將侵略所得分與平民，反對派阻止，平民不退讓，於是成立十人委員會，於公元前四五一年編出十表。第二年成立新的委員會，又編出兩表，先後鐫刻於十二塊銅牌之上，是為《十二銅表法》。該法堅持人人平等的原則。它明確規定維護私有制度和奴隸主貴族的利益，連財產如何繼承，也有具體規定。另一方面，《十二銅

表法》對貴族的權力有很多限制，使他們不得濫用權力。這是人類歷史上第一部比較完備的法律。但這一法律只能用於國內，屬於國內法。隨著羅馬奴隸制的發展，特別是羅馬勢力向意大利及其他地區擴張，越來越多的非羅馬人淪為羅馬臣屬，這就產生了新問題、新矛盾，於是「萬民法」應運而生。「萬民法」實際是羅馬統治範圍內的「國際法」。

在中國，以西漢初年為例。秦始皇統一中國，在大的方面雷厲風行，但許多制度來不及制訂，就被農民起義的隊伍推翻。漢承秦制，影響中國兩千多年的封建大一統的許多制度，都是在西漢初年制定的。《漢書・刑法志》說：「禮樂不興，則刑罰不中。刑罰不中，則民無所措手足。」這說明了制定制度的極端必要性。接著說：「漢興，高祖初入關，約法三章，曰：殺人者死，傷人及盜抵罪，蠲削煩苛。兆民大說（悅）。其後，四夷未附，兵革未息，三章之法，不足以禦姦。於是相國蕭何攈摭秦法，取其宜於時者，作律九章。當孝惠、高后時，百姓新免毒蠚，人欲長幼養老，蕭曹為相，填以無為，從民之欲，而不擾亂。是以衣食滋殖，刑罰用稀……」這是說，高祖時約法三章，老百姓無不喜歡。後因邊境尚未安定，戰事尚未結束，僅以三章之法，不足以穩定局勢，丞相蕭何參照秦代法律，定法律九章。當孝惠皇帝和高后執政時，人們提出養老問題，丞相當即辦了。養老包括養「三老五更」，養老年人、養殘疾人等數種，西漢初年都有具體規定，而且不斷變更，如養老年紀下限先為八十，後改為七十等。中國最早的養老制度，西漢初年即已基本形成。以後，文帝、景帝、武帝（漢代提倡以孝治天下，皇帝諡號上都加一「孝」字，所以又叫孝文帝、孝景帝等）先後頒發詔書，制定了許多制度，包括建立第一所公立學校、規定《論語》和《孝經》為小學必修課等。有立也有破，如漢文帝廢除肉刑等即是。

在俄國，沙皇彼得一世於十七世紀末到十八世紀初在位四十餘年。先前的農奴制度嚴重阻礙俄國經濟的發展，到彼得一世時，首先對原來的專制政體做了改革，廢除大貴族杜馬，設立參政院，作為最

高權力機關。又設立了各個行政部門。對全國行政區劃重新做了劃分，改進文官制度，強調管理能力。為了促進工業發展，新建了許多手工工場。實行重商主義政策，鼓勵商貿，鼓勵出口。在軍事上，改募兵制為徵兵制，改進軍事裝備，創設軍事學校。在文化教育上，創設科學院，改革曆法。這一系列新措施的實行，迅速改變了俄國經濟落後的面貌。一七二二年，俄國參政院給予彼得一世「皇帝」稱號，是為彼得大帝。位於涅瓦河畔的彼得堡，是彼得一世在一塊沼澤地上修建的，這成了他的紀念碑。

制度文化的產生，既根據需要與可能，也靠統治者個人的聰明才智和魄力。它是隨時可變的，沒有一定之規。

制度文化的這些特點，使它跟其他文化有了明顯的區別。反過來說，有沒有制定出具體規則，或者那些規則是不是經常改變，乃是檢驗一種文化的屬性，也就是說檢驗它是什麼樣的文化的最基本的標準。有的制度是任何形式的社會都需要的，比如國家的組織和人民權利與義務的規定，有的制度跟一定形式的社會形態相聯繫，要求有一定的制度保證它的正常運行，它也只為那個制度服務。但無論在什麼情況下，要檢驗一種文化是不是制度文化，只看有無這些特點還是不難明白的。

本節所說的次制度，跟政治制度有一個重大區別，是在一個國家內或一個地區，次制度不一定涵蓋全國，或全體人民，而是大都有「轄區」的，有的針對全體國民，有的針對一部分人，還有的針對「外邊的人」，如限制外貿進口。從對老百姓的效用上說，有的有利於老百姓，有的不利於老百姓，有的既有有利的時候也有不利的時候。前邊說制度是無形的，它跟老百姓是兩張皮，老百姓只是要遵守它，並不需要把它化為自己的血肉；這在次制度上表現最為明顯。你處在某一制度的「轄區」以內，你要受它管理，你要熟悉有關的規定，以免違反；那個制度跟你無關，等同你離開了那個「轄區」，形同路人，無論它是紅是白，你都不必去管。

　　次制度跟政治制度最大的區別在於，次制度一般不受階級和時代的局限，可以供任何統治集團使用，具有很大的工具性。當然，在具體條文上，它要體現統治集團的利益和要求，但就這些制度本身說，它沒有姓氏。以經濟制度說，市場經濟在任何時候都是適用的，所不同者，是各個時代、不同階級的統治者會給它規定有利於自己的具體條文。以軍事制度說，任何時代的統治者，都很重視軍隊對自己的忠誠程度，都把軍隊視作鎮壓反對派的最主要工具，這使軍事制度具有了強烈、鮮明的階級性，但軍隊的構成，軍隊必須擁有嚴格的紀律，武器裝備在軍事上具有無比重要性，等，在任何時候都是一樣的。以法律制度說，不管你政治制度如何改變，法律制度的基本模式是古今中外大體相同的，都要有審判者和審判過程，都有對刑罰的具體規定。如此等等。次制度是為統治階級服務的，這使它具有時代的和階級的特點。次制度的從業人員，無不屬於國家工作人員，即公務員，確切說明了它屬於國家機構。另一方面，這些次制度的基本框架、基本精神不受時代和階級的局限，這又使它具有工具性，係供統治者使用的特點。這也是我們把它劃在文化圈層第二圈，讓它處在政治制度跟工具文化之間的環節的原因所在。

第四章　工具文化

　　本章說的工具文化，正是大部分文化學著作所說的文化；他們把這些文化當作文化的全體，或者絕大部分，或者主要部分。比如恩斯特・卡西爾《人論》中說人是符號的動物，而所謂符號，便是神話、語言、宗教、藝術這類東西。卡西爾在對人做了「以人類文化為依據」的定義以後說：「人類文化分為各種不同的活動，它們沿著不同的路線進展，追求著不同的目的。……所有這些科學都在努力追求某些原則，追求確定的範疇，以圖借助這種原則和範疇把宗教現象、藝術現象、語言現象納入到一個系統的秩序中去。」又說：「神話、宗教、藝術、語言，甚至科學，現在都被看成是同一主旋律的眾多變奏，而哲學的任務正是要使這種主旋律成為聽得出的和聽得懂的。」（第 90-91 頁）

　　人類組成社會，是靠什麼聯繫的呢？靠交流，靠交際的工具。人與人之間、人跟外界的交流、來往，不外乎以下幾種：思想的交流，主要靠語言；吸取知識，靠科學；感情的聯絡、道德的評判，除語言外，還有宗教和藝術；藝術的作用是多方面的，人們要開展娛樂活動，要提高審美能力，要使生活豐富多彩，都離不開它。

　　跟上章所說制度文化相對應，本章說的工具文化，也可以叫做第二種文化，或中間文化──中間者，它既不在核心、也不在邊緣之意。

工具文化的基本構成

我把這些文化稱為工具文化，主要是從它們的社會功用著眼的。

語言

語言（指有聲語言，下同）的產生跟人之所以為人，緊密相關。人類在進化的過程中，以語言的產生為界限（也有以直立行走為界限的），劃分了跟它之前的類人猿的不同階段。類人猿是沒有語言的，有了語言，便進化成了人類。也就是說，語言是人類產生的主要標誌。語言是物質的，是外殼，是形式，它包含著的是思想，是概念。把相關的概念按照一定的規則組織起來，可以表達一個完整的意思。語言和思想，或者說聲音和概念，是同一事物的兩個方面，互相結合，誰也離不開誰。

語言是為了交流而產生的。但交流的方式不限於語言一種。根據科學家的實驗、研究，許多動物都有交流的功能。如鳥的叫聲，獸類的吼聲，就是在向同類傳遞信息。另有些動物是靠釋放出某種化學物質，報告自己的行蹤的。蜜蜂以自己身體的顫動，表示食物資源的所在。有些黑猩猩，在經過訓練以後，可以識別三四百個手勢的含義，有的甚至可以把麥桿吸管這個手勢擴展到塑料管、澆水用的軟管、煙捲乃至收音機天線上。人類除語言以外，還有其他交流手段，如用手勢語。但是不可否認的是，只有語言，具有充沛的交際功能。語言作為一種交流手段，具有無限豐富和不斷創新的特點，這是人類其他交流手段和各種動物交流手段無法比擬的。語言是人類最偉大、最完美的創造。它不僅能夠表示實在的具體的物，而且可以把已經成為「過

去式」的事情的經過完整地甚至生動地複述出來，還可以講出極為抽象的道理，並進行邏輯推論，由已知推測出未知，由眼前推論出遙遠的過去和未來，在時間和空間上都沒有限制。

語言由聲音（語音）、詞匯（含義、概念）和約定俗成的說話規則（語法）構成；詞匯是所有事物、行為動作、程度、狀態以及相互之間聯繫方式等的名稱，聲音為其載體。聲音和概念之間並沒有必然的聯繫，個別詞語屬於摹仿，如某些象聲詞，但絕大部分是人為的，隨意的，你賦予它什麼概念它就表示什麼。認知主體和被認知的實在之間的同一性，最初是偶然形成的。恩斯特·卡西爾在《人論》中說：「……意義必須根據存在來解釋。因為存在或實體，是把真理與實在聯繫結合起來的最普遍的範疇。如果這兩者之間沒有至少是部分的同一性，一個詞語就不可能『意謂』一個物。符號與其對象之間的聯繫一定是自然的聯繫而不是約定的聯繫。沒有這樣一種自然聯繫，人類語言的任何語詞都不可能履行它的職務，而會成為難以理解的。」（第144-145頁）對這個說法，筆者不完全同意。在筆者看來，語詞和其被認知的實在之間的關係，約定的成分遠遠大於自然的成分。這就是為什麼同一事物，即同一被認知的實在，不同的人群會給予它不同的聲音和概念。比如，有大、小兩個實在，同時有「大」、「小」兩個詞語，在最初人們確定其各自的含義時，如第一個人用「大」指那個小的實在，而其他人沒有不同意見，或者不約而同地跟著第一個人說小的實在是「大」，那麼，延續到後來，我們今天很可能是用「大」稱小的實在，而用「小」稱大的實在。只因最初給「大」賦予大的含義，給「小」賦予小的含義，約定俗成，人們就把大的實在跟「大」，把小的實在跟「小」，結合為一體，人們見到「大」字，立即想到大的或相對大的事物，見到「小」字，立即想到小的或相對小的事物，這已經成為人們的「共識」。同樣，比如「狗」這一概念，在英語中作「dog」，在漢語中讀如「gou」，其他語言也各有自己的讀法，幾乎沒有完全相同的，按照語言學家索緒爾的說法，即「音響形象」存在差異，它跟

其概念沒有必然聯繫。如果說有「自然的聯繫」，那麼不同的民族語言中應該有許多詞語發音相差不多，而實際上不是這樣。

把語言跟文字做一比較，這一點看得更加明顯。最初的文字大都為圖畫文字，或叫象形字，這在四大文明古國和其他幾個文明地區幾乎毫無二致。埃及最早的圖畫文字，由表意符號、表音符號和限定符號三個部分組成，其表意符號用圖形表示。最早的蘇美爾文字刻在石頭上，約在公元前三千二百年，他們用泥板刻字，仍是象形的，工具是木頭等，被削成楔形，故稱為楔形文字，後來發展為字母。古希臘的邁錫尼文化遺存上有線形文字 B。在中國，殷墟甲骨文和金文並不是最早的文字，在距今七千五百年至八千五百年的河南舞陽賈湖等處遺址發現的龜甲殘片和陶器上，有許多有規則的圖形，是中國最早的象形文字，專家已辨認出幾個字。印度，三千年以前有一種文字，稱為「印章文字」。這是十九世紀中葉發現的，當時發現了一枚印章，五十年後，又發現許多，一說三萬枚，一說四千枚。這種文字亦是由圖畫演變而來的。拉丁美洲的瑪雅人的文字，一般刻在巨大的石頭建築物如石柱、祭台、金字塔及陶器上，為銘文性質，字體同古埃及、中國、巴比倫的象形文字相同，共有三萬個詞匯。其他如愛斯基摩人、中國雲南納西族等曾用過圖畫文字。再早是結繩記事、契刻記事和圖畫記事，如用大疙瘩表示大事物，小疙瘩表示小事物；不過這叫信號，不屬文字符號。圖畫文字介於圖畫跟文字之間，它可以比照實物，如「魚」、「日」等字，大多數民族是相同的。手勢語更不必說了。不同的民族，手勢語大體相同，如招手表示「請你來」，揮手表示「請你走」，點頭表示答應或「是」，搖頭表示不同意，指著板凳是「請你坐下」，指著衣服某處是說那裡有皺紋或異物，諸如此類。據列維－布留爾《原始思維》，「不同部族的印第安人彼此不懂交談對方的有聲語言的任何一個詞，卻能夠借助手指、頭和腳的動作彼此交談、閒扯和講各種故事達半日之久」（第 153 頁）摩爾根在《古代社會》第一編第三章的一條注釋裡說：「……由此可見，要形成一種適用於普遍交談的手勢語言

是可能的。根據他們使用這種語言的情況來看，這種語言使用起來既很文雅，又富於表情，還能使人感到有趣。這是一種自然符號的語言，所以它具有通用語的要素。發明一種手勢語言比發明一種音節語言要容易；而且，因為掌握手勢語言也要方便得多，所以我們作出假定，認為手勢語言之出現早於音節分明的語言。」（上冊第 42 頁）摩爾根所說的「音節語言」和「音節分明的語言」即指此處所說的語言——有聲語言。它跟文字和手勢語不同，它雖是物質的，卻又是抽象的，你看不見摸不著，既不能比照實在，也不能描述狀態。何況許多概念是抽象的，無法用圖形或實物表達。人類思維越發展，抽象的概念會越多。正因為如此，才有了多種語言。有人說它是象徵的，特指的，意思相同。

　　馬克思和恩格斯在《費爾巴哈》中說到語言和「意識」的關係：「……人並非一開始就具有『純粹的』意識。『精神』從一開始就很倒楣，註定要受物質的『糾纏』，物質在這裡表現為震動著的空氣層、聲音，簡言之，即語言。語言和意識具有同樣長久的歷史；語言**是**一種實踐的、既為別人存在並僅僅因此也為我自己存在的、現實的意識。語言也和意識一樣，只是由於需要，由於和他人交往的迫切需要才產生的。」（《馬克思恩格斯選集》第一卷第 35 頁）

　　語言的形成跟它所在的人群密不可分，它是構成民族或部族最主要的條件之一，也是其首要的標誌。斯大林為「民族」所作定義為：「人們在歷史上形成的一個有共同語言、共同地域、共同經濟生活以及表現於共同文化上的共同心理素質的穩定的共同體。」（轉引自羅森塔爾、尤金編《簡明哲學辭典》，第 108-109 頁）這裡指出的構成民族的四個條件，即共同語言、共同地域、共同經濟生活、共同心理素質，缺一不可，而語言排在第一位，可見其重要。每個民族都有自己的語言。隨著時間的變遷，原來賦予某一聲音的含義，可能發生變化。中外歷史上，有的語言變化很大，有的變化不大，還有許多種語言消失了。有的民族，出於某種特殊原因，改用別的語言，這別的語言也就

成為這個民族的語言。人們掌握語言，就是按照人們賦予它的現在含義去運用它。

語言作為一種交流工具，有兩層含義，一是操同一種語言的人群內部的交流，另一是操不同語言的人之間的交流。後一種交流，需要翻譯，即把兩種語言之間指稱同一事物相近似的概念當作同一詞語；這樣，在用一種語言敘述事物時，經過轉化（翻譯），操另一種語言的人就聽得明白。沒有語言，人和人失去了聯繫，人類社會就不成其為社會，操不同語言的人更無法交往。美國 C・恩伯和 M・恩伯夫婦在《文化的變異──現代文化人類學通論》中說：「在所有社會中，語言的基本功能都是交際。儘管人類的交際方式並不僅僅局限於口語，但語言的重要性卻是壓倒一切的，這是因為它是使文化得以共同享有和傳播的主要工具。」（第 143 頁）當代法國結構主義運動代表人物之一、著名符號學批評家羅蘭・巴爾特在其《符號學原理》中寫道：「我們可以把符號學正式地定義作記號的科學或有關一切記號的科學，它是通過運作性概念從語言學中產生的。」（第 12 頁）結繩記事就是記號，語言同樣是記號。從這個意義上說，語言是符號。

神話

神話的產生是在人類的童年。世界上各個民族都有優美的神話傳說，而以希臘神話最為有名，也早得到多方面的研究。在古希臘，有人從哲學的角度，對神話的寓意性進行解釋。從十八世紀初起，意大利、法國、德國學者先後開展了對神話和神話學的理論研究，並形成語言學派和人類學派等不同派別。英國人類學家 J・G・弗雷澤著《金枝》一書，以巫術和原始宗教儀式為中心，對古代神話和民間習俗做了深入的分析，全書共七部十二卷。二十世紀初，在弗洛伊德精神學說影響下，神話研究有很大進展。「種族記憶」、「原始意象」、「集體無意識」、「原型」等學說，都是這一時期的產物。恩斯特・卡西爾於二

十年代完成的三卷本巨著《象徵形式哲學》，實為本書引用多次的《人論》的哲學基礎。在卡西爾看來，「作為活動著、創造著的主體，人類正是通過意指性的象徵行為建立起使自身區別於動物的文化實體的。這種象徵行為包括語言交際、神話思維和科學認識。換言之，人類精神文化的所有具體形式──語言、神話、宗教、藝術、科學、歷史、哲學等等，無一不是象徵活動所創造的產品。」（葉舒憲語，見《神話──原型批評》代序，該書第 9 頁）葉舒憲序中又說，卡西爾「認為神話既不是虛構的謊話，也不是任意的幻想，而是人類在達到理論思維之前的一種普遍的認識世界解釋世界的思維方式」（同上）。葉舒憲所編這本書是介紹「神話──原型批評」方法的，而這一批評方法的構成原素就有卡西爾的《象徵形式哲學》。葉舒憲除介紹「神話──原型批評」方法外，他自己還寫了《中國神話哲學》，實為中國神話學研究的一本重要之作。原型，有人當作「母題」，是一種反復使用並因此而具有了約定性的文學象徵或象徵群。筆者在幾年前寫《董永新論》一書，採用了「神話──原型批評」方法和其他方法，對在中國民間流傳了兩千多年的董永和七仙女的故事做了新的闡釋，找到了這一故事的源頭活水。

　　在《人論》中，恩斯特・卡西爾是把神話和宗教放在一起談的，說：「在人類文化的所有現象中，神話和宗教是最難相容於純粹的邏輯分析了。神話乍一看來似乎只是一團混沌──一大堆不定形的語無倫次的觀念。要尋找這些觀念的『理由』似乎是徒勞無益枉費心機的。如果說神話有什麼特性的話，那就是：它是『莫名其妙』的。……」（第 92 頁）這也是以前一些學者有過的說法。神話和宗教都崇拜一種超自然的力量，都把人生的希望和對人世的闡釋權，寄託在超驗世界裡，而把宗教儀式當作兩者的連接點，這是人們把兩者放在一起來談的原因所在。在這本小書裡，我決定把它們分開。因為神話畢竟是人類童年時代的事，而宗教卻產生在文明時代，這個時代已經不再有神話可以吸引人們了。即是說，神話早已成為歷史，我們談神話，是回

121

到遙遠的古代，而宗教，現在仍然是人類社會的一股重要力量，有人在談論「文明的衝突」，便跟宗教分不開。

恩斯特・卡西爾又說：「語言與神話乃是近親。在人類文化的早期階段，它們二者的聯繫是如此密切，它們的協作是如此明顯，以致幾乎不可能把它們彼此分離開來：它們乃是同根而生的兩股分枝。不管在哪裡，只要我們發現了人，我們也就發現他具有言語的能力並且受著創作功能的影響。因此，把這兩種人類獨具的特性歸之於同一淵源，對於哲學人類學來說，是頗有誘惑力的。」（第140頁）這是從語言和神話都具有隱喻的特點、神話需要用語言來表達這兩個角度說的，強調了它們的一致性，但就功用說，它們是很不相同的。

神話產生在人類童年，是因為人類在那個時代，無論對人生世界，還是對未知世界和人體世界，都缺乏起碼的知性瞭解。人從成為人之日起，就對自己是怎麼來的，自身究竟是什麼，要向哪裡去，人死後會不會以另一種形式存在或再生，等等，充滿著太多的疑問。對周圍的一切事物，一切變化，包括有規律的變化（如日出日落、月圓月缺、四季輪迴）和瞬間發生的突然變化（如風雷雨電、水旱災害），以及幻覺中出現的有形無形的東西，既存在著疑問，也存在著懼怕，還存在著好奇。動物對那一切，可能會渾然不覺，而人的智力越發展，存在的疑問、懼怕和好奇越多。甚至連有和無，生和滅，今和昔，也不見得會有明確的認識。中國古人把天和地當作混沌一片，究其實，人生世界、未知世界和人體世界，反映在他們頭腦裡，何嘗不是混沌一片？他們需要理解，需要做出闡釋。因為對許多現象無法理解，就憑空想像出一些事物，把它人格化，作為理想世界的主人。在大自然、超自然面前，人類永遠是渺小的，無力的。所以在人們的創造中，神話人物無不具有呼風喚雨、移山倒海的力量和奇大無比的智慧。他們想像中的人物，有壞人，有好人，更多的是英雄。由於知識所限，他們做出的解釋只能是非科學的，這也形成原始部落的圖騰崇拜、神靈崇拜和萬物有靈意識。由於深感自己的渺小和軟弱，他們會創造出一個個

具有人格意志、不受任何規律支配、神通廣大、變化莫測、長存不滅的超自然體作為化身，這既是自身的延長、擴大，也用來作為自己的救世主和保護傘。人在童年，談不到理性思維，只能以神話思維為主。神話就這樣產生了。

　　希臘神話是人類最偉大的精神創造，是藝術寶庫中的珍品。內容涉及諸神的來歷、人類的起源、過去金、銀、青銅、鐵四個時代的變遷，還有歷史事件（如特洛伊戰爭）的傳說、英雄人物的傳說、季度變化的故事、變身動物（如天神宙斯化身為公牛帶走歐羅巴，化身為天鵝引誘勒達）的故事等。希臘神話中的許多人物，如最偉大的英雄赫拉克勒斯、盜天火造福人間的普羅米修斯、巨人安泰、太陽神阿波羅、智慧女神雅典娜、詩神（九位文藝和科學女神的通稱）繆斯、愛神厄洛斯（在羅馬神話中稱丘比特）、暴君迪奧尼修斯的寵信達摩克利斯、復仇女神厄里倪厄斯等，早已是家喻戶曉的人物，就像中國《三國志演義》中的人物一樣。希臘神話中的「潘多拉」、「特洛伊木馬」等也已成為經久不息的典故，經常被引用。在古希臘，人們特別傾向於信奉英雄和半神。在亞歷山大大帝的遠征使希臘生活跟東方的傳統接觸之前，歷史人物死後受到崇拜，或把活著的人當真神一樣敬奉，時有發生。這決定了希臘神話的總主題，是對神和英雄人物的歌頌。這些神話故事開頭在民間流傳，後來由荷馬（這是一個人還是幾個人，尚無定論）寫入《伊利亞特》和《奧德賽》，由赫西奧德寫入《神譜》，更廣泛地流行。荷馬把許多神話編成一個系列故事，讓諸神集合在奧林匹斯山上，書中詳細描寫了他們的活動和愛憎。《神譜》對諸神的起源做了最完整的敘述。荷馬等人的作品使希臘神話成為一個可讀的文本，也是後世歐洲許多傑出作家、藝術家用之不竭的題材源泉。

　　希臘神話中的許多人物和故事，在別的民族的神話中，常可以看到，當然具體內容不完全相同。比如創世神話在希臘神話中佔有極其重要的地位，前述諸神的來歷、人類的起源、四個時代的變遷，都屬於創世神話。這已成為神話中的一個重要「原型」，或說「母題」，其

他許多民族神話中都有相同的主題或相近似的內容，中國神話中盤古開天闢地、伏羲和女媧兄妹成親、女媧摶土造人等即是。還有善惡報應、公主救人、兄弟相爭、「弒母情結」等，也都是許多民族的神話中經常會有的。這從另一方面說明人類文化的相似性、普遍性。

馬克思對希臘神話給予很高的評價，認為「希臘藝術和史詩」（引者按，『史詩』主要指荷馬記述希臘神話的幾部作品）「是一種規範和高不可及的範本」（〈《政治經濟學批判》導言〉，《馬克思恩格斯選集》第二卷第 114 頁）。馬克思在同一著作中說到物質生產的發展同藝術生產的不平衡關係時，還有這樣的話：「大家知道，希臘神話不只是希臘藝術的武庫，而且是它的土壤。……希臘神話都是用想像和借助想像以征服自然力，支配自然力，把自然力加以形象化；因而，隨著這些自然力之實際上被支配，神話也就消失了。」「希臘藝術的前提是希臘神話，也就是已經通過人民的幻想用一種不自覺的藝術方式加工過的自然和社會形式本身……」（第 113 頁）又說：「為什麼歷史上的人類童年時代，在它發展得最完美的地方，不該作為永不復返的階段而顯示出永久的魅力呢？有粗野的兒童，有早熟的兒童。古代民族中有許多是屬於這一類的。希臘人是正常的兒童。他們的藝術對我們所產生的魅力，同它在其中生長的那個不發達的社會階段並不矛盾。它倒是這個社會階段的結果，並且是同它在其中產生而且只能在其中產生的那些未成熟的社會條件永遠不能復返這一點分不開的。」（第 114 頁）

所有神話都說明，神話是人類早期對客觀世界的一種天真而又具象的認識和詮釋。在人類的童年，他們崇拜神聖，崇拜英雄，就使他們的生活顯得充實、美麗，又充滿希望。他們把自己的未來，也把自己的煩惱，都交給了那個虛無飄渺的未知世界。神話是一種意識形態，更是藝術，是古人對超自然的存在的想像和描繪，是把人、神兩個世界溝通起來的媒介和工具。那是古人對未知世界的呼喚，也是跟未知世界的主人對話。

　　神話的產生既為人類文明前智力的發展提供了一個突破口，給人類帶來從當時直到今天一種難得的精神享受，也無意間為人類自己造成了一個永遠擺脫不掉的精神枷鎖，這便是人的被神化。原始人的神聖崇拜是普遍的，統治者利用人們的這一文化心理，把自己神化，也是普遍的。神化，簡單說，就是打破人和神的界限，把權勢者當作神供奉起來，把權力神聖化，讓人像敬神一樣對權勢者頂禮膜拜，乖乖地服從其統治。古代的君主政體利用這一習俗維持王朝統治。中國的君主更是走在前面。他們以「天子」自居，到後來更編造出一種「君權神授」的神話，把君主的統治神聖化，合法化。

　　這裡順便說一下民間文學。按照《簡明不列顛百科全書》的解釋，民間文學「就是沒有文字的民族的口頭傳說」，包括「散文和詩體敘述故事、詩和歌曲、神話、戲劇、宗教儀式、諺語、謎語」等。「在約公元前四千年，所有文學均為民間文學」，因為那個時候還沒有文字，自有了文字以後，「雖然書面文學後來變成了說故事人和詩人的標準表現形式，但是只要還有實際上沒有文字和不大習慣於讀寫的人存在，書面文學和口頭文學就會並行發展」。神話實際是民間文學的一種，它們都是靠人們口頭傳說的，這裡有一個概念相重疊的問題；因為文化學家和人類學家從神話中讀出的隱喻意義豐富得多，同時也因為神話是民間文學中最大、最古老的一項，所以歷來人們讓神話獨立出來，對之進行了多方面的研究、解說和闡釋。正如前引文字所說，直到現在，民間文學並沒有消亡，它和書面文學在「並行發展」。神話已成為歷史而民間文學仍在行進之中（當然其勢力要小得多），這是兩者的區別之一。民間文學（當我們這樣說的時候，你可以把神話包括在內，也可以不算在內，反正都一樣）的起源，仍用《百科全書》的話，「也和語言的起源一樣，無從知道」，總之是很古老的。此刻要說的是，民間文學作為工具文化的一種，它是廣大老百姓表達自己的思想、感情和願望的一條最重要的途徑，就其產生之早，屬於民間文學之一的神話可

以做它的代表；就其現在仍然存在、仍在行進之中這點說，他所隸屬
的藝術之一的文學也可以代表了它，所以就不另說了。

藝術

　　前邊說的神話其實是藝術的一種，馬克思就是把它當作藝術生產
來談的。除去神話，藝術有好多個部門，包括了多種形式。在有文字
以前，以身體為主構成的藝術，如音樂、舞蹈、表演等，因為時間因
素過於強烈，其原始文本隨著演出早已消失，無法看到，我們現在能
夠見到的，基本上是佔有一定空間而不受時間影響的藝術，如建築、
雕刻、繪畫、工藝品等。以文字為載體的藝術，即文學，一種屬於記
錄整理，一種屬於新創作，都只有幾千年歷史。無論藝術起源於勞動
還是起源於娛樂，起源於模仿，它產生很早，是不爭的事實。現在所
見人類最早的藝術，是岩畫，有幾萬年歷史，有的更早到十幾萬年。
據統計，在五大洲七十七個國家發現岩畫近二百處。十九世紀，在法
國的拉斯科洞和西班牙的阿爾泰米拉山洞發現了描述生動的動物岩
畫，還有簡陋的石頭工具和骨頭工具，都是冰河時代的遺物。中國岩
畫資源也很豐富，位於「三北地區」的岩畫稱為「北系岩畫」，有牡丹
江岩畫、大興安嶺岩畫、陰山岩畫、烏蘭察布岩畫等；南系岩畫分布
在西藏、江蘇、福建等處。岩畫是人類自我表現的創造性形式，是最
早的造型藝術，具有很高的藝術價值。

　　人類對美的感受有一個長期的歷史過程。人類在童年時代，人跟
大自然處在共同體內，各種活動受到自然條件極其嚴酷的支配和限
制，很難產生審美意識。考古資料告訴我們，人類的審美意識產生於
舊石器時代的晚期。在中國山頂洞人的遺址中，發現了原始的裝飾品，
有穿孔的獸牙、礫石、貝殼和塗有色彩的穿孔魚骨。這些審美對象，
實際是勞動中使用的工具，或者獵獲的動物，明顯具有功利目的。而
且功利目的第一，在達到功利目的後，如有餘暇，才有機會在骨頭上

穿孔，或塗上顏色。貝殼和礫石是本身有一種美，才被留下來的。原始人類在狩獵生活中，當獵獲品越來越引起他們的愉快和興奮的感覺時，他們往往會情不自禁地「手之舞之足之蹈之」，同時自然會想到把自己裝扮一番。古代兩河流域的居民在愛美方面有獨特的追求。考古學家發現，在一些富有人家的墓葬裡，有裝香水的陶器，他們推測，美索不達美亞早期居民已經發明了香水。還有其他的裝飾品。考古學家在兩河流域一個女王的陵墓裡，發現一個貝殼形狀的化妝盒，在另一些墓葬裡發現有各種首飾，這些首飾有用金屬做的，有用貝殼做的，有用石頭做的，做工精細，巧奪天工。考古發掘表明，音樂在古代兩河流域居民中所占的地位十分重要。那時的主要樂器是豎琴，還有風笛、七弦琴、鼓、角、喇叭、手鼓等。真所謂愛美之心，人皆有之，自古有之。

如果說神話產生於人類對未知世界的理解、想像和期望，那麼藝術的產生，主要來自於對已知世界的觀察和感悟。藝術的社會功用，一言以蔽之，是表達，表達人類的所見、所思、所想，表達他們的心靈要求，表達他們的善惡判斷，表達他們對客觀世界的愛憎情感。美國 C・恩伯和 M・恩伯著《文化的變異——現代文化人類學通論》第十六章說：「實際上，在所有的社會裡，人們都體味過以我們所謂的藝術媒介來表達感情和思想的需要。美拉尼西亞人用垂直的帶形圖案把房子裝飾一番；美國農場主在穀倉上畫上巫婆的標誌。霍皮印第安人表演祈雨舞；大草原印第安人跳太陽舞。復活節島的土地上高聳著巨大的石質頭像；中國藝術家在一英寸長的象牙上雕刻出精緻的仕女像。所有這些活動的共同之處，在於他們都是感情要素和觀念要素的結合。我們的確可以說，視覺藝術、音樂、舞蹈和民俗的中心功能是表達思想和感情。由於這個原因，人類學家以及其他社會科學家把這些活動稱為表意文化的各種形式。」（第 508 頁）世界文化遺產，如埃及的金字塔，印度的泰姬陵，以及在世界各地、特別是在中國各地發掘出的古墓，包括人們熟知的十三陵在內，又何嘗不是這樣？這類大型

建築，設計考究，裝飾輝煌，固然主要出自墓主人的權勢，也是一種有力的表達，既表達對「天國」的嚮往，也表達對在精神創造上取得成就的欣慰與興奮。位於山東省嘉祥縣的漢代武梁祠墓地壁畫，以高超的雕刻技藝再現了宇宙圖像，並且通過對天上、仙界和人間三個世界的描繪，表現了嚴密的社會等級制度和各種人的生活狀態，具有很高的藝術性。

　　同是繪畫、雕刻等造型藝術，在古代，供人欣賞不是唯一的目的，還有個目的在於教導和恫嚇——教導是對人類，特別是下一代，而恫嚇是對狩獵對象。在法國的拉斯科洞和西班牙的阿爾泰米拉山洞發現的野牛、長毛象、馴鹿等岩畫，是那些岩畫的作者們捕捉的對象，所以對它們非常熟悉。山洞是高低不平的，有時要穿過狹隘的通道，誰也不會爬進那可怕的地下深處。拉斯科洞刻在洞壁和洞頂上，在阿爾泰米拉山洞裡，那些動物圖像是一個緊接一個繪製成的。近年來，中國學者在西部的阿爾泰山和賀蘭山一帶發現了數量多得驚人的岩畫，同樣畫著許多動物，還有別的圖形。岩畫的作者當然是有感而發，有為而作；究竟他們出於什麼目的，不是我們要研究的，從客觀效果上說，這些地方與其說是展覽會，不如說是教室。那一幅幅作品告訴人們，這些動物是可食用的，你們見到了它，就要把它追殺，捕獲，不能留情。而對動物來說，自然就是恫嚇了。就這點說，它仍然起著工具的作用。

　　從藝術生產的角度說，作者生產它，最根本的出發點，是把自己的感受、把自己的願望表達出來。中國的古籍《禮記‧樂記》說：「詩言其志也，歌詠其聲也，舞動其容也，三者本於心，然後樂器從之。」《毛詩序》說：「情動於中而形於言，言之不足故嗟歎之，嗟歎之不足故詠歌之，詠歌之不足，不知手之舞之足之蹈之也。」十八世紀初歐洲啟蒙運動思想家、著名哲學家康德在《判斷力批判》中寫道：「藝術和手工藝相區別。前者叫做自由的，後者也能叫做僱傭的藝術。前者人看作好像只是遊戲，這就是一種工作，它是對自身愉快的，能夠合

目的地成功。後者作為勞動，即作為對於自己是困苦而不愉快的，只是由於它的結果（例如工資）吸引著，因而能夠是被逼迫負擔的。」（《西方思想寶庫》第 1203 頁）從原始人在岩壁上作畫，到文明時代藝術家從事各種創作，無論條件多麼艱苦，都不能阻擋他們，即使有危險，他們還是會努力以赴，堅持進行下去。這也是作者實現自身價值最好的途徑。這是他們內心的要求。他們看到美好的事物，禁不住要讚美，要歌頌；看到醜惡，抑止不住憎惡和憤怒，就會把那醜惡寫出來，跟人們一起去鞭撻和譴責；人應該過一種什麼樣的生活，他們會有理想，這也成為藝術的一個重要主題。比較起來，對現狀的不滿，對「更好」的追求，是絕大多數藝術家的主要價值取向。可以說，表現人對自我解放的要求，藝術是最有力、最為直接的了；這也是藝術和藝術家的神聖職責，是人們崇敬藝術家、熱愛藝術家的原因所在。真正的藝術就應該在表達人在自我解放的要求上，全力以赴。

藝術生產是一種高級精神活動。它不是人人都可以從事的，它需要專門知識，需要經過一定的專業訓練。特別是現當代的各種藝術創作，不重「形似」，重在追求神似，不重外在，重在內心，表現自我，創作方法多樣，誇張、扭曲等手法被廣泛應用。小說敘事，早就由命運型、生活型進到心態型。藝術品的最高境界，是不僅具有很高的美感價值，還要有很高的獨創價值。對獨創價值的要求，使藝術生產者搜腸刮肚，不斷「玩」出新花樣來，以致有時顯出「奇形怪狀」來，像畢加索等人的一些畫，就有這樣的情形。這種發展勢頭是不能遏制的。從藝術消費角度說，它不在人類的生活需求之內，更不在最低生活需求之內。它是人在生活之外的精神享受。藝術消費現已深入到各不同階層的人們之中，深入到生活的各個方面，像「美拉尼西亞人用垂直的帶形圖案把房子裝飾一番」這種現象，已在一些地方廣泛發展。可以預期，藝術這一門工具文化，正在人類社會發揮愈來愈大的作用。

作為藝術的一個大項的文學，屬於口頭傳播的，即民間文學，前已說過，相當古老，它深深地影響著後來的書面文學。荷馬史詩原先

129

是口頭創作，它保留了很多民間文學的特徵。歐洲從中世紀進入文藝復興以後，民間文學對作家的創作影響更大，但作家對民間文學的採用往往加以改造，如薄伽丘和喬叟。這種現象，在好些國家和民族，都可以看到。如印度古代兩大文學名著《羅摩衍那》和《摩訶婆羅多》，都是在民間傳說基礎上寫成的。埃及的《亡靈書》，又譯為《死者之書》，是人類所遺留下來的最早的文學作品之一，書中保存了大量豐富而生動的古代神話和民間歌謠。在中國，傳說由孔子編定的《詩經》，便是一部古代民歌集。不過中國從戰國後期起，文學創作就不以民間文學為主要的題材來源了，以後基本上兩種文學平行發展，而以作家、詩人的書面文學為主。這種現象，其他國家相同，只是歷史要短一些。到現在，書面文學已成為世界各國藝術生產的一大門類，並且為新興的電影、電視劇兩門藝術的創作提供源源不斷的題材根據。

藝術並不神秘莫測，雖不是人人可以做好，卻是人人都可以去學習，去嘗試，它的大門向所有的人敞開。同時，它可以是人的職業，更可以是業餘愛好。一個職業人有更多的餘暇時，可以在業餘時間去從事各種藝術創作。隨著社會的發展藝術創作為越來越多的人所愛好，乃是人的自我解放的必然趨勢。把藝術生產從少數人的手中解放出來，交給所有有興趣的普通人，應是人的自我解放的一項內容。

科學，或說知識

這裡說的科學，從專門家關在實驗室裡進行的繁難的數據分析和微觀探查，到普通老百姓在生產實踐中、日常生活中獲得的符合客觀規律的各種理性認知，都包括在內。它反映了人類對客觀世界、自身世界和未來世界的各種認識，是人類精神上的創造。在科學裡，哲學最為主要。它表現人類對宇宙、對客觀世界的根本認識，包括認識論問題在內，是科學的科學。邏輯學上的「三段論式」，羅素在《西方的智慧》裡即稱作「工具」，說它「已經無法再促進科學的發展，看來還

需要有一種新的工具論」（第 244 頁）。過去長時期裡，有關自然界和人類社會的各種具體知識的發展很不充分，知識的分門別類處在初級階段，人們便以哲學指稱一切有關世界的理性認知。在過去的文化哲學著作裡，人們大都以哲學指稱這裡所說的科學。到了當今，在人類知識處在「大爆炸」（這是人們對知識積累之快的形象說法）之際，再用哲學指稱所有知識就不妥當了，所以這裡用「科學」二字。

　　科學也可以稱為知識、學術。人類在生產鬥爭和爭取自我解放的鬥爭中，對客觀世界的認識，由感性到理性，不斷積累、加深，逐漸掌握了規律，弄清了事物之間的本質特點或相互之間的必然聯繫，就成了知識。它已不是散亂的，而是系統的；不是表面的偶然的，而是帶有規律性；也即是相對真理。人類最初對之進行認真「研究」的，是「天文學」，最早創造出來的「學術成果」，是曆法，是農耕日程表，是星空世界裡的一些規律，如行星運轉，這在世界上絕大多數國家和民族，幾乎沒有例外。遍佈人類周圍的動物和植物，既構成人類的生活環境，又是人類賴以食用的必需品，動植物的基本知識也是人類極端需要的。還有人類生活「第一需要」的生產知識，如製造打獵工具，構築房屋，鑽木取火等等，還有人在日常生活中經過千百次實驗形成的道理、原則等。人類自成為人類之後，其進化和發展的速度大大加快，就在於有了知識，懂得了道理。學術是改造客觀世界的工具。哲學提供指導思想和價值取向，科學提供方法論根據，歷史提供古人經驗，各門自然科學更是征服大自然不可或缺的知識。生產技術是在實踐中掌握的，也在實踐中發展。總結實踐經驗，又可以為下一階段的發展打好基礎。這樣，它就由被動變為主動，由設法適應環境變為改造環境。知識越豐富、越高級，人類的進步就越迅速，發展變化越快。二十世紀人類知識的迅猛發展，使生產力得到極大解放，人們的物質生活和精神生活有很大改善，並影響到人們的意識跟以前有了巨大差別。近年電腦的日新月異，更使社會的發展像乘上宇航火箭，真可以用「一天等於二十年」來形容。

　　科學是人類創造出來的，更是人類所需要的。衡量一個國家或民族是發達還是落後，或進步程度如何，可以有幾個標尺，其中便有科學——即知識——所達到的成就和高度。古希臘和古羅馬成為歐洲古代文明的高峰和燈塔，就在於它那個時候出現了荷馬、伊索、蘇格拉底、柏拉圖、亞里士多德、歐幾里德、索福克勒斯、歐里庇得斯、阿里斯托芬、希羅多德等許多傑出人物，創造出了一大批後人難以企及的文化成果。荷馬的史詩、伊索的寓言，索福克勒斯等三人的悲劇和喜劇，蘇格拉底等三大哲學家的著作，歐幾里德的幾何學、希羅多德和修昔底德的《歷史》，一直到現在仍在滋潤著人們的心靈。早在公元前六世紀初，希臘已有了一批被稱為「智者」的人，他們創立了一種新的思維方式，對客觀世界做了理性的非功利的系統考察和描述，對世界的起源、構造、結構和天氣現象做出了科學的解釋，這為蘇格拉底等人的出現打下了堅實的基礎。在古希臘輝煌的同一時期，在東方大地，也是一片燦爛，文化的豔陽高照。這就是中國周朝後期、戰國時代諸子百家的爭鳴。這一時期，從政治哲學到包括數學、力學、聲學、光學等在內的自然科學，中國人都做了開拓性的研究，取得了輝煌的成果。儒家的孔孟、墨家的墨翟、道家的老子、莊子等的成就和影響不亞於蘇格拉底等人。屈原等人的詩賦可以跟荷馬比肩，《論語》、《春秋》、《離騷》、《莊子》等，跟《伊利亞特》、《奧德賽》、希臘神話同是人類文化寶庫中的經典。同一時期，在尼羅河流域，埃及人以現代人還沒有完全弄明白的智慧，建造了高大雄偉的金字塔，製造了許多木乃伊；在兩河流域，蘇美爾人修建的灌溉水渠，能使大麥產量達到種子的三十六倍。在南亞大陸的印度，出現了佛教創始人釋迦牟尼（生於公元前五六三年前後，比孔子大十歲左右）。他是印度河流域的哈拉巴城市文明培育起來的。相對安靜的生活環境使佛陀能夠一心向善，缺少學派競爭又使佛陀的學說能夠在弟子間順利傳播。在那個環境裡一枝獨秀的佛陀，其聲勢和文化的豐富性，遠不能跟古希臘和中國的諸子百家相比較，但他個人的成就是了不起的。佛教，作為一種

人生哲學，自有其深厚的文化底蘊和人生根據，對後人的影響綿遠悠長。佛教傳入中國後能迅速紮下根子，說明它有巨大的思想力量和道德力量。印度被作為一個文明古國，這是原因之一。

人類社會發展到今天，知識之重要，越來越為人們所認識。二十世紀人類社會發展的一個顯著特點，是知識和知識人逐漸成為生產發展的決定性因素。搞創造發明，需要知識；改革生產工具，提高生產效率，需要知識；對生產過程和程序進行更好的組織和管理，同樣需要知識。有人說，當今社會真正支配性的資源、絕對性的生產要素，既不是土地、資金，也不是工人等勞動力，而是知識，是科學。知識工作者，或說科學工作者，在生產中的地位大大提升。十九世紀，管理生產的，常常就是那些資本家，二次世界大戰後，資本家逐漸從管理崗位上退出，而代之以專門學過管理的知識人。他們就是靠著對知識、靠著對經濟規律的深入瞭解進行管理。知識是他們最大的資本，是他們的生產工具。這些人已形成一個階層。工人也需要知識。在流通領域，知識亦發揮著不小的作用。更值得注意的，是知識經濟的興起。

雖然有了知識經濟這一名稱，雖然知識人在制定國家制度、企業制度方面已成為主導力量，但是知識本身依然屬於工具文化。

宗教

宗教，指以某個超自然神靈為崇拜對象，有一定信條和哲理，有固定團體，有廣大信徒的意識形態。主要有產生於印度的印度教和釋迦牟尼創立的佛教，有兩河流域希伯來文明產生的猶太教，公元一世紀由巴勒斯坦境內拿撒勒人耶穌創立的基督教（分為天主教、東正教、新教等幾個教派），公元七世紀阿拉伯「先知」穆罕默德所宣傳的閃米特系宗教──伊斯蘭教，還有中國的道教。基督教是世界上最大、傳播範圍最廣的宗教，現有信徒在十億人以上。伊斯蘭教也有很大勢力，

現在全世界穆斯林約有六億，分布在許多國家和地區。他們有共同的基本信仰，雖然屬於不同民族，但卻常常能有同感，能共同行動。

　　宗教源於蒙昧，源於對超自然的信仰。在神話產生的時候，伴隨著對神靈的崇拜，就有了宗教，那是原始宗教。恩斯特‧卡西爾在《人論》中把神話和宗教放在同一個題目裡談，就因為它們有共同的起源。卡西爾說：「在人類文化的所有現象中，神話和宗教是最難相容於純粹的邏輯分析了。」（第92頁）又說：「神話思想與宗教思想之間沒有什麼根本的區別。它們二者都來源於人類生活的同一基本現象。在人類文化的發展中，我們不可能確定一個標明神話終止或宗教開端的點。宗教在它的整個歷史過程中始終不可分解地與神話的成分相聯繫並且滲透了神話的內容。另一方面，神話甚至在其最原始最粗糙的形式中，也包含了一些在某種意義上已經預示了較高較晚的宗教理想的主旨。神話從一開始起就是潛在的宗教……」（第112頁）還有的著作把宗教和巫術放在一起來談，如《文化的變異》就是這樣。《文化的變異》的兩位作者，依據考古資料，把原始宗教產生的時間確定在十到十五萬年以前的尼安德特人時代，尼安德特人是人類發展史上早期智人的代表。書中說：「宗教信仰在所有已知的當代社會中都明顯存在，而且它還至少可以從尼安德特時代與人類相聯繫的人工製品中推斷出來。在尼安德特人的墓葬中發現的人工製品表明，早期人類是相信來世的。在廣泛分布的考古遺址中都發現了第二性征極為突出的女性雕像——這可能是象徵生殖力的護身符。在岩畫中，占主要地位的圖像是獵物，這可能反映當時的人們認為圖像具有支配事件發生的威力這一信仰。早期人類也許相信，如果畫下了狩獵中交了好運的圖像，就會使狩獵成功的可能性更大。人類在遠古時代所信奉的宗教的細節並非都能弄清楚的。然而，對死者的禮遇卻表明，古人相信超自然靈魂的存在，而且試圖和他們有所交往，也許還試圖對他們施加影響。」（第468頁）有人主張，一切文化發源於宗教。一些歐洲發現者曾以「沒有宗教，沒有文化的人」，描述澳洲的原住民。但也有人以澳大利亞三

萬年前的人類骨架上撒有黃色鐵礦粉，表明那時人們有「死後繼續延續生涯這種觀念」為根據，說那是「原住民的文化與宗教的第一信證」（第5頁）

把宗教跟巫術緊密聯繫在一起的代表人物，是《金枝》的作者弗雷澤。B‧馬林諾斯基在《科學的文化理論》中說：

> 宗教與巫術的區別也許不像弗雷澤想像的那麼深刻地基於人類對整體宇宙在本質上不同的態度。弗雷澤認為巫術是人對自然力的直接強制，而宗教則是信徒對神明的祈求。其實，兩者的區別首先見於對象的不同：宗教與人類生存的終極問題相關，而巫術則通常圍繞專門、具體和細節的問題。宗教關注的是死亡和永生。它以一種綜合抽象的行為崇拜自然力，把人的自我調節轉交給上蒼的統治。在原始階段，上蒼以圖騰物種的體系出現，也就是最深刻地影響人類生存的動物、植物和自然力。再者就是把上蒼供奉在男女自然神明的萬神殿裡。有時它也表現為造物主，原始的眾生之父或一神教中的主神。
>
> 教義結構上，宗教常將自己表述為一個信仰系統，定義人在宇宙中的位置、人的來源和目的。實用意義上，尋常個體需要宗教來克服對於死亡、災難和命運的破壞性恐懼。宗教通過信仰永生、或人類在宇宙中的平靜消解、或人與神的重聚來解決這些問題。社會方面，由於宗教一直是人類文明的核心和道德價值的主要源泉，所以它就與或低或高層次的每一種組織形式緊密相關。在家庭內部，我們看到信仰與祖先崇拜相關。氏族信仰與崇拜或人或獸的祖先圖騰相關，起著宗教集會的功能。在村莊、城鎮和領地群內，我們看到地緣性的崇拜。宗教也經常成為各類政治國家和帝國的關注焦點。
>
> ——第 166 頁

宗教跟原始宗教有相同之處，但宗教終究不是原始宗教。原始宗教無跡可尋，那只不過是人類學家從一些現象中推測出來的，以解釋某些非自然現象。現在的幾種宗教，都有自己所尊奉的神主，有基本教義及其哲學理論，有經典，有專業人員，有自己的習俗和節日，有禁忌。如伊斯蘭教。在阿拉伯語中，「伊斯蘭」三字意為「順從」，這個教的基本思想，便是信徒（即穆斯林）要「順從唯一真主安拉的意志」。伊斯蘭教信奉安拉。穆斯林認為，安拉是全能的，主宰一切，在安拉與他所創造的萬物之間沒有中介。宗教是人跟神靈世界交往的工具，也是表達情感的工具。正是宗教，把人跟神靈世界、跟萬物的「創造主」聯繫了起來。也就是馬林諾斯基說的它是「一個信仰系統」。

宗教思維是理性思維，不是神話思維。當然是唯心的，上帝、天主皆出自觀念，沒有、也不可能得到實證。創造出一個神主，用一套理論，加給信徒，要其忠實執行，是宗教的普遍做法。人們崇拜神聖，跟崇拜宗教是截然不同的。崇拜神聖，是人的一種精神寄託，有崇敬，有幾分恐懼，還有期盼和某種願望。人和神聖之物是一種即時關係，人在順利時常常把神聖之物「忘卻」，碰到挫折或意料不到的事件時，才會想到神靈，於是向之膜拜，向之祈求或禱告，到困窘結束，又可以把神靈忘在一邊。崇拜宗教，是另一回事。對教徒說，宗教是最高權威，教義是最高價值標準，是自己生命的來源。入了教，就把自己跟教會捆在一起，就把自己的一切，把整個心靈，整個生命，交給了教，而由不得自己。說它是理性思維，就在於它是按「理」辦事的，教義的理大於一切。神聖崇拜是開放的，宗教崇拜是保守的。宗教具有排他性，每一種宗教都有自己的觀念、信條和規範，戒律明確，壁壘森嚴，既不允許「走出去」──隨自己之意而作，也不允許別的東西「走進來」，或把別的東西帶進來，否則，都是「異端」，要受到嚴厲的懲處。

宗教的本質是反科學的。在科學尚不發達的時代，人們信仰宗教，警惕犯罪，不失為淨化人心、使人向善的一種辦法。自人文主義興起，

人在自我解放的漫漫長途中走到要求各種自由的階段時各國在憲法中規定要有信仰自由，也是完全正確的。隨著科學的發展，宗教與科學的矛盾愈益突出。在歐洲歷史上，一些科學家和堅持真理的學者被教廷判處死刑、長期監禁或給予不公正對待者，絕非個別現象。當今之世，人類的腳印留在月球已有四十多年時光，向太陽系以外的廣闊宇宙進行探索的活動也已開始，高高的星空之下，在人眼看不到的地方，飛翔著多少顆人造衛星！宗教家們還能閉著眼睛不看這個事實嗎？

一種奇怪或說吊詭的現象是，一些著名科學家，卻是某一宗教的忠實信徒。他們白天在實驗室裡工作，用自己的手把虛假的東西打得粉碎，用無可懷疑的證據揭露客觀世界的真相，可是到了晚上，他們又會在教堂裡向冥冥之中的上帝祈求饒恕。這不是個別的。對此應如何解釋？顯然，不能用人格分裂之類的話去指責那些科學家，也不能用「二元心理」之類的話去為他辯護。顯然，這裡存在著一種人生哲學需要我們去探討。科學家信教，也許是把它作為一種文化活動；也許確有某種精神上的缺憾需要彌補，某種對心靈的打擾需要排除；也許，在那些科學家看來，參加教會集體活動，可以使他們多接觸一些人，多瞭解社會。不可否認的是，隨著科學的發展，人們對反科學的宗教的認識會越來越清楚，跟它的距離會越來越遠，其信徒的忠誠度，也不可避免會有所降低。宗教早已走上衰落的道路。有人說「宗教是人類社會的一個怪胎」，確是如此。

以上說了語言、神話、藝術、科學（知識）、宗教五項。人們說到的狹義的文化，大都指這幾種文化而言。此處大體是按其產生的時間先後說的。如按其跟核心——即人的自我解放——的關係說，應該顛倒過來，在前邊的是宗教。公元六世紀，東羅馬帝國的統治者渴望實現地理、社會和種族的統一，他們試圖通過宗教達到這一目的。他們提出的理論是「一個國家，一種宗教」。教會開始為政權服務，皇帝施行種種極端政策。公元八世紀時候，伊斯蘭教隨著阿拉伯人的腳步，擴張到地中海沿岸西部地區，在拜占庭，則是天主教的自治權不斷擴

大。緊跟著，在盎格魯-撒克遜福音傳佈中，基督教在歐洲大陸更廣泛
地傳播。公元九六二年，基督教羅馬帝國重新出現。經過半個世紀，「異
教徒的」世界退到東歐和北歐。但不久，匈牙利的公爵皈依基督教，
加冕為國王，並得到教皇的祝福。波蘭的君主制也得到羅馬天主教會
的承認。在諾曼底各公爵皈依基督教後，挪威、瑞典和丹麥的國王先
後走進基督教世界。中世紀的歐洲文明建立在三個基本因素基礎上，
其中便有基督教。到後來政、教慢慢分離，不過在一些國家，宗教跟
政治仍有密切關係，直到近年，有的國家依然實行政教合一的政治制
度。所以在工具文化中，宗教是最靠近制度文化的。宗教之後，是科
學、藝術、神話、語言。其中科學有社會科學和自然科學的不同，社
會科學跟政治制度的關係更為密切，有些社會科學就是為政治制度提
供理論根據的，所以它應該在宗教之後。自然科學雖然跟政治制度比
較遠，但它在促進人的自我解放上發揮的作用是藝術無法比較的，所
以就不另外區分了。

　　在這幾種文化裡，神話有很強的時間性，它產生在古代，也只能
存在於古代，現在已成為歷史，人們接受它，是當作藝術品欣賞，不
再像原始人那樣對它頂禮膜拜。宗教，在空間上有很大局限性。宗教
不是每個國家都有，它只在它存在的地方發生作用。在工具文化中，
語言自有其獨特的地方。各種科學，或者說學術文化、知識，再加上
藝術生產和消費，是每個國家和民族人民文化素質的主要構成部分。
離開了這些東西，要衡量一個國家和民族文化素質、文化水平如何，
就失去了依據。工具文化是一個國家或民族文化的素質和發展水平的
集中體現。所說「人類文化遺產」，物質的和非物質的，主要就是由這
些工具文化構成。聯合國已公布的要保護的人類文化遺產，無不在這
些方面。

工具文化的特點

工具文化的特點，可概括為以下四項：

一是公眾性。

這類文化為公眾性產品，或說公共產品。它不屬任何個人或集團，也沒有族群、身份、空間和地域等的限制，不需要任何條件，任何人都可以使用。它是公眾的財產。這裡的「公眾」，是任何人的意思，也是所有人的意思。作為一種工具，它不是自為的，也不是獨立的，它一頭聯繫著使用者，一頭聯繫著被使用者，主客體都不是特定的，而是「無特定」，「非特定」，所有的人都可以成為主體，也可以成為使用的對象。制度文化都有特定的對象，而工具文化沒有。

以語言說，語言是民族的主要標誌之一，這本身說明它是供全民族所有的人，上自國王、皇帝，下至普通老百姓，甚至村夫愚婦、偷兒乞丐、三教九流，不分貴賤，不論賢愚，誰都可以使用，都必須使用，不使用，反而不像是人，不會說話的啞巴屬於病態。而且所有的人在使用語言時，地位平等，身份相同。帝王不因其高貴而使使用的語言「高貴」，平民不因其卑賤而使使用的語言「卑賤」。同時，這個民族的語言，即使別的民族、別的國家的人民也可以使用，誰也不能阻擋。語言只有存在於公眾之中，也就是被使用，才成為語言。說「語言是人類交際的工具」，這裡的人，就是公眾，是公眾賦予語言以存在的價值。此其一。第二，人們都知道，詞語是語言最重要的建築材料。如前所述，筆者對《人論》中「符號與其對象之間的聯繫一定是自然的聯繫而不是約定的聯繫」的論斷持保留態度，認為詞語的概念主要

由約定俗成而來。這意味著概念的產生具有公眾性，為公眾所約定，為公眾所使用。約定在前，使用在後。第三，有的詞語常常表現一種階級的意識或感情，但這是詞語的問題和語言形式的問題，不是語言本身的問題。曾有人以語言能表現階級意識為由，給語言加上階級性的標籤，對此，斯大林非常不滿，立即寫了《馬克思主義與語言學問題》一書，批駁了那種觀點，重申語言沒有階級性，它是全民共用的。第四，語言的發展、變化，不是靠個人的力量所能實現，更不是權威人物的專利，完全操在公眾手裡。是公眾在引導著語言在自己的道路上發展，並且必然訴諸一種歷史的理解。公眾在使語言發生變化時，常常出於一種無意識，非自覺，他們只是想表達得更好——更生動，更完美，更具有個性。語言發生變化的「著作權」，是模糊不清的。他們常常在沒有明確意識到這一點時，語言就產生了發展、變化。

以藝術和神話——還有民間文學以及各國普遍存在的大眾文化——說，它們的生產者——無論是集體還是個人——和消費者，都是公眾。摩爾根在《古代社會》第四章寫「易洛魁人的部落」的生活：「舞蹈是美洲土著的一種敬神的儀式，也是各種宗教的慶典中的一項節目。世界上任何地方的野蠻人也沒有像美洲土著這樣專心致志地發展舞蹈。他們的每一個部落都有十至三十套舞蹈；每一套舞蹈都有其專門的名稱、歌曲、樂器、步法、造型和服裝。某些舞蹈是所有的部落共有的，如戰爭舞即是。……」（上冊，第113頁）參加人數的眾多使它具有極大的廣泛性。大眾文化是近年來人們談得很多的，其實它相當古老。趙勇在《透視大眾文化》中寫道：「柏克認為，在近代歐洲（1500—1800），通俗文化最初被叫做『非官方文化』或『非精英文化』，它與手藝人和農夫所構成的社會群體關係密切。因此，談論通俗文化不可能不涉及『普通民眾』。作為一個與『習得文化』相對應的專門概念，通俗文化出現於十八世紀晚期，是由德國作家赫爾德明確表達出來的。而實際上，通俗文化是被知識分子『發現』的產物。出於對古典

主義的厭惡（美學原因），也為了配合民族解放運動的進程（政治原因），知識分子發現了民眾和他們的文化。」（第 2 頁）

　　說藝術具有公眾性，還包含一個意思，即藝術品的價值只有在消費之中才能夠實現。藝術家創作出無論何種形式的作品，在交給消費者之前，都只有潛在價值，只有在消費之中，它的價值才能夠體現出來。早在二十世紀三、四十年代，有人提出了藝術品的「空白」說和「不定點」說，認為藝術品中充滿了空白和不確定性，需要讀者去填充。那種學說認為，閱讀不是被動的接受，而是創造性的闡釋，他的闡釋可能跟作者所要表達的意思很不相同。中國古人說的「詩無達詁」，西方諺語「有一千個讀者，就有一千個哈姆雷特」，意思相同。五十年代，歐美國家的藝術批評家們，開始從作者、文本和讀者三位一體的結構中去考察藝術品，於是誕生了接受美學這一新的學科。馬克思在〈《政治經濟學批判》導言〉中說：「在生產中，人客體化，在人中，物主體化；在分配中，社會以一般的、居於支配地位的規定的形式，擔任生產和消費之間的媒介；在交換中，生產和消費由偶然的個人的規定性來媒介。」（《馬克思恩格斯選集》第二卷第 92 頁）這生產、交換、消費三個過程，藝術品同樣不可缺少。耀斯、哈貝馬斯等人受到馬克思上述論述的影響，創造了接受美學。劉小楓在《接受美學譯文集》的〈編者前言〉中說：「哈貝馬斯從認識論的意義上提出交往理論，以語言的交互作用的關係概念來更新生產關係概念，意在以歷史意識的交往關係來說明人的經驗。這就是他的歷史的批判解釋學。耀斯正是以此為根據，力圖在一個文學的交往系統的環境中，去把握歷史上的某種生活世界中的藝術經驗。這是一種作者、作品、讀者的動態過程的歷史學，所謂效果史和接受史都具有社會歷史意義上的規定性。」（《接受美學譯文集》第 5 頁）

　　科學跟藝術品一樣，它的公眾性在於，它是給所有人使用的，從小學生到專門家，無不是它的受惠者。使用的人越多，它的社會意義

越大，它所發揮的傳播知識的工具的效果也越顯著。而且這不是一個共時性問題，而是歷時性的，這一點，下邊還會說到。

宗教同樣是向公眾開放的，只是「公眾」有一個是否加入的問題。

這裡說的公眾性，是就這幾種工具文化本身說的，跟其表現的內容有階級性並不矛盾。特別是文學作品，作者生活在階級社會，反映的又是階級社會裡的生活，在對生活的評價上，在對人物身份的描寫上，在愛憎態度的抒發上，體現出一定的階級傾向，是必然的，無可回避的。但這不影響文學這種工具為任何人所使用。作為一種工具，它本身沒有階級性，沒有傾向性，它是向所有公眾開放的。

二是民族性。

工具文化是各民族高揚的旗幟。其所以如此，就在於它跟各個民族緊密地聯繫在一起，分解不開。它既表現了各民族的文化成就，也表現了那個民族的民族心理、民族性格、民族精神。

且以過去人們常說的「東西文化」為例。

在差不多同時出現的古希臘和中國戰國時代諸子百家兩個文化集團，構成人類文化的兩大發源地，以後採取了不同的路徑和方向。古希臘在文化上的成就是全面的，無論藝術生產還是科學研究（包括社會科學和自然科學），都達到高峰，後人難以企及。我以為最值得注意的，是蘇格拉底、柏拉圖、亞里士多德三位偉大哲人，他們當然是站在色諾芬等前人的肩膀上取得成就的。蘇格拉底（約公元前 470－399 年）是三位哲人的第一位，他沒有著作傳世，其主要思想見於柏拉圖的《對話錄》和色諾芬尼的《回憶錄》。他和另二位哲人奠定了歐洲文化的哲學基礎，有人稱他把哲學從天上帶到人間。他最早勸導人們「認識自己」，並力求探索道德和人道問題，以支撐當時人們生活中的倫理局面。他年輕的時候對自然科學十分關注，他認為世界是一個合理的有目的的系統。他在邏輯上有兩大貢獻，一是注重概念的定義，一是

注重歸納的論證。他的政治思想跟其倫理思想相一致，即關心每一個「靈魂」。他後來以「不敬神」的罪名被判處死刑，只活了三十多歲。柏拉圖（約公元前 428－348 年）是蘇格拉底的學生，他著作很多，有《辯解篇》、《法律篇》、《智者篇》、《政治家篇》、《國家篇》、《泰阿泰德篇》、《菲利布斯篇》等。他是歐洲第一個建立起唯心主義體系的哲學家。他認為理念是萬物本原，理念世界為真，物質世界為虛。他的學說中有強烈的倫理性質，有時陷入神秘，但根本上是理性主義的。他在邏輯學和認識論上有很深的造詣。亞里士多德（公元前 384—前 322）作為柏拉圖的學生，是哲學家、邏輯學家，也是科學家。他在歐洲思想史上最主要的貢獻，在於奠定了邏輯思維的基礎，使推理徹底、一貫，達到最大效果。他的著作一部分留了下來，一部分由後人整理而成。哲學有《形而上學》，邏輯學有《工具》，包括《範疇篇》、《論辯篇》、《詭異的駁難》、《解釋篇》、《前分析篇》、《後分析篇》等，自然哲學有《物理學》、《論天》、《氣象學》、《動物志》等，心理學有《論靈魂》，倫理和政治學有《政治學》、《尼可馬亥倫理學》、《雅典憲法》，藝術有《詩學》。亞氏被稱為百科全書式的思想家。他的思想對歐洲文化的根本傾向以至內容有重大影響，他的體系是中世紀基督教和伊斯蘭教經院哲學的支柱和媒介。

　　縱觀這三位哲人的成就，有如下幾個特點：一是從哲學入手，而哲學是一切學問的根本，這就有了走進學問大殿堂的鑰匙；二，他們都很重視邏輯，這是一門思維科學，可以使人們頭腦清楚，思維明晰，並可用推論形式，極大地擴充知識領域，使論述不斷深入；三，他們很注意使學問系統化、條理化，他們的學問從一開始就是完整的系統的，不是片言隻語；四，從思維方式說，他們不是停留在事物的表面，而是追根究底，努力尋求更本質的東西。如倫理學，他們能提煉出「人道主義」，這就比僅僅說「善良」、「愛人」等高了一個層次。五，雖有師承，卻個性獨立，能充分發揮獨立思考、自由判斷的能力，具有「吾愛吾師，吾更愛真理」的精神，敢於超越老師，糾正老師之謬。如亞

里士多德就對柏拉圖的唯心主義做了嚴厲的批判，承認物質世界的真實性，承認概念來自對具體事物的認識，靈魂與肉體共存亡；「吾愛吾師，吾更愛真理」這句名言即出自亞里士多德之口。這幾個特點，可稱為歐洲文化的基本精神。也曾有過「學者視希臘先賢言論如金科玉律，莫敢出其範圍」的現象，但自「笛卡兒起，謂凡學當以懷疑為首，以一掃前者之舊論，然後別出其所見，謂於疑中求信，其信乃真。此實為數千年學界當頭棒喝，而放一大光明以待來哲者也。」（梁啟超語，見〈近世文明初祖二大家之學說〉，《梁啟超哲學思想論文選》第 88頁）這才是一種真正科學研究精神。在這種精神指導下，歐洲以哲學研究為核心、以理性思維為特點的科學研究，在希臘、意大利、法國、德國等幾個國家流轉，取得巨大成就。歐洲的學術一直以邏輯思維為基本思維模式。他們的思維呈開放型，好思索，不滿於前人的成就，「打破砂鍋紋（問）到底」，不斷把科學道理向前推進。一顆蘋果從樹上落下來，這麼一件再平常不過的小事，能引發牛頓思考大問題，創造出「萬有引力」的宇宙大定律。這個小故事的意義，不在於牛頓如何發明了萬有引力的定律，而在於其方法論上給予人們的啟示。

歐洲藝術乃是歐洲精神的形象化表現。古希臘的雕塑具有極大的美感且不說，它那造型是完全符合人體解剖的，具有科學的準確性。此後的繪畫、雕刻和文學創作，不斷創新，時起高潮，則是尊重個人、能充分發揮獨立思考精神的結果。建築上，從堅固的城堡到高高的尖塔，無不表現出一種對個人、對創造精神的高揚。

對法制、法律的重視，是歐洲古文化的另一個根荄。古希臘的城邦民主，一直被當作古代政治文明的典範，為人稱道。那個民主，是靠許多成文法保證的。當時已有了成熟的刑事法庭和陪審法庭，凡審理重大案件，都有規定人數的陪審員參加。公元前五九四年，雅典的梭倫被選為行政長官（執行官），他制訂的法律有利於雅典更民主地發展。其他城邦，受梭倫影響，把已有的法律編成法典。公元前五六○到公元前五二七年，庇西特拉圖擔任雅典僭主，他繼續推行梭倫的立

法改革，制定了許多新的法律。憲法作為國家根本大法，在古希臘已經誕生。「憲法」一詞和立憲的一般觀念，最早見於亞里士多德的著作。亞里士多德認為，憲法的主要含義，是「一國之內各機關的安排」。他在《雅典憲法》中寫到，在貴族和平民之間存在著內部衝突，因為窮苦人和他們的一家實際上處於奴隸狀況，毫無政治權利，法律應為這些人著想。希臘法律從一開始就貫徹著「法律面前人人平等」的現代法律精神。古羅馬的法制建設，前已提及。對法律的重視和法制的健全，是歐洲文化的一個不可忽視的傳統。從科學研究角度說，這又使他們的思維趨向嚴密、精確，善於分析而排斥「籠統」。

中國文化源遠流長，博大精深。以語言說，中國各民族都有自己的語言和其書面形式——文字，但是漢語和漢字卻是最主要的。漢語是中華民族自古以來所使用的語言，也是世界各民族語言中穩定性和表達力最強的語言。世界上許多種語言消失了，還有許多種語言經過多年的變遷，已經「面目全非」，以致三五百年前的讀物也只有少數專家才可以解讀。隨著時代的前進，漢語的詞匯豐富了，語法構造更趨嚴密了，它的發音和聲調也在變化。但不可否認的是，歷經四五千年，今天人們所說的漢語跟三皇五帝時代的語言並無太大的差別。作為語言的書面形式，漢字更是中國人偉大的創造。世界上的幾千種文字，從其產生以來唯一基本保持原來面貌的，是漢字。漢字在其發展過程中，出現了多種形體，多種寫法，但它的基本面貌是一致的。科學技術的最新發展，特別是電腦的普及，並未使漢字顯得落後，反而具有了一種新的生命力，漢字輸入系統正被使用各種不同語言的人所青睞，今後很可能會成為一種全世界通用的「計算機語言」。漢語和漢字不僅僅是中國傳統文化的載體，而且也是傳統文化的精華，是它的象徵，是它的集中表現。漢字已成為中華兒女的符號，無論你走到哪裡，只要你會寫漢字，會說漢語，你就會被當作中華兒女，或被當作中國文化的化身。

　　中國的神話，中國的藝術，同樣具有鮮明的民族特色。中國藝術追求神似，具有象徵性，跟歐洲藝術講究投影和黃金分割律等，大異其趣。在建築上，中國人講究對稱，講究天圓地方，這是自遠古以來就堅持的。古代帝王的墓葬，可予以生動說明。北京故宮的建築和佈局，更是這一特點的絕好例證。對稱，來自對人體的模仿。試把北京的故宮和倫敦、巴黎等地的宮殿建築做一比較，就可知道。從十九世紀後期起，中國境內偶爾可見帶有尖塔的建築物，不用說，那是教堂，是傳教士的傑作。它的風格，跟中國本土建築物的風格，是那樣不同！

　　中國的學術文化，始終紮根在中國大地上，中心沒有變動，後來陸續傳播到日本、朝鮮半島和越南等地，疆域擴大，成為東方文化，東方文化是擴大了的中國文化。一些人說的東方文化，或中國文化，主要指這些學術文化。中國文化是由先秦諸子百家創立的，到漢武帝罷黜百家、獨尊儒術以後，孔儒的學說成了官家的學說，有人把它稱為「國教」，佔據壓倒一切的地位，其他學派受到壓制，作用不彰，因此說到中國文化時，又以孔儒學說為核心。

　　孔儒做學問，向兩個方向發展。一是指向人的內心，思索人如何求幸福於內心修煉，而不是如何向外界、向客觀世界索取。一是指向浩渺無垠的天，探索天的本性，天跟人生、跟社會有什麼關係，天人如何感應，等等。本來，殷代人敬奉的是「帝」──上帝。甲骨文中不乏「帝」字，大多作「上帝」解。如：「甲辰蔔，爭，貞：我伐馬方，帝受我佑。」「□貞：今三月，帝命多雨。」到周代，人們一反這個傳統，改而以「天」為最高理念。周和商來自不同種族。周公（姬旦）是周王朝開國時期的一位傑出的思想家和政治家，他平定管蔡之亂，制禮作樂，奠定了周代八百年發展的基礎。他提出「敬天」、「明德」、「慎罰」、「保民」四大價值觀念，集中體現了上述兩個方向。孔子是一位大教育家、大思想家。面對「禮崩樂壞」、天下無道的局面，孔子欽佩周公制定的禮文化，他「夢見周公」。他用「周監於二代，鬱鬱乎文哉！」這樣的話讚美周初，他要「克己復禮」，就是恢復周公的那一

套禮儀。他以「仁」釋「禮」，「仁」是孔子學說的核心，是他一切思想的出發點。他把商代世俗化的祭祖儀典昇華到人的精神層次。《大戴禮記》第四十二篇〈禮三本〉曰：「禮有三本：天地者，性之本也；先祖者，類之本也；君師者，治之本也。無天地焉生，無先祖焉出，無君師焉治，三者偏亡，無安之人。故禮，上事天，下事地，宗（中）事先祖而寵君師，是禮之三本也。」孔子認為，社會要有良好秩序最重要的是「正名」，就是各個人按照自己的身份拿出應有的行動，他所說「君君，臣臣，父父，子子」，即當君的要像個君，當臣的要像個臣，當父的要像個父，當子的要像個子，都不可逾越界線。中國是個宗法社會，有森嚴的等級制，把「各守本份」當作各個人修身之本。孔子的「仁」，對後世影響很大，成為跟「霸道」相對的「王道」之學。向內心求幸福，主要體現在「修身養性」上。被稱為「四書」之一的《大學》裡說：「物格而後知至，知至而後意誠，意誠而後心正，心正而後身修，身修而後國治，國治而後天下平。」（《四書章句集注》第4頁）這幾句話成了中國知識分子的最高理想境界和一生的追求。

以主張「兼愛」和「非攻」而馳名中外的墨子，在先秦學術文化上有重大成就。有人把墨子比作中國的亞里士多德，不無道理。墨子的價值觀是實用主義和功利主義的，他教導人們向外求幸福。墨子是科學思想的最早發揚者，他的科學思想集中體現在《墨經》的〈大取〉、〈小取〉等篇之中。其中既有科學概念的論述，也有方法論的探討。有些論述涉及幾何、物理等自然科學知識，實為這些自然科學知識奠定了基礎。他用「平，同高也；中，同長也」等，表述了幾何學的基本定理。他自己還有科學技術的發明，他製造的「木鳶」據說可以在天空飛三天三夜。墨子在哲學和邏輯學上有重大建樹，有人把墨子和亞里士多德等人的邏輯體系稱為世界三大邏輯體系，胡適說：「別墨作為科學研究和邏輯探討的學派，大約活躍於公元前三二五－前二五〇年期間。這是發展歸納和演繹方法的科學邏輯的唯一的中國思想學派。」（〈先秦名學史〉，《胡適文集》第六卷第58頁）公孫龍子的「白

馬非馬」論，跟「別墨」的「堅白論」是一致的。墨子提出「兼愛」，係出於人性平等的原則。在墨子看來，人性無差別，「染於蒼則蒼，染於黃則黃」。墨子最早提出「法治」的主張。墨子反對儒家的宿命論，說「執有命者，此天下之厚害也」。墨子主張節用、節葬，反對繁文縟節。墨子的「非攻」並非反對一切戰爭，而是反對不義的戰爭，反對大國欺負小國。（墨子引語，皆出《墨辯發微》）墨家在當時有巨大影響，孟子說：「天下之言，不歸楊，即歸墨。」韓非子說：「世之顯學，儒、墨也。」胡適稱「墨翟也許是在中國出現過的最偉大人物」（同上，第53頁）

在儒、墨兩家以外，其他諸子對中國學術文化的創立和發展都起了重大作用，老莊的道家思想對中國人民的生活方式更具有長遠的影響。漢代以後，印度佛教傳入中國，逐漸形成了以孔儒學說為核心的儒、佛、道相結合的中國傳統文化。

孔子、老子等人做學問，重實證輕分析，重現象輕本質，重靈感輕理性；其出發點是如何治國，如何做人，所謂「半部《論語》治天下」，正是其實踐性和把學問服從於政治的最好說明。他們有許多有關人生的哲理性語錄，但沒有系統的哲學。公孫龍子提出了「白馬非馬」的著名論斷，他只是從「形」和「色」兩個方面去區別，並沒有當作是種概念和屬概念的不同。而且應和者少，相反，許多人把公孫龍子的話視作「奇談怪論」，說起來常露出一股嘲諷之意。以致「『形名學』這個學術名詞，在我們的學者們中間好像還是有些陌生的。」（譚戒甫〈《公孫龍子形名發微》前言〉）連「學者們」都很「陌生」，何論一般人？

中國人對「文」十分重視。「文」，歷來當彩色交錯講。《易·繫辭下》：「物相雜，故曰文。」《禮·樂記》：「五色成文而不亂。」引申為文雅，常和「質」或「野」對稱。《論語·雍也》篇：「質勝文則野，文勝質則史。」中國人在文學創作上富有天才，寫出了許多傑出作品，成果豐富可觀。工藝、造型藝術、書法和大眾文化等也有輝煌的發展。

即使研究學問的，同樣重在以事說理，很少邏輯推論，卻很講究文采，即是說以感性思維為主要特點，因此寫出無數美妙而琅琅上口的文學作品，連歷史、地理等著作也可以當文學作品閱讀。東、西方文化，源頭不同，路徑有異。可以說，歐洲重「理」，東方重「文」，是「文」、「理」分途。有人以「西方重個人、東方重家庭」概括東、西兩種文化的區別，我以為用「文」「理」二字更為妥當。重文輕理，是中國文化的特點所在，它的成就來自這裡，局限也由此帶來。

　　梁漱溟在其所著《東西文化及其哲學》裡，是把三種文化並舉的，東、西方文化之外，還有印度文化。這裡也便說印度文化的特點。

　　印度的原始居民，是達羅毗荼人。自公元前二千年後，雅利安人、伊朗人、希臘人、月氏人、突厥人相繼入侵，使印度古代的歷史和原初的居民受到強烈的影響，也使其文化來源呈多元化，不過其特色還是顯著的。印度文化中有一個突出特點，是有種姓制度。當雅利安人入侵後，原始居民被迫南遷，留在原地者淪為奴隸。原有的氏族機構，雅利安人用來鎮壓人民，因而產生了種姓制度。按照《摩奴法典》，種姓制度共有四種，即：婆羅門，是僧侶和有知識者；剎帝利，指武士；吠舍，包括農民、牧民工匠及商人；首陀羅，指窮人與外來者。前二者為奴隸主，第四種為奴隸，永遠為統治者服務，第三種不斷分化。

　　說到印度文化，有兩個因素不能忽略，一是印度河，一是佛教。前者屬自然環境，是印度文化產生的土壤，正是印度河流域，孕育了印度早期的城市文明，誕生了人類最早的灌溉系統。後者既是工具文化的一大項，也構成一個人文環境，對其他工具文化的產生具有重大作用。佛教創始人為喬答摩・悉達多，他出生於今尼泊爾南部邊境武士氏族釋迦族，故稱釋迦牟尼。約生於公元前五六三年前後。他棄家離舍，向當時最有名望的精神導師學習瑜伽，刻苦修煉，後在一棵菩提樹下徹悟成佛，是為佛教。佛陀認為一切無常，無論外在事物還是個人的身心，都不斷變化。人為了擺脫生死輪迴之苦，通過八正道，即可證得涅槃，即達到無業力、無生死輪迴的境界，也就是「入靜」

的境界。這就解脫了欲望的執，排除了無常的幻。「他關注的不是如何改造社會，而是如何使個人獲得救贖。因而佛教是一種個人的宗教，是『脫離社會』之人的宗教。」（布羅代爾《文明史綱》第221頁）佛陀認為，只要禁欲，不論是哪種種姓，都可為僧，婦女亦可為尼，佛法是平等的。印度的哲學、神話、藝術、陶瓷工藝、建築、文學等，即是在以上兩個因素的互相影響下產生的。印度神話，大都跟佛教有關，如關於釋伽牟尼「本生故事」的《大事》、《普曜經》、《佛本行集經》等。印度哲學實際就是佛教哲學。他們不大講跟人的活動和求證覺悟無關的問題，如世界是有限還是無限、靈與肉是一體還是異體等一類形而上學問題，他們認為，只有佛陀才能認識這些問題，一般人不必管它。他們的經典也都是佛教經典。

印度除佛教外，還有婆羅門教、印度教等多種宗教。雅利安人入侵後，創立婆羅門教，是古老的宗教。該教宣傳苦難和窮困是不存在的，真實存在於梵天，梵天是極樂世界，人在肉體毀滅後，靈魂得到解放，跟梵天結合。與佛教產生的同時，有耆那教，是反對婆羅門教的，維護奴隸主階級利益，主張逆來順受。印度教跟婆羅門教有聯繫也有區別，印度教更重視濕婆、毗濕奴等神，更重視虔誠禮拜。它要求教徒必須素食，不得殺生。印度教現在分布在南亞好幾個國家。宗教信仰主導著、形塑著人們的精神世界。逆來順受，與世無爭，成了印度人性格的主要特徵；印度人的生存哲學，跟中國道家有相似之處。印度最古老的聖書《梨俱吠陀》和《智慧之詩》，表現了最早的吠陀宗教的信仰和神話。《吠陀經》和《摩訶婆羅多》、《羅摩衍那》等英雄史詩，表現的是涉及神祇和魔鬼的虛構冒險或哲學及宗教事務，而不關心人們的世俗事件或日常生活。印度的古典語言是梵語。前述幾部著作就是在很多世紀以後用梵語形諸文字的。公元前三千年前後，印度已有了圖畫形的文字，也有跟宗教無關的神話和藝術品。迦梨陀娑的劇本《沙恭達羅》，被譯介到歐洲以後，歌德等人非常讚賞。印度人跟中國人的一個很大區別，是對權位的冷淡。孔雀王朝最偉大的統治者

是旃陀羅笈多的孫子、世界歷史上有名的君主之一的阿育王。可是這樣一個人，在印度歷史上幾乎被遺忘，直到十九世紀英國文物學者和考古學家才從文獻中發現了他。他的祖父，即旃陀羅笈多，約於公元前二九七年逝世，傳說記述，他厭倦了國務活動，後來依照傳統，做了雲遊苦修者，度過餘生。印度屢被外族入侵，直到十八世紀之前，還從來沒有建立起像中國那樣單一的統治，到後來又被英國佔領，這跟它沒有一個強大的統治者有關。

梁漱溟在《東西文化及其哲學》中，把三種文化做了比較。他說：「西洋生活是直覺運用理智的；中國生活是理智運用直覺的；印度生活是理智運用現量的。」（第162頁）他分別做了解釋。有關印度的部分，因為用了佛教的話語，比如「現量」就是，它跟「比量」、「非量」相對，過於專門，不再引用。梁先生還提出「我們現在應持的態度」，是：「第一，要排斥印度的態度，絲毫不能容留；第二，對於西方文化是全盤承受，而根本改過，就是對其態度要改一改；第三，批評的把中國原來態度重新拿出來。」（第204頁）這裡對梁先生的意見不做評述，只想說明，無論東西方文化，還是印度文化，民族性都是很強烈的。

工具文化具有民族性，最根本的原因，就在於它是由各個民族所創造的，人們在創造它時，必然把本民族的特點熔鑄在裡邊。工具文化的普遍性不在其具體內容，而在其大的方面。

工具文化是各個民族對全人類文化寶庫的重大貢獻。

三是長效性（非時代的）。

工具文化的效用是長期的，甚至永遠的。

這是工具文化跟制度文化的一個根本性的區別。制度文化的效用只產生在它「當值」的時段裡，過了那個時段，它就失去了效用。在人類社會的歷史發展中，所有的制度文化都是特定時段的產物，是研

究那特定時段的重要文獻，它的價值也就在說明那個時段它所擔負的
角色和意義。作用的有限性決定了，它只存在於歷史中。工具文化是
人類智慧的產物，它一產生，就有效用，而且不受時間和社會制度變
遷的限制，什麼時候想用它，可以隨時拿出來。它的效用是長期的，
現實的。當然各種不同的工具文化，對人類的價值不同，但其效用的
長期性，甚至永恆性，是相同的。神話是人類童年時代的產物，但它
在科學高度發展的今天，依然是人們喜愛的讀物。有些造型藝術品埋
藏在地下許多年，人們難以看到，一旦發掘出來，它就會發出燦爛的
光芒。它一度在人們眼前消失，屬於特殊情況，反而更有力地說明著
它的價值。梁啟超在〈論學術之勢力左右世界〉開頭說：「……於其中
而求一勢力之最廣被，而最經久者何物乎？將以威力乎？亞歷山大之
獅吼於西方，成吉思汗之龍騰於東土，吾未見其流風餘烈，至今有存
焉者也。將以權術乎？梅特涅執牛耳於奧大利，拿破崙第三弄政柄於
法蘭西，當其盛也，炙手可熱，威震寰瀛，一敗之後，其政策亦隨身
名而滅矣。然則天地間獨一無二之大勢力何在乎，曰智慧而已矣，學
術而已矣。」（《分類飲冰室文集》，第一冊第 227 頁。已改為新式標點
符號）

這些工具文化是人創造的，它的價值和意義是人賦予的，但是當
它們被創造出來以後，它們就成了自足的存在，跟其創造者脫離了關
係。它們自身的價值和意義不限於最初創造者所賦予的那些，它可以
隨著時代的變遷，隨著使用者、欣賞者的主動解讀，而使原有的價值
和意義擴大、縮小或變形。古代馬耳他人建造那些巨石神廟，僅僅是
為了寄託他們對神靈的崇拜，並沒有想到會永遠傳留下去；埃及的法
老們用眾多的苦力，從遙遠的地方運來石頭，建造出宏偉的金字塔，
僅僅是為了使自己不朽，並沒有想到會成為幾千年後人們的旅遊勝
地；同樣，中國古代的帝王們，把他們生前使用的各種珍貴的禮器、
酒器和其他用品帶到墳墓，是為了供他們在另一個世界繼續享樂，並

沒有想到會成為他們那個時代生產發展、人民生活情景的物證而讓後人驚喜不已。

　　一般說，工具文化的價值和意義，處在不斷的「增量」之中。首先，時間本身就是一種價值。筆者以前在有關藝術品價值的文章中，把藝術品價值概括為本體價值和附加價值二種，又各有二種：本體價值包括審美價值和獨創價值，附加價值包括經驗價值和時間價值。經驗價值也可以說是知名度，一個人的知名度可使其作品的總價值增加，一個有名的作者和一個無名的作者，寫出同樣性質的作品，一個受歡迎一個受冷遇，主要是由經驗價值決定的。時間價值指作品產生以後在流傳過程中價值的積累量，時間越長久的作品，其價值也就顯得越大。這是因為在後人的印象中，既然以前有那麼多人喜歡，它必然是好作品；也就是說，他們在接受時已當作好的作品，不是尚待檢驗的作品，可見時間是一種評價，是一種價值。當然這是以作品經過初始階段的檢驗被公認為優秀作品而說的，有的作品在問世不久即被淘汰，不在其中。把這個道理推廣開來，所有工具文化都是這樣，人們總會從自己的時代，通過自己的解讀，把一些價值賦予它。其次，在這類文化的流傳過程中，它的意義項會越來越多，原來是一項的，可能會成為兩項、三項、四項，甚至更多。前邊說到的把一些物質文化遺產開發為旅遊景點，就是過去的人們所不可能想到的。再如中國古代公孫龍子的「白馬非馬」論，他原來是從「形」和「色」兩個方面去立論，我們現在把它拿到邏輯學上的概念論和辯證法上的普遍性與特殊性的關係去闡釋，同樣使它的意義項增加了。

　　也有一些在初始時間經受了檢驗的文化成果，後來因為某種原因受到貶抑，一度失去光輝。中國先秦諸子百家，各有所長，互相間爭奇鬥豔，但在漢武帝「獨尊儒術」之後，其他學問一時受到壓抑，被拋在「官學」之外。這是科學被高度政治化的結果。如果從純學術的角度去看，儒家和其他各家各有其成就，要論述中國戰國時代學術文化之興盛，離開了哪一家也是不行的，它們共同促成了那個繁榮景象。

四是穩定性，或說穩固性。

　　這個特性就是長期保持其基本面貌不變。這是它跟制度文化另一個最大的不同。制度，特別是國家的政治體制、權力機構、權力運作方式，世界上絕大多數國家，無不處在經常的變動之中，有時瞬息萬變，常常是人們意料不及的。政權變了，其他制度必然會跟著改變。工具文化卻不是這樣。工具文化有兩種情況，一種是在行進中的，一種是完成式。神話產生於人類童年，自是完成式。古代工藝品、藝術品，或埋於地下，或被人們收藏，亦屬完成式，還有宮殿、廟宇等地面建築物，也是完成式。這些文化已經成了「死」的，可稱作「固定資產」，當然是很穩定的。正在行進中的，如學術研究、藝術生產等是，其穩固性、穩定性亦明明白白。無論哪一種，它們不會因政權（即制度文化）的更迭而變動。它們在創造出來之後，基本上不變，有變化，也是極其緩慢的。有改革，甚至有「革命」，乃是自身對它所服務的社會的調適。

　　埃及是四大文明古國之一，埃及的建築和造型藝術是世界有名的。現在所知埃及建國，是在公元前三千二百年時候，距今有五千多年了。從美尼斯統一埃及起到公元前五二五年波斯人入侵埃及止，總計有兩千七百多年時間，經歷了二十六個王朝。其間有許多對外征戰，有統治者由這個家族到那個家族的轉移，有中央和地方執政者的矛盾，有奴隸階級和奴隸主階級的激烈鬥爭，這只要想一想中國夏、商、周三代是怎樣興廢嬗替的，就可以明白。這屬於政治制度的變遷。現在所見人類最早的建築和造型藝術，是埃及第四王朝時的金字塔。前已說過，金字塔是為國王修建的墳墓，這跟當時人們的信仰有關。金字塔高聳入雲，是要送國王的靈魂飛升；把國王的遺體做成木乃伊，是要他的靈魂在冥界繼續生存；為國王寫真，把他的形象做成浮雕畫留下來，可以使他永垂不朽。埃及語中「雕刻家」一詞，本義就是「使人

生存的人」。據英國美術史家貢布利希在《藝術發展史》一書中所說，埃及最早的雕刻和繪畫所遵循的原則，不是好看不好看，而是完整不完整。他以公元前一千四百年前出自底比斯一個墓室的一幅畫為例，那幅畫裡的樹木是從側面看的，池塘是從上面看的，而池塘裡的禽魚又是從側面去看。在公元前兩千七百年前的一幅浮雕畫上，人的上半身是正面形象，面部是側面形象，「兩隻腳都從內踝那一面看，浮雕上的人像看起來就彷彿有兩隻左腳」（第31頁）。作者總結說：「埃及風格是由一套很嚴格的法則構成的，每個藝術家都必須從很小的時候就開始學習。……他一旦掌握了全部規則，也就結束了學徒生涯。誰也不要求什麼與眾不同的東西，誰也不要他『創新』。相反，要是他製作的雕像最接近人們所備加讚賞的往日名作，他大概就被看作至高無上的藝術家了。於是，在三千多年裡，埃及藝術幾乎沒有什麼變化。金字塔時代認為美好的東西，千年之後，照樣認為超群出眾。」（第34頁）馬耳他島上的巨石神廟，大都建造於四千多年以前，有的建造於埃及金字塔之前，現在依然保持其基本面貌，歷史的悠久是其穩定性的最好說明。

　　但不是所有的藝術，都像埃及「金字塔時代認為美好的東西，千年之後，照樣認為超群出眾」。前邊說，歐洲的學術是鼓勵人們創新的，在藝術生產上，這一特點同樣表現了出來。筆者把獨創價值跟審美價值同樣當作藝術品的本體價值，就是為了強調獨創的重要。讀者也已知道，古希臘的雕塑和建築具有極高的藝術價值，貢布利希說到希臘藝術時，稱那是一個「美的王國」。他說：「藝術走向自由的偉大覺醒大約發生在公元前五二〇到公元前四二〇年這百年之間。到公元前五世紀臨近結束時，藝術家已經充分意識到自己具備的力量和技巧了。」（同上，第53頁）緊接著希臘文明的是羅馬文明。從傳說的羅馬建城（公元前七五三年）到西羅馬帝國滅亡，中間相隔一千多年。這一千多年以羅馬城為中心的西歐所經過的戰亂、紛爭、朝代更替，比起埃及來，要複雜、激烈得多。但就藝術生產而言，正如貢布利希所說，「當

155

羅馬人征服了天下，在那些希臘化王國的廢墟上建立起自己的帝國時，藝術多少還是保持原狀的。」作者又說：「在羅馬成為世界霸主時，藝術還是有一定的變化。藝術家已經接受了新的任務，必須根據實際情況修改他們（的）創作方法。」（第63頁）這「變化」是建築物顯得「宏偉」了，所以流行一句話，叫「宏偉即羅馬」，現存羅馬圓形大劇場即其一例。到公元二至三世紀，基督教勢力極度擴張，促使藝術——主要是建築和造型藝術——發生了明顯的變化，如禮拜場所不能建成古代神廟的型式，禮拜場所的裝置更有重大改進——「早期基督教徒幾乎一致同意下述觀點：上帝的所在，絕對不可擺上雕像。雕像跟《聖經》裡譴責過的那些木石偶像和異教偶像太相像了。在祭壇置一上帝或使徒雕像簡直是匪夷所思。」（第73頁）其實，這些變化，跟政治形勢和各種制度比起來，實在是微不足道的。更重要的是，它的具體形式變了，其精神實質、民族特色並沒有變化，歐洲藝術仍然是歐洲藝術，中國藝術仍然是中國藝術，印度藝術仍然是印度藝術。

自然科學的發展，不能用民族特色來概括。自然科學是獨立於人類之外的，人類只能認識它，利用它，不能改變它。許多社會科學，也是這樣。社會科學的製造主體是社會的人，但它並不完全以人的意志為轉移，它有自己的發展規律。認識這些規律，掌握這些規律，是人類的職責。對客觀世界，人的認識一直處在「增量」之中，這使自然科學和社會科學始終呈現發展的態勢。人類的科學知識越來越豐富、深入。以對宇宙的探索而言，由於科學技術的發展，幾乎每天都會有驚人的發現。在微觀科學方面，同樣也在大力推進。人造生物，已經實現。有人把近年來科學的發展、人類知識的增加，稱為「知識爆炸」。科學，現在已經成為推動生產和人類進步的巨大力量。

藝術生產也處在「增量」之中。中外歷史上，曾有過大的變革運動，那是它為著適應人們的需要而不得不做的自我更新。藝術具有很大的依附性，它始終要滿足人們的欣賞需要。人們的欣賞興趣變了，它就得跟著改變。中國文學史上有「古文運動」，五四時期有白話文運

動。白話文運動既牽涉到文學，又牽涉到語言。其實白話不是新產生的，而是早已存在於民間，也早已用在通俗文學和民間講唱文學的寫作上，只是知識分子的書面語仍用文言。五四新文學運動更大的意義不在用什麼語言，而在小說等文體觀念的除舊佈新。中國在過去幾千年裡，詩和散文非常發達，戲劇興盛於元代，小說是近四五百年以內的事，而且用章回體，跟時代潮流不合。詩歌又都是舊體，有嚴謹的格律，呆板的形式無法勝任奔放內容的充分表達。正是針對這種情況，陳獨秀、胡適等人提出了「文學革命」的主張。這在文學本身的發展說，是一個重大轉折，具有里程碑的意義。從跟社會發展的關係上說，應把這場運動當作「辛亥革命」在思想意識上的深入。辛亥革命是政治上的一場大變革，它推翻了延續兩千多年的君主專制統治，建立了民主共和制度。但這次革命來得太突然，人們在思想上的準備太少，必須進行一次有關民主和科學的補課教育。所以五四運動打的旗號就是「科學和民主」。但這只能說明它跟政治變革有關，它自己並不屬於政治變革。唐代的古文運動更只限於文體上的改進，其作用跟詩歌由《楚辭》變為樂府、由樂府變為唐詩、由唐詩變為宋詞相差不多。至於文學跟社會和人生的關係、文學的基本原則、文學的創作方法等一系列理論，即使在五四新文學運動中，也沒有大的改變。

宗教作為工具文化的一種，其穩固性更是不言自明。歐洲曾有過一次大的改革運動，時間在十六世紀初，地點在德國。十五世紀的歐洲，饑饉、戰爭和流行病，奪去了億萬人的生命，人們陷入深深的宗教狂熱，其中夾雜著迷信，人們轉向耶穌基督、聖母瑪麗亞和諸聖徒，崇敬信物，有錢的人求助於「赦罪」。教皇作為西歐最大的封建主和上帝在人間的代理人，雖具有神聖不可侵犯的權威，在災難面前卻無能為力。教職人員又腐化墮落，任人唯親。當時的德國，資本主義有較快的發展，而政治制度又很不適應，社會存在諸多的矛盾。在已很深入的人文主義思潮影響下，出身於德國農民家庭的神學家馬丁·路德，以教廷在德國進行的贖罪券買賣活動為由頭，本其發自心底的宗教信

仰力量，於一五一七年十月三十日，發出《九十五條論綱》，要求在維登堡「召開一個辯論會，就下面所列舉的提綱，展開爭辯。」《論綱》前言說：「這個辯論會將由聖奧古斯丁會僧侶、文學與神學碩士、維登堡大學教授馬丁・路德神父主持。」（據《中世紀晚期的西歐》第 139 頁）這個《論綱》揭露了教皇濫用職權的行為。《論綱》並不否認教皇的權力，只是指出其不當。懷有改革願望的信徒積極支持路德的這一行動，在教廷內部，則把這場學術性討論當作對異教徒的圍剿而大肆討伐。馬丁・路德堅持認為，人順乎自然的生活而不是禁欲主義的種種限制，才是服侍上帝最好的形式。路德先後寫了《致德意志基督徒貴族公開信》、《教會被囚於巴比倫》和《基督徒的自由》三大論著，影響深遠。這以後出現了新形式的宗教生活，人的地位也得到提高。這場改革，實為人文主義思潮的一個組成部分。從天主教本身說，它是一場自我革新運動；從它跟當時社會說，既有一定關係，卻又不是直接的，對各有關國家政治面貌的改變幾乎沒有發生作用。馬丁・路德發動的這場改革，其最大影響，只不過使宗教跟上了時代，也使宗教更像宗教。

　　人類最初的語言是很多的，可能每個部落都有自己的語言。當哥倫布來到美洲時，印第安部落的數目，多得無法數清，各部落和各種族都有自己的語言、方言和膚色，語言和方言多到一千七百種，故有「語言博物館」之稱。隨著部落間的交流、融合，一些語言消失了，一些語言發展了。這種變化一般要經過幾千年、幾萬年。美洲印第安人的語言變化比較快，是因為時代不同了，但也經過了幾百年的時間。在進入現代文明以後，語言的書面形式——文字可以改革，有的國家就搞了文字改革，丟掉了原來的書寫形式，創造了新的書寫形式，但語言不能改革，就因為語言跟使用者的關係太密切了。語言最大的變化，是新詞語的增加。《文化的變異》說：「目前我們能收集到的大部份實例都說明文化對語言的影響主要表現在生活環境中可見事物的名稱上。」（第 135 頁）隨著社會的發展，表示新事物的概念會越來越多；

社會發展快，新詞語的產生也快。新詞語的產生當然不是隨意的，它要遵守已有的規則，但「約定俗成」這一基本原理始終都不可能被推倒。近年在中國新詞語的產生真是層出不窮，讓統計新詞語的語言學家忙得不可開交。人們創造新詞語所遵守的規則，不外乎：第一，在原有意義上引申或發揮；第二，以一個詞為主加上其他詞或前後綴，組成為新詞；第三，必要的排他。這在各種語言大體是相同的。現代中國人跟三四千年以前的祖先說著互相能夠聽得懂的語言，這種現象是少有的，卻並不奇怪，就因為語言具有很大的穩定性。

五是適應性。

以上所說幾個特點，都是就這些工具文化本身說的。工具文化既是供人使用的，就還存在一個重大特點，是這種文化能不能供人使用和它本身鋒利不鋒利的問題。如同農民使用農具，不同的農時使用不同的工具，有的工具此一時期有用而別一時期無用，有的工具大有用有的工具一時不但無用而且顯得累贅或多餘一樣，工具文化的適應性也有種種不同情況，不可一概而論。

一般說，語言的適應性最大。藝術的適應性，因人的審美觀而變化，神話亦然。宗教適應于特定人群。科學技術，特別是現代科學技術，比起語言來，具有更大得多的適應效果。它的產生雖然跟一定的民族聯繫在一起，但產生之後，就不分民族界限和地方色彩了。電腦技術一旦產生出來，誰都可以用，所以科學技術是不存在使用障礙的。除了在其產權保護期內，它沒有任何界限，而且其效果是以幾何級數增加的。在適應性上最值得研究的，是民族特性強烈的各種人文科學知識。像新儒家要把「當下即是」之類「東方智慧」拿去讓西方人運用，就不是一件容易事。老莊的生活哲學，對封建士大夫來說，可能會受到青睞，在當今社會，有幾個人會把它拿來運用呢？過時的技術

也不適用。老牛拉木犁,是農業社會的生產方式,進入工業社會,再用這種方式就很不適應了。

工具文化的適應性,是由以下幾種情況決定的。一是它本身的功能定向,二是應用者的文化心理、審美取向、思維特點和接受能力等等,三是時間、空間環境。

前邊說到「新儒家」牟宗三等人所寫《為中國文化敬告世界人士宣言》所說「中國心性之學的意義」。〈宣言〉中說:「此心性之學,是中國古時所謂義理之學之又一方面,即論人之當然的義理之本原所在者。此心性之學,亦最為世界之研究中國學術文化者,所忽略所誤解的。而實則此心性之學,正為中國學術思想之核心,亦是中國思想中之所以有天人合德之說之真正理由所在。」(《當代新儒家》第17頁)牟宗三等人做此《宣言》本來是要「中國與世界人士」不僅「承認中國文化之活的生命之存在」(第7頁),「勿以中國人只知重視現實的人與人間行為之外表規範」(第17頁),而且「期望西方人應向東方文化學習」(第37頁),革除或糾正「西方人之精神之缺點」(第39頁),同時從中國文化思想中尋找「民主思想之種子」,實行「民主建國」,以適應「政治發展之內在要求」(第28頁)。那麼,中國人的心性之學究竟是什麼呢?在〈中國心性之學的意義〉一章裡,四位作者說了許多話,就是沒有對「心性之學」做一準確的界說,讀後使人仍不能明白心性之學的具體內涵。談「當下即是」是在〈我們對於西方文化之期望及西方所應學習於東方之智慧者〉一章裡,說到「東方之智慧」共五點,一是「『當下即是』之精神,與『一切放下』之襟抱」,二是「一種圓而神的智慧」,三是「一種溫潤而惻怛或悲憫之情」,四是「如何使文化悠久的智慧」,五是「天下一家之情懷」。這裡沒有任何一種智慧是讓人能夠精確把握的,從「『當下即是』之精神」到「天下一家之情懷」,都是空靈的,神秘莫測的。像「圓而神的智慧」更是跟西方人精確思維相對立的,人家怎麼去「學習」呢?同樣道理,季羨林先生要用東方文化去改造世界,不過是新儒家學說的改頭換面,就好像

熬了一副中藥去做闌尾切除手術一樣，毫不對症，這，以後會說到，此處從略。

工具文化與人

　　制度文化的主體是國家，是組織，而工具文化的主體是人。制度文化也是工具，不過它是國家的工具，是組織的工具，不是個人的工具，工具文化是個人的工具。國家用制度約束人，以保證社會的正常運轉。工具文化跟社會的正常運轉關係不大。

　　說工具文化的主體是人，有兩層含義，一是由個人創造的，一是作用於個人——不是個人的行為，而是個人的心靈。前邊說到馬丁・路德的宗教改革，現在讓我引用寫「馬丁・路德與宗教改革」的一本小冊子《人的發現》中的一節：

　　　　中世紀的神學家不僅否認人此生的價值和意義，而且認為現實世界與天國比較也是微不足道的。聖安布羅斯說：「討論地球的性質與位置，並不能幫助我們實現對於來世所懷的希望。」（W・C・丹皮爾：《科學史》，商務印書館 1979 年版，第 115 頁）他們甚至認為，人們對大自然的欣賞和觀察也是一種罪過。一四三三年五月，巴塞爾宗教會議期間，一群主教、博士、修士們在巴塞爾附近樹林散步，一隻夜鶯在盛開的菩提樹上婉轉吟唱。眾人猶如腳下生根，驚愕之後斷定，這只夜鶯是誘惑人心的妖怪。據說這些人當天都病倒，不久便相繼死去。這個傳說，充斥著中世紀陰暗、沉悶的色彩。此外，人所從事的一切改造自然的活動，也被認為是大逆不道的，在他們

看來，乞食、貧窮的人或不勞而獲的寄生蟲，才最符合上帝的聖道，最值得進入天國。

　　馬克思說：「任何一種解放都是把人的世界和人的關係還**給人自己。**」(《馬克思恩格斯全集》第一卷第 443 頁。) 正是在這種意義上，西方史學家把這一時期人文主義運動和宗教改革中所體現的近代精神概括為「世界的發現和人的發現」。人們從地理發現到天文發現的過程中，發現了自己的真正精神。反過來由於個人主義的發展，使得世界的發現和人的發現成為可能。

　　路德的新教在宗教領域中完成了人與上帝的和解……

——第 140-141 頁

　　工具文化的產生，有兩個條件，一是能創造出這樣文化的個人，一是客觀上的需要與可能，兩者缺一不可。

　　從十四世紀中期開始到十六世紀末結束的意大利文藝復興，在歐洲歷史上具有劃時代的意義。這一運動是由一些文化界人士發起和推動的。從前邊的論述已經知道，歐洲中世紀，基督教神學家具有很大勢力。他們標榜自己是人道主義者，關心人，愛護人，並宣傳說基督受難是為了拯救人。他們抬高神性，貶低人性，否認人的獨立價值。佛羅倫薩詩人彼特拉克首先提出「人學」的口號，以跟神學家堅持的「神學」相對立。他攻擊羅馬教廷，說羅馬是「野蠻兇狠的廟堂」，是「黑暗的監獄」，是「充滿欺騙的地方」。他是第一個人文主義者。他跟主張人類平等、反對禁欲主義、提倡個性發展的薄伽丘以及以《神曲》響徹世界文壇的阿里格里·但丁，被稱為「文學三傑」。在歷史學的研究上，人文主義者強調歷史要寫實，要把「人」和「人的活動的歷史」真實地記錄下來，並探求其間的因果關係，寫出了一批新型的歷史著作。在造型藝術上，意大利的人文主義者也不甘落後，到後期文藝復興，湧現出列奧那多·達·芬奇、米開朗琪羅、拉斐爾·撒蒂

三位大師。他們是近代現實主義的先驅，每個人的作品都獨具一格，彪炳古今。前邊提到的《君主論》的作者馬基亞維里，也是意大利文藝復興中的重要人物，他被人們稱為「政治學之父」，他的理論促進了政治現實主義和理想主義的發展，人開始關心自己的處境，開始關心現世生活。意大利文藝復興帶動了整個歐洲文藝復興，同一運動很快在法國、德國、英國、西班牙等地開展起來。文藝復興有關人的本質的新觀念，不僅改變了人的地位，也大大改變了人與人的關係，以及人生世界和未知世界的關係。從此，歐洲進入了一個嶄新的時代。

　　按照馬克思主義，存在決定意識。人的意識的產生，根源於客觀存在的需要與可能。這一點十分重要。人的自我解放，如前所述，共有四個大的階段，各個階段的具體任務不同。你剛剛進入封建社會，資本主義的原始積累還沒有開始，你就不可能提出人性解放這一類人文主義口號。以人性解放、自由、平等等為核心內容的人文主義思潮，能夠在歐洲國家產生，是因為那些國家最早進入資本主義原始積累階段，客觀存在向思想家提出了那樣的要求，而社會發展的現實又提供了可能。如果不是歐洲國家，而是另外一個國家，比如中國，或者印度，或者南美洲的巴西，早於英國、法國等歐洲國家出現了資本主義的萌芽，最早產生了提出人文主義思潮的需要與可能，誰又能說，這一思潮不會在那些國家出現？人文主義思潮在歐洲國家、在「西方」產生，是就事實層面說；按馬克思主義說，應該是哪個國家發展在前，最早具備了產生這種思潮的需要與可能，也就是土壤和陽光、溫度，這種思潮在那裡產生。歐洲國家首先提出這一類人文主義思潮，是因為歐洲國家的社會發展為這一思潮的提出創造了足夠充分的條件。中國在明代，資本主義的萌芽已有很快的發展，這是本書已經說過的；本書前邊沒有說的是，明代初期有位哲學家叫李贄（1527-1602），其思想就跟資本主義萌芽時期所需要的人文主義有頗多相通之處。此人重視生命的意義和個人自由，重物質而輕名利，他還企圖建立新的人生觀。固然，他並沒有完全擺脫儒家的基本信條，但卻有許多言論屬

於「大逆不道」。他反對世人對孔儒學說的迷信，批評漢代以下「咸以孔子之是非為是非，故未嘗有是非耳」。他公然以異端自命。他宣揚「人必有私」，說這是「自然之理，必至之符」。尤其值得我們重視的，不是當時的中國出了這麼一個「怪人」，而在於他的思想受到了廣泛的歡迎。美國華裔學者黃仁宇在《萬曆十五年》中說，李贄的「精神和路德的倔強相似。他認為每個人都可以根據自己的意見解釋經典，這也和宗教革命的宗旨，即凡信徒即為長老的態度相似。」又說李贄的言行「實際上代表了全國文人的良心」，唯其如此，他的「著作不容於當時而屢被官方禁止，但是仰慕他的人則不顧禁令而不斷加以重印」，以至「李氏《藏書》、《焚書》人挾一冊，以為奇貨」。黃仁宇書中還說：「張居正是政治家，李贄是哲學家，他們同樣追求自由，有志於改革和創造，又同樣為時代所扼止。李贄近於馬基雅弗利，但是他的環境不容許他像霍布斯洛克一樣，從個人主義和唯物主義出發構成一個新的理論體系……」（第 204-231 頁）這說明，李贄那樣的人和那樣的思想是有社會基礎的，是社會需要的，如果客觀條件成熟，李贄也許會成為中國的伏爾泰，或其他任何一個人文主義者。即是說，當時的中國社會已經提出了產生人文主義思想的必要性，他所缺乏的是可能性。

　　神話和語言是集體創造的，其「著作權」屬於全民族。學術、藝術的創造者和宗教的創始人，都是精英人物。這些人跟國王或帶兵打仗的將軍不同。後者需要的是魄力和膽識，是組織和指揮能力。為了達到某種政治目的，他們可以不顧最基本的道德倫理，甚至可以視人民生命如兒戲。歷史上有許多人是通過犯罪的方式取得統治權的。這一切，在馬基亞維里的《君主論》裡寫得很清楚。這裡說的哲學家、藝術家、科學家等等，截然不同，他們是以自己的學識、才智和人格立足於世的。他們不僅有豐富的學識，有獨創的才能，而且要站在時代的前列，掌握在其各自時代最先進的文化，而且心裡要有廣大老百姓，瞭解他們，替他們說話。他們追求的是真理，是真善美。宗教家們更是某種道德的典範。這些人可能在短時間內不為世人所重，但他

們創造的精神財富不受時間的限制，會長期發生作用。他們創造出了這些工具文化，就不再屬於私人，而成了公眾財產，人人可以使用，人人可以掌握。梁啟超在〈論學術之勢力左右世界〉一文裡比較了學者跟政治家、軍事家的作用，前已引用，現再重複一遍：「……亞歷山大之獅吼於西方，成吉思汗之龍騰於東土……梅特涅執牛耳於奧大利，拿破崙第三弄政柄於法蘭西，當其盛也，炙手可熱，威震寰瀛，一敗之後，其政策亦隨身名而滅矣。然則天地間獨一無二之大勢力何在乎，曰智慧而已矣，學問而已矣。」智慧和學問，這是最可寶貴的。

　　前邊說到藝術生產的動力，在於藝術家有表達的衝動和要求。它的創造主體，是人類中的精英，它是社會上最有智慧、最具創造力的精英人士創造的，目的不是為己，而是為了大家，為了促進交流和生產的發展。思想家常常走在時代的前面，為時代提供方向，指明道路。這種創造過程，也就是那些精英人物自我解放的過程，因此它是自我解放的產物。為什麼大多數文化學著作所說文化大都指本章所說的這些工具文化呢？最主要的原因是，第一，它是人類精神勞動所創造的最高成果，代表著人類文化所達到的最高水平；第二，它是由社會上最有智慧、最具創造力的精英人士創造的；第三，它不是對人生和客觀世界的粗淺的解釋，而是深入到內部，講出一套科學道理，真正具有一種「文化」的素質。

　　既然人對自我解放的要求主要是針對制度的，而在專制社會，制度是權勢人物手中的武器，這決定了，好的直接或強烈表現人的自我解放要求的思想理論著作、科學著作和藝術品，常常會跟當權者處在敵對的狀態，受到詆毀、查禁、封閉，作者受到迫害，言論、出版自由受到限制。中國歷史上的《被禁毀書目》可以拉出很長的一個目錄。長篇小說《紅樓夢》最初的遭遇，是人所共知的。即使像集古舊書籍為一套叢書的《四庫全書》，在編纂之時，也要對不利於當權者的言論，或刪，或整本不收，予以處理。這種情況，在許多國家，都有發生。從蘇格拉底到伽利略，都有過不幸的遭遇。一些科學著作，作者在世

時難以出版，只能在死後好多年才有機會面世。像秦始皇焚書坑儒這類事，歐洲也不乏其例。這表明，工具文化跟制度文化，在某種情況下存在矛盾；這裡所說「某種情況」，總是政治上處於反動的時候，而且總是在專制統治下。一九三三年，中國現代傑出作家魯迅寫有兩篇文章，一是〈華德保粹優劣論〉，內說：

> 希特拉先生不許德國境內有別的黨，連屈服了的國權黨也難以倖存，這似乎頗感動了我們的有些英雄們，已在稱讚其「大刀闊斧」。但其實這不過是他老先生及其之流的一面。別一面，他們是也很細針密縷的。有歌為證：
>
> 跳蚤做了大官了，
>
> 帶著一夥各處走。
>
> 皇后宮嬪都害怕，
>
> 誰也不敢來動手。
>
> 即使咬得發了癢罷，
>
> 噯哈哈，噯哈哈，哈哈，噯哈哈！
>
> 這是大家知道的世界名曲《跳蚤歌》的一節，可是在德國已被禁止了。當然，這決不是為了尊敬跳蚤，乃是因為它諷刺大官；但也不是為了諷刺是「前世紀的老人的囈語」，卻是為著這歌曲是「非德意志」的。華德大小英雄們，總不免偶有隔膜之處。
>
> ——《魯迅全集》第五卷第 210 頁

魯迅這篇文章，有力地諷刺了希特勒查禁普通歌曲的反文化罪行。在寫於同時的另一篇〈華德焚書異同論〉裡，魯迅把希特勒燒書跟秦始皇焚書坑儒做了比較。說：「希特拉先生們卻不同了，他所燒的首先是『非德國思想』的書，沒有容納客卿的魄力；其次是關於性的書，這就是毀滅以科學來研究性道德的解放，結果必將使婦人和小兒

沉淪在往古的地位，見不到光明。而可比於秦始皇的車同軌，書同文……之類的大事業，他們一點也做不到。」（同上，第213頁）

另一方面，古今中外，都有一些文人為統治者的暴行塗脂抹粉，歌功頌德。這種人是人們最看不起的，被稱為「御用文人」，就在於他們放棄了自己的職責，而站到本應受到指責的舊制度的維護者一邊去了。

這裡就又顯示出了工具文化跟制度文化的另一區別。制度是統治者主導制定的，是為統治者的利益服務的，兩者的關係可以用「一體化」三個字概括。而工具文化的生產，有時跟統治者的意志有關，在絕大多數情況下，是沒有關係的。它是由人創造的，時代只提供需要與可能；人對需要與可能如何理解，如何處理，又各有不同。這就造成了有時雙方利益相一致、有時相矛盾的現象，仿照前邊的說法，可把它們的關係概括為「異體化」。一個是「一體化」，一個是「異體化」，這就是兩種文化跟權勢者、統治者關係的寫照。

從工具文化的客觀作用上著眼，它跟人的關係更加看得明白。如果說制度文化是束縛人的，人是被制度所「管」的，那麼工具文化就是解放人的，是教育人的，是提高人的，是為人所用的。它把人從無知中解放出來，使他有了「文化」，有了知識。工具文化作用於人，結果是提高了人的文化素質，純潔了人的心靈，改善了人與人之間的關係。雖然有時被另一種愚昧俘虜而去，但他終究會明白。他的被愚昧所俘虜，是對以前愚昧的否定，現在的愚昧又會被以後的進步所否定，人就在否定之否定中不斷前進和獲得解放，而正是工具文化為人的不斷前進和獲得解放提供了力量和支持。

工具文化是人跟他人或社會之間的紐帶，它的產生很早，是跟人類自己的產生同時產生的。沒有工具文化，人不會成為社會，國家不會出現。從這個意義上說，工具文化是人類社會更為根本性的東西。人不僅跟現實世界相聯繫，也跟理想的世界、跟想像中的世界相聯繫，這也靠工具文化。神話和宗教是完成這一任務的。

第五章　習俗文化

　　這裡說的習俗文化，是含義比較寬泛的一個稱謂，可以說，除了以上所說制度文化和工具文化，其他的文化都可以習俗文化視之。它沒有像制度那樣的條文，也不是像埃及金字塔、巴黎聖母院、柬埔寨吳哥窟、彼得堡冬宮那樣具有物質實體或像莎士比亞戲劇集、日本的《源氏物語》、公元前一世紀希臘的雕塑《拉奧孔》、雨果的名畫《最後的晚餐》等可以展示給人們欣賞，它存在於人的身上，他人不一定能夠看得到，但可以感覺到。它基本上是無形的，但卻是實在的。

　　B·馬林諾斯基在《科學的文化理論》中，指出「離開物質文化基本要素的介入，人類活動的細微跡象都不會發生」之後，說到了「機體與其存在於其中的次生環境即文化之間」的互動關係：「簡言之，人類要依靠規範、習俗、傳統和規則才能生活，而這些又是機體過程與人對其環境的控制和重組之間互動的結果。正是在這裡，我們看到了文化現實的另一個基本構成要素，至於我們是否稱之為規範或習俗、習慣或特點（mos）、民俗或用法，倒無關緊要。為了簡明，我將用習俗（custom）一詞來包括所有受傳統節制和形塑的身體行為形態。」（第 74—75 頁）馬林諾斯基這段話有如下幾個意思。其一，習俗是有關人的「文化現實」的一個「基本構成要素」，不可忽視；其二，習俗的產生是人的機體（上文說到機體指「被我們視為純生理的，即『自然的』或未經教化的，甚至像呼吸、內分泌、消化和循環之類的活動」）「與其存在於其中的次生環境即文化之間」的「互動」；其三，習俗「包括所有受傳統節制和形塑的身體行為形態」在內。本書所說習俗，跟馬林諾斯基的這個界說，基本相同。

　　本章所說的習俗文化，也可稱為第三種文化、邊緣文化。邊緣文化，指它處在圈層論的外邊（邊緣）部分，遠離核心。

　　習俗文化有兩類，一類是倫理道德、價值觀念、文化心理、思維方式、興趣愛好等，一類是人的生存狀態，即衣、食、住、行、用等的具體做法，以及風俗習慣、生活時尚等。前一類屬於內在精神，本書稱為甲類，後一類偏重外在形象，稱為乙類。在文化圈層論裡，甲類構成第四圈，乙類構成第五圈。現在分別論述：

甲類習俗和乙類習俗

倫理道德

　　倫理道德也可以分成倫理和道德兩個詞使用，意思相差不多，用在處理人際關係上，是人們共同生活及其行為的準則和規範，以及人們對國家、社會應盡的義務、應負的責任等，如善惡、好壞之類。這是在地球的各個角落都存在的。在澳大利亞，德國當代神學家漢斯·昆（孔漢思）在《世界宗教尋蹤》中說，「也不存在沒有宗教的民族，並恰好在此基礎上，不存在沒有倫理精神的，即沒有完全確定的規範和尺度的民族。……『自然民族』沒有得到頒佈的諸如『你不可偷盜』之類的戒律條文，可是他們擁有對**相互依存、平等公正、慷慨大方**（大略體現於他們相互饋贈的行為之中）的感覺。——他們沒有『你不得殺生』的戒律，可是他們也許擁有一種深層的**對所有生命的敬畏**（大略體現於他們在衝突的調解和對暴力的處罰的作為之中）。——他們也從未聽說『你不可不貞』之類的戒律，可是他們具有特定的**異性共同生活的規則**（大略體現於禁止亂倫和對玩世不恭的斥拒之中）。——他

們並不知悉『你們的父母』這樣的神的戒律，可是他們擁有偉大的**對長者的尊敬**（同時還有對幼者的關愛）。」（第 21 頁）

　　倫理產生很早。自有人類社會，就有一個人和人如何相處的問題。倫理道德是一種社會性行為，隨著社會的產生而產生，並隨著社會的發展變化而發展變化，離開社會，無所謂道德。在氏族社會，人們靠血統聯繫在一起，長慈幼孝，互敬互愛，有福同享，有禍同當。摩爾根在《古代社會》第二編探討了人類政治觀念的發展，這個政治觀念包括了倫理道德。他在談到氏族成員有互相支援、保衛和代償損害的義務時說：「為血親報仇這種古老的習俗在人類各部落中流行得非常廣，其淵源即出自氏族制度。氏族的一個成員被殺害，就要由氏族去為他報仇。……自從有人類社會，就有謀殺這種罪行；自從有謀殺這種罪行，就有親屬報仇來對這種罪行進行懲罰。在易洛魁人以及其他一般的印第安部落當中，為一個被殺害的親屬報仇是一項公認的義務。」（上冊第 75 頁）摩爾根說的是文明前社會的情形。讀者已經知道，恩格斯的《家庭、私有制和國家的起源》一書是根據馬克思〈摩爾根《古代社會》一書摘要〉寫的，它的來源也是摩爾根此書。恩格斯說到一些氏族社會的人際關係時，有這樣的話，在那裡「沒有軍隊、憲兵和警察，沒有貴族、國王、總督、地方官和法官，沒有監獄，沒有訴訟，而一切都是有條有理的。……一切問題，都由當事人自己解決，在大多數情況下，歷來的習俗就把一切調整好了。不會有貧窮困苦的人，因為共產制的家庭經濟和氏族都知道它們對於老年人、病人和戰爭殘廢者所負的義務。大家都是平等、自由的，包括婦女在內。」（《馬克思恩格斯選集》第四卷第 92-93 頁）這裡說的，實際是個家庭倫理。說「歷來的習俗」把這一切都「調整好了」，「歷來的習俗」就是人們已經養成的習慣，已經作為一種文化心理積澱在他們內心深處，貫穿在行動上。進入文明社會，倫理道德成為人們的自覺追求。

　　中國古代的典籍中，早就有了「人倫」、「道德」等概念和「倫類以為理」的說法。在先秦諸子的學說中，「道」和「德」是分開使用的。

「道者，路也」，古代用「道」表示事物運動變化的規則、規律和做人的道理、規矩。「德者，得也」，古人把認識了「道」，內得於己，外施於人，稱之為「德」。把這兩個字合用，是此後不久的事。對倫理道德之重視，則要早得多，在傳說時代就已很普遍，中國最早的典籍《尚書》記載了不少故事。有的，如「堯帝讓賢」，以後會說到，此處只說一例。伊尹是中國古代一位有名的政治家，輔佐帝王有功。《尚書》寫到伊尹對帝王的勸誡：「修養他的身心，以誠信道德跟臣下和睦親近的，只有聖明的君主才能夠做到。先王（按，指商湯）愛民如子，布德施惠給窮困老百姓，因而人民都聽從他，擁戴他，附近諸侯國的人民也都希望自己的國君能夠這樣。君王啊，你可要努力地修養德性，效法祖先，一刻不能懈怠。」這真可以說是道德至上了。其他幾個文明古國的神話和傳說，多表現國王、王子或其他英雄人物如何嫉惡如仇、如何勇於救人等道德品質。印度古代兩大史詩之一的《羅摩衍那》的主人公羅摩，在他的身上就體現了英勇、忠貞、寬容、善良等良好品德。

　　道德跟人們的經濟生活緊密相關。有利己主義的，也有利他主義的；有追求享樂的，也有艱苦奮鬥的；有提倡禁欲的，也有反對禁欲的。階級產生，倫理道德不可避免地染上階級的色彩，剝削階級有剝削階級的道德，被剝削階級有被剝削階級的道德。剝削階級認為好的東西，被剝削階級不一定也認為好，可能正好相反；被剝削階級認為需要革除的毛病，也許正是剝削階級所要提倡、支持的。一個社會的道德標準，往往就是這個社會占統治地位的階級的評價標準。當然，也存在雙方共同認可的倫理價值，而且這種情況是比較普遍的，並非凡事都勢同水火。如對老人不孝不敬，對小孩不慈不愛，交朋友言而無信等，在任何時候都沒有人說好，偷盜、欺詐、拐騙、說謊等更為人們所不齒。

　　這裡說一下日本人的道德觀。且說一九四五年第二次世界大戰臨近結束的時候，德、日兩個法西斯主義國家的敗局已定，美國急需制

定戰後對日、對德政策。對德國，美國比較瞭解，而對日本，就不好把握了。當時有兩個問題需要研究，一是日本政府會不會投降，盟軍是否要進攻日本本土而採用對付德國的辦法？二是假若日本投降，美國是否應當利用日本政府機構以至保存天皇？於是請一些學者對日本進行研究，以便提供政策諮詢。美國女人類學家魯思·本尼迪克特便是受聘對日本進行專題研究的學者，她根據文化類型理論，把戰時在美國拘禁的日本人作為調查對象，同時大量參閱各種書刊和其他文學藝術作品，並做出了自己的結論。她的報告，後來以《菊與刀》為名出版，在日本引起強烈反響，被視為研究日本的經典著作。這本書對日本文化——主要是習俗文化——做了全方位的深入的研究。第十章為〈道德的困境〉，開頭說：「日本人的人生觀表現在他們的忠、孝、情義、仁、人情等德行規定之中。他們似乎認為，『人的義務的整體』像在地圖上劃分勢力範圍一樣分成若干領域。用他們的話來說，人生是由『忠的世界』、『孝的世界』、『情義的世界』、『仁的世界』、『人情的世界』及其他許多世界組成的。各個世界都有自己的、特殊的、詳細的準則，一個人對其同伴不是把他歸之於一個完整的人格，而是說他『不懂孝』或『不懂情義』等等。他們不像美國人那樣用『不正派』來批評某人，而是明確指出他在哪個領域中行為不當。他們不用『自私』、『冷漠』之類的評語，而是明確指出在哪個特定領域違反準則……」（第 135 頁）日本人的這種道德觀，在中國等其他東方國家也可以找到相近似的大量例證，勿寧說是相同的。

　　道德作為調節人與人之間關係的一種方法，跟法律不同。它不靠強制性手段，只能依靠說服教育和行為示範。十三世紀意大利經院哲學家阿奎那在《神學大全》中說：「道德戒律同禮節上的和司法上的戒律是不同的，它是使事物的真正本質從屬於美德的東西。現在，因為人類的道德依靠其同理性的關係（這是人類行為所特有的原則），所以，符合理性的道德就被稱之為善，而不符合理性的道德則被稱之為惡。正像思辨理性的每個判斷都是從第一原則的自然知識出發一樣，

實踐理性的每個判斷也是從自然已知的原則出發的。……從自然已知的原則出發，人們可以用種種方法來著手判斷各種問題。同人類行為有關的一些問題是如此地明顯，以致只要稍許考慮，人們就可以憑藉這些普通的第一原則便能立刻對這些問題表示贊同或不贊同……」（《西方思想寶庫》第 588 頁）中國古代對道德的教化作用高度重視。孔子「刪詩」，以「風也」為選取標準，就是看能不能起到教化作用。《論語》記孔子的話：「《詩》三百，一言以蔽之，曰：思無邪。」就是思想健康，感情純樸，能感化讀者。又說詩的作用是「興、觀、群、怨」。觀，就是通過這些詩歌作品，可以看到社會風氣如何，人們相互之間是怎樣往來的；群，是說通過這些詩歌作品，可以把人們團結起來，和睦相處。漢文帝提倡孝廉，目的正是用正面形象，正人心，樹榜樣，使人民都能孝敬老人，官員都能廉潔奉公。

　　人們對倫理道德的研究早就開始了。古希臘時期，蘇格拉底最早把研究倫理道德當作哲學的一個重要構成部分，創立了道德哲學。他想通過研究道德，尋求給勇敢、正義等行為下定義。他提出了「美德即知識」的命題。柏拉圖和亞里士多德都對倫理道德做過比較深入的研究。柏拉圖創造了「倫理學」這個名詞，並寫出了同名的專著，使倫理學成為一個獨立的學科。到中世紀，道德像哲學的其他部門一樣，被納入到神學和專制制度的束縛下，人和人之間、人與社會之間的一切倫理問題，都被拿到人和上帝之間的關係中去認識和處理，《聖經》的訓誡成為最高的善。阿奎那雖然不滿足於一切都用「神的啟示」來解釋，強調了理性和習慣在人的道德觀念形成中的作用，但他仍把上帝看作一切善中的至善，要世俗服從宗教，肉體服從靈魂。從文藝復興以來，歐洲的人文主義思想家們否定神性，強調人性，否定信仰，強調理性，使倫理道德重新回到人間。在中國，自堯和舜二帝被當作道德的最高楷模以來，人們對道德之重視，有增無減，屢有論及，特別是在戰國時代，常常是諸子們宣講、討論的重要課題，並且產生了包括系統的道德理論、行為規範和德育方法的專門著作，如《禮記》、

《孝經》等。在這方面，儒家走在前面。孔子的道德信條，主要有「仁義」、「忠恕」、「己所不欲，勿施於人」和「安身立命」，不要追求命中沒有的東西。孟子主張「性善」，提出「人倫」包括「父子有親，君臣有義，夫婦有別，長幼有序，朋友有信」。在政治哲學上，有「民為貴，社稷次之，君為輕」的重要論斷，主張實行「王道」。《禮記》、《孝經》屬於儒家著作。到西漢初年，儒家學派的代表人物董仲舒，把儒家學說和陰陽家的學說結合起來，發展了孔子的倫理道德觀。他把陰陽學說也當作社會秩序的形而上學根據。他寫道：「凡物必有合，合，必有上，必有下，必有左，必有右，必有前，必有後，必有表，必有裡。有美必有惡，有順必有逆，有喜必有怒，有寒必有暑，有晝必有夜，此皆其合也。陰者陽之合，妻者夫之合，子者父之合，臣者君之合。物莫無合，而合各有陰陽。……君臣、父子、夫婦之義，皆取諸陰陽之道。君為陽，臣為陰；父為陽，子為陰；夫為陽，妻為陰……王道之三綱，可求於天。」（《春秋繁露》，中華書局《義證》，第 350-351 頁）董仲舒從人倫關係中選出三倫，即君臣關係、父子關係、夫婦關係，要一方服從另一方，稱為三綱；又從儒家堅持的幾種美德中選出五種，即仁、義、禮、智、信，定為必須時刻堅守的規則，他稱之為「常」。此即「三綱五常」。在女人，則有「三從四德」。三從，是在家從父，出嫁從夫，夫死從子；四德，是婦德、婦容、婦言、婦功。這是典型的封建道德，隨著清朝政府的倒臺和五四新文化運動的爆發，已被新的道德觀念所代替。

中國人對倫理道德之重視，在世界上是首屈一指的。倫理道德限於血親關係之間，這便形成了中國以家庭為本位，跟西方以個人為本位相對照。中國以家庭為本位，又必然形成如梁漱溟所說：「中國式的人生，最大特點莫過於他總是向裡用力，與西洋人總是向外用力者恰恰相反。蓋從倫理本位職業分途兩面所構成的社會，實無時無刻不要人向裡用力……勤儉二字是中國人最普遍的信條。以此可以創業，以此可以守成。自古相傳，以為寶訓，人人誦說，不厭煩數。然在階級

社會，這二字便無多大意義。封建下之農奴，大資本下之勞工，勤為誰勤？儉為誰儉？勤儉了，又便得怎樣？於是這二字自然就少見稱道。中國卻家家講勤儉。勤儉是什麼呢？勤是對自己策勵，儉是對自己節制，其中沒有一分不是向裡用力。」（第200-203頁）

價值觀念

價值觀念是人對客觀事物、現象所具有的意義的一種評價性認識，它是人類共同體在長時期中形成的，反映著該共同體的歷史發展、性格特點和價值追求。它涵蓋了人生的廣泛領域。二十世紀初，有人給價值下的定義是「任何有益的事物」，並探討了價值表現的八個方面，即道德、宗教、藝術、科學、經濟學、政治、法律和習俗。價值存在於事實（事物、現象）之中，事實表現價值，這是兩個不同的概念。一般把真、善、美作為理想的價值。

在一些國家，價值觀念跟文化心理是一回事，如在現代的歐洲，「自由」既是人們的文化心理，也是他們的價值觀念。這種價值觀體現在個人身上，便是一個人成年之後，即離開父母，靠個人奮鬥。一些人說「西方重個人」，來源於此。在像中國這樣的國家，兩者不完全相同。中國人的文化心理下邊會談到，中國人的價值觀念，應該說最主要的是孝。據中國最早的史書《尚書・虞書・堯典》，堯帝在位七十年的時候，覺得要找個接班人了，便把他的四位臣子召到身邊，問：「你們哪個能遵行天道，我就把帝位讓給你。」四位臣子回答說：「我們品德不好，會玷污了這個職位。」堯帝要臣子推薦合適的人選。四位臣子說：「有個尚未娶親的人在民間，名叫虞舜。」堯帝說：「這個人我聽說過，究竟如何？」臣子說：「他是一個盲人的兒子。他的父親愚昧頑固而又無知，後母兇惡不慈，弟弟叫象，對他傲慢不敬。可是這個人對父母特別孝順，對弟弟特別友愛，始終跟他們和諧相處，最後以他的盛德感化了那幾個人，不再邪惡。」堯帝聽了說：「那就試試看！」他把自

己的兩個女兒嫁給舜，以便觀察、考驗。後來堯把帝位讓給了舜，這就是中國歷史上有名的「堯帝禪讓」的故事。舜後來又把帝位禪讓給禹。堯帝和舜帝都屬於「五帝」，距今四千多年了。中國的階級社會是從進入夏代以後開始的，堯舜時代還是氏族社會。可見在原始社會中國人就把孝這一道德放在第一位，只有道德高尚的人才能受到人民的擁護，才有資格登上大位。歷夏、商、周三代，孝在中國人心目中的地位，一直很高。在周的後期，即戰國時代，孔儒學派更把孝當作帝王的治國之道予以強調，於是有了「以孝治天下」之說。這個口號在西漢初年得到落實，文官制度是「舉孝廉」，皇帝廟號上都加「孝」字，《孝經》和孔子的《論語》被定為兒童必讀書，還設立孝經博士，法律對「不孝」之人嚴懲不怠。這以後，「以孝治天下」在歷代君主手裡都沒有放棄。在民間，同樣把孝當作最高價值追求。

　　歐洲人的價值觀念是隨著時代的不同而有變化的。從古希臘時代起，人在宇宙中的地位，一直是歐洲人苦苦思索的一個問題，他們的價值觀念跟這一問題有關。歐洲中世紀長約一千年時間。在中世紀，基督教教會佔據著統治地位，人們的精神生活籠罩在宗教思想之下，《聖經》像中國的《論語》、《孝經》一樣，是人們的必讀書，它的主要精神便構成人們的價值觀念。耶穌到橄欖山去，清早又回到殿裡。眾百姓都到他那裡去，他就坐下，教訓他們。文士和法利賽人，帶著一個行淫時被捉拿的婦人來，叫她站在當中，就對耶穌說：「夫子，這婦人是正行淫之時被拿的。摩西在律法上吩咐我們，把這樣的婦人用石頭打死，你說該把她怎麼樣呢？」他們說這話，乃試探耶穌，要得到告他的把柄。耶穌卻彎著腰，用指頭在地上畫字。他們還是不住地問他，耶穌就直起腰來，說：「你們中間誰是沒有罪的，誰就可以先拿石頭打她。」說完，又彎著腰，繼續在地上畫字。他們聽見這話，就從老到少，一個一個地都出去了，只剩下耶穌一人，還有那婦人仍然站在當中。耶穌直起腰來：「婦人，那些人在哪裡呢？沒有人定你的罪嗎？」她說：「主啊，沒有。」耶穌說：「我也不定你的罪。去吧！從

此不要再犯罪了。」這是《新約全書·約翰福音》第八章的一段描寫，是說，耶穌要人們仁愛、仁慈。「愛是恒久忍耐，又有恩慈；愛是不忌妒；愛是不自誇，不張狂，不作害羞的事，不求自己的益處，不輕意發怒，不計算人的惡，不喜歡不義，只喜歡真理；凡事包容，凡事相信，凡事盼望，凡事忍耐……」（同上，《哥林多前書》第十三章）歐洲人以自由、平等、人性解放為價值觀念，是在十八世紀人文主義思潮興起以後。

價值觀念不是個理論問題，它很實際，常常會從人們的一言一行中表現出來，並且因人而異。同時，一個人不會只有一種價值觀念，他在主要價值觀念之外，在一些事情上可能還會有另外一個層級的價值觀念。在時代發生急劇變化的時刻，人們的價值觀念也會發生變化，並且呈現出紛紜複雜的情況。臺灣女作家龍應台，「在美國和歐洲生活了二十年。從俄羅斯到南非，從以色列到菲律賓，全走遍了……」她在中國旅遊以後，寫了篇〈啊，上海男人！〉的文章，在上海《文匯報》發表，引起各種不同的評價和反應，其激烈程度和相互差別之大，是少有的，以致引起作者的「不安」。作者說：「〈啊，上海男人！〉表面上是篇談上海男人特質的遊戲文章，但是所謂男人的特質當然得由他對女人的態度來界定。文章裡實際的核心其實是兩個嚴肅的問題：上海的男女真平等嗎？從社會主義的模式出發，男女平等、互敬互愛的前景又是什麼？我自己沒有答案，自私地想聽聽上海人的看法。陸、沈、吳三位先生對上海男人的特質多所著墨，吳正的解析尤其精闢有趣。他們對上海男人看法彼此不盡同意，但是對男女平等的問題倒是有一點兒一致性：吳正覺得上海和美國、香港一樣，男女競爭機會均等。陸壽鈞認為『絕大多數的上海人，不管是男人還是女人，對男女平等、互敬互愛的前景還是十分樂觀的』。沈善增則斷言男女平等在上海根本不是問題，只有『吃飽了飯沒事幹』的男人女人才會製造出這樣的問題來消遣時間。」寫到這裡，作者問：「是這樣嗎？我們可以看看另一個中國社會。」那是臺灣。以下不再引用。作者這篇題為〈我

的不安〉的文章發表後，又引起更大的反響，於是作者編成一本書，書名是同一個題目，在大陸，是由南海出版公司出版的，以上引文便出自這個版本。筆者引用這個故事，不在對所談問題表示態度，只想說明，由〈上海男人〉引起的爭論，實際上是不同價值觀念的爭論，價值觀念是深入在人們心裡的，而且不是抽象的，它可以隨時表現出來，可以在任何一個很小的問題上表現出來；對此不應當輕視。還想說明，這種價值觀念既有個人的不同，更有民族或國家的區別，還跟時代有密切的關係。

文化心理

　　人生活在一定的文化環境裡，會形成一定的文化心理。

　　費爾南・布羅代爾《文明史綱》一書，在寫到歐洲文明的時候說：「假設一下，我們有可能把歐洲歷史上自五世紀到現在，也許可以說到十八世紀的所有知識都匯總起來並把它們存儲在一個電子記憶裝置裡（倘若這種記錄設備是可以想像的）。假設一下，那時計算機被要求證實一下在歐洲整個漫長的歷史長河中哪一個問題在時間和空間上最常出現。毫無疑問，那一個問題就是自由（liberté），或不如說歐洲的各種自由。**『自由』一詞是一個要害之詞。**」布羅代爾又說：「但對『自由』一詞我們仍需加以準確的界定。在這裡，它指的與其說是個人的自由，此為現今『自由世界』慣常的標準，倒不如說是團體的自由。在中世紀時代，人們說到的更多的是『libertates』（各種自由），而不是『libertas』（自由），這並非偶然。使用複數形式，該詞在非常大的程度上相當於『privilegia』（特權）或『jura』（權利）。實際上，『libertates』指的是保護這一集團或那一集團、這一利益或那一利益的公民權（franchise）或特權，它利用這種保護剝削其他人，採用的手段往往不知廉恥。」（第 296-297 頁。）這可以看作歐洲人文化心理的一種表現。

　　中國人的文化心理，可以概括為三個崇拜、三個意識。

　　三個崇拜，是崇拜聖賢，崇拜帝王，崇拜道德。中國人崇拜聖賢，時時、處處以古聖先賢為楷模，在五千年前的傳說時代就有了。堯舜兩位大聖賢的道德，受到後世不盡的讚揚。諸子百家出來以後，這些學問家又成了聖人。且不要看輕了這個「聖賢情結」，中國文化中的許多特點都來源於此。歐洲人是個性獨立，中國人是人身依附，就跟崇拜聖賢分不開。由於崇拜聖賢，後人永遠只能跟在那些聖賢的後邊，不敢有創立新說的想法，不敢在聖賢沒有耕耘過的地方開闢新領域，無形中把「我注六經」放在首位，做諸子的奴隸，大家都往一塊湊，做「文抄公」，對一個字、一句話的注釋可以寫一本書，幾本書，卻沒有人想到對四大發明做進一步的研究，更無人開闢冷門。中國歷史上有數的幾個大科學家，用力之處，依然在農、醫、天文等方面，化學變成煉丹術，發明了指南針卻說不出原理，物理、生物等這類最基本的自然科學幾乎是個空白，墨子開創的幾何等自然科學沒有人繼續鑽研。中醫學、中藥學都以經驗為基礎，很少人從生理解剖和藥物的化學成分等方面做實證研究，提升其科學素質。中國人讀書，是為了做官，所以從一開始，就圍著應付科舉而轉。為了做策論，他們永遠只讀「四書五經」，都不去讀科學之類的書。所以中國有技術無科學，已經取得的技術也昇華不到科學去。科學落後，影響到技術的停滯。先秦人們使用的農具，沒有革新、改進，一直用到二十世紀六十年代，七十年代，才在社會主義制度下得以改觀。臺灣學者殷海光在其《中國文化的展望》一書中解剖了中國歷代知識分子的心態：

　　　　我們在前面說過，孔制是一森多門。這一森多門的特點是具有濃密而又強厚的規範性。它不僅規範人的行為，也規範人的思想。自從漢代罷黜百家一尊孔孟以來，除了幾個插曲以外，中國的知識分子的思想很少不在孔制「正統」牢籠之下。中國文化既以「法古」為價值取向，於是學人士子談道論事動輒援引遠古權威。在遠古權威之中最顯著的就是「詩云」「子曰」。

這種辦法，從董仲舒開始，經歷代官司提倡，已經牢不可破地制度化了。自漢代以後，中國雖然經歷了許多血流滿地的朝代變更，這一制度卻代代一脈相承地傳衍下來。於是，我們的知識分子，在這麼長久的「歷史文化」中，絕對大多數只為延續那「聖教」而存在。他們沒有正式而且大規模地被教導著主動而且又獨自地運用自己的智能來認知這個大家置身其中的經驗世界。他們又從來沒有在一個制度的培養和鼓勵之下離開「先王之法」來自動創造方法以解決人生和社會的實際問題……

——第 158-159 頁

　　帝王是權勢人物，對權勢人物的崇拜，也可以說是敬畏。帝王們把自己跟虛無縹緲的「天」聯繫起來，稱為「天子」，把自己神化。其最突出的結果，是實行人治，皇帝的權威高於一切。堯舜的「禪讓」最為人稱頌，其實，這是把「天下」當作私有財產看待的，實為後來帝王「家天下而傳」，視「普天之下，莫非王土，率土之濱，莫非王臣」的淵藪。前邊說過，美國自立國起就實行民主，一個不可忽視的心理和社會原因，是美國開國的英雄們，根本沒有把「天下」當私有財產的意識。據此，可以說，中國人是「家天下」，美國人是「無天下」，歐洲人是「半天下」。「無天下」，所以實行民主；「半天下」，所以既有君主，也有法律；「家天下」，只有家長，家長具有絕對權威，一言堂，既無民主傳統，也無法治觀念。「天下」的所有權和管理權集于皇帝一身，從而也就使皇位成了所有英雄豪傑緊追不捨的獵物。天下的榮華富貴，後宮的千百美色，人間最可寶貴的權威，英雄們誰不羨慕，誰不願苦苦追求？中國歷史上有無數次農民起義，開始時大都打著為民請命的旗號，也會提出一些激動人心的口號，什麼「均貧富，分田地」等等，到起義成功，起義領袖有「龍椅」可坐，原來的口號便被扔在一邊，原來一起「打天下」的窮朋友也是殺的殺，抓的抓，「天下」只交給兒子，兒子又交給孫子，這樣一代一代往下傳。中國歷史上只有

「打倒皇帝坐皇帝」的輪迴，沒有真正的農民起義，說農民起義推動了社會的發展，是違背歷史事實的。在政治體制上，當然誰也不願意改變，改變了政治體制，就等於絕了他們世襲的門路。中國在明代已經具備進入資本主義的條件，但在「皇權意識」作祟下，由於得不到權大如天的皇帝的支持，資本主義因素發展不起來，遂使社會發展停滯。有人把中國社會長期不變歸因於有一個「超穩定結構」，其實說穿了就是「皇權至上」。中國文化四五千年基本保持一致，沒有中斷，更沒有被別一種文化所取代，這是最主要原因。

中國人不重法律重情義，乃是其崇拜道德的集中表現。梁漱溟的《中國文化要義》在引用了《論語》中的幾條言論後說：「請問：這是什麼？這是道德，不是宗教。道德為理性之事，存於個人之自覺自律。宗教為信仰之事，寄于教徒之恪守教誡。中國自有孔子以來，便受其影響，走上以道德代宗教之路。」（第 106 頁）崇拜道德，又主要表現在對政府官員的態度上。林語堂在《吾國吾民》（又作《吾國與吾民》、《中國人》，是應美國女作家、諾獎獲得者賽珍珠之約而寫的）中說（原書用英文寫作，這是他人的譯文）：「作為一個國家，我們在政治生活中一個最突出的特點就是（把）道德和政治混為一談，是一種道德和諧的哲學，不是一種力量的哲學。……中國人有關政府的觀念卻恰恰與此相反。我們認為政府官員是『父母官』，他們實行的是『仁政』。他們會像照看他們自己的孩子們的利益那樣照看人民的利益。我們放手讓他們去處理一切事務，給予他們絕對的信任。我們把數以百萬計的錢放在他們手中，但從不讓他們彙報開支情況。我們給了他們以無限的權利，卻從未想到過如何保護自己的權利。我們把他們看作是仁人君子，有教養的紳士。筆者堅信，如果我們能夠早一天停止談論人民的道德改革，中國就有可能早一天出現一個廉潔的政府。這麼些人堅持認為道德改革是解決政治腐敗的方法，這個事實本身就是他們幼稚的思維方式的標誌。表明他們沒有能力把政治問題作為政治問題來處理。他們應該看到我們在過去的兩千多年中，一直在重複著那些道

德上的陳詞濫調，卻沒有能夠改善國家的道德狀況，以產生一個稍為廉潔、稍為美好的政府。他們應該看到，如果道德教化還有一點點用處，那麼中國今天就應該是一個聖人與天使的樂園了。我懷疑，人們，特別是那些官員們，之所以津津樂道於什麼道德改革，是因為他們知道這些談論不會有害於任何人。……儒家思想假定每個統治者都是仁人君子，從而把他們當作紳士對待；法家則假定每個統治者都是無賴、騙子或竊賊，所以在政治體系中採取種種措施防止他將不正當的企圖付諸實施。很明顯，前者是中國人的傳統觀念，後者是西方人的觀點，也是韓非子的觀點。正如韓非子所云，我們不應該期望人們的行為端正，但是我們應該能夠防止他們的行為出軌。這就是法家哲學的道德。」（《中國人》第209-211頁）林語堂這段話是針對抗日戰爭時期國民黨政府的，話雖然說得苛刻了些，但主旨還是清楚的，即崇拜道德是中國歷史上政治腐敗的一個原因。

這三個崇拜，直接塑造了中國人的處世觀、人生觀。由於崇拜帝王，人間的是非好惡，全交給帝王去裁判，而不是交給法律。中國在戰國時代就有了「法家」，可那法家所主張的「法」，只限於刑法——嚴刑峻法，都是針對老百姓和反對派的，既無根本大法，如《憲法》之類，更無限制君權的法律。好些朝代曾有過監察機關，但能否發揮作用，跟皇帝本人的品德有極大關係。皇帝重視，監察機關就起作用；皇帝輕忽，監察機關就等同虛設。中國現代法律制度，是清末開始建立的。「憲法」一詞，為中國人所知曉，是二十世紀初的事。在處理人與人的關係上，真正以「家」為本位，家有家長，族有族長。家長（或族長）在家裡或家族的地位，猶如皇帝在國家的地位，至高無上，有的甚至可以隨意殺人。中國人在處理不協調關係上，是以和為貴，中庸為上，沒有規章制度，也沒有一個公認的標準，只要能使衝突消彌就行。中庸是儒家學說的重要組成部分，也是中國人生存哲學的核心。人們無論做什麼，只求說得通，不求說得對；掩蓋了矛盾，模糊了是

非。胡適說的「籠統」，有諸多來源，主要在缺少嚴密的邏輯思維，也
跟這種中庸哲學有關。

　　三個意識，指人們的皇權意識、順民意識、報恩意識。這是三個
崇拜的另一種表現。以皇權意識為例。就是普通人把自己的一切，包
括最寶貴的生命，都交給皇帝，為皇帝而生，為皇帝而死。中國八十
年代一部受到普遍好評的小說，名叫《白鹿原》，其中寫辛亥革命推翻
了清朝最後一個皇帝之後主人公的困惑：「沒有了皇帝，這以後的日子
怎麼過？」這種意識不是個別的，偶然的，它反映了中國人的普通心
理。所謂順民意識，就是當一個順從統治者意志的公民，無論統治者
如何做，都不要去管。當然有反抗，那是在統治者壓迫到無法生存的
時候的鋌而走險。所謂報恩意識，是凡對自己做了一點好事，就想著
報恩，也不論那「好事」是對方應不應該做。本來，「父母官」是老百
姓養活的，「父母官」為老百姓做事是應該的，他們帶領老百姓修橋補
路，疏通河道，是他們份內的事，不做這些事，等於他們「不作為」，
白拿「皇帝的俸祿」，可是老百姓常常不管這一套，大凡「父母官」做
了一點「好事」，就「感恩不盡」，有的自己出資給「父母官」蓋廟建
碑，歌功頌德。從官員方面說，也總是把自己應做的事當成為老百姓
「施恩」，要求回報。這在中國歷代各種形式的藝術作品中隨處可見。
這表現了普通人地位的低下和自我意識的缺失。

　　關於報恩意識，我這裡多說幾句，這是因為這也是東方文化的一
個特點。美國女人類學家魯思‧本尼迪克特在她的《菊與刀》中，用
了不止一章的篇幅談論報恩意識。她說：「東方各民族……總自認是歷
史的負恩人。他們那些西方人稱之為崇拜祖先的行為中，其實很大部
分並不是真正的崇拜，也不完全是對其祖先，而是一種儀式，表示人
們承認對過去的一切欠有巨大的恩情。不僅如此，他們欠的恩情不僅
是對過去，而且在當前，在每天與別人的接觸中增加他們所欠的恩情。
他們的日常意志和行為都發自這種報恩感。這是基本出發點。西方人
極端輕視對社會欠恩，儘管社會給他們以很好的照顧、教育、幸福生

活，包括他們的降臨人世。因此，日本人總感到我們的動機不純正。在日本，品德高尚的人不像我們美國，他們絕不說不欠任何人的恩情。他們絕不輕視過去。在日本，所謂『義』就是確認自己在各人相互有恩的巨大網絡中所處的地位，既包括對祖先，也包括對同時代的人。」（第68頁）這裡對日本人的分析也適用于中國人。

　　說到中國人的文化心理，還應該包括人對自我的認識。一般說，西方人重視自我價值，而中國人——或說東方人——對自我價值並不看重。這是在長期封建專制統治下人的價值和地位未得到應有的尊重形成的，同時也跟上邊所說「三個崇拜、三個意識」相一致，已成為他們的「集體無意識」。陶淵明〈雜詩〉：「人生無根蒂，飄如陌上塵，分散逐風轉，此已非常身。落地為兄弟，何必骨肉親？得歡當作樂，斗酒聚比鄰。盛年不重來，一口難再晨。及時當勉勵，歲月不待人。」白居易詩：「年光忽冉冉，世事本悠悠。何必待衰老，然後悟浮休。真隱豈長遠，至道在冥搜。身雖世界住，心與虛無遊。朝饑有蔬食，夜寒有布裘。倖免凍與餒，此外複何求？」可說是一般人的人生觀。不重視自身生命，得過且過，只求溫飽。由這種心理，又生隨遇而安。林語堂在〈中國何以沒有民治〉中寫道：「……中國人太不會嫉恨了，看見他人福氣，只希望做他家的奴才。司閣，馬弁，借此揩點油水，也就滿足，心平氣靜了。在已做上奴才時候，若有人對他宣傳什麼階級戰爭，他心中只有鄙夷，好像是說：『奴才沒有你做，油水沒有你揩，你才會這樣激昂慷慨吧。』到底我們不知道是奴才的厭世主義好呢，還是理想主義對呢……」（《林語堂名著全集》，第十四卷第230頁）

　　印度人的文化心理，梁漱溟在《東西文化及其哲學》中說：「……印度人既不像西方人的要求幸福，也不像中國人的安遇知足，他是努力於解脫這個生活的……」（整段話見下一章）

思維方式

　　思維活動是人跟其他動物的一個重大區別。近來有研究報告說，動物也會思維，這是可能的；但動物的思維是低級的，而人的思維是高級的，兩者不能相比較。不同的人群，在長期生活中，會形成不同的思維方式。常見的思維方式，有輻合思維、分散思維，唯實思維，順向思維、逆向思維，創造性思維等等。這幾種思維方式大都用在學術研究上。就普通人的思維方式而言，各個民族的特點是很鮮明的。前邊說到胡適對梁漱溟《中西文化及其哲學》的批評，指出梁漱溟思維上的缺陷，在於「籠統」，這也是中國人思維的共有的特點。我以為，可以用「模糊」概括，好中有壞，壞中有好，不好不壞，亦好亦壞。在中國語言中，像「十來個」「七八里」「百八十斤」這樣的模糊數字，相當發達。中國古籍中有許多說法，這樣理解，可以，那樣理解，也不算錯。中國人善於詭辯，即自模糊而來。西方不然。西方人是精確思維，好壞、善惡二元對立。在古希臘，他們研究學問已經十分精確，都成體系。在制定制度上，是雙方各出十五人就是十五人，是三年一屆就是三年一屆，絕不含糊，不會給人留下可乘之機。梁啟超在〈中國學術思想變遷之大勢〉中說：「……希臘自芝諾芬尼、梭格拉底，屢用辯證法，至阿里士多德，而論理學蔚為一科矣。以此之故，其持論常圓滿周到，首尾相赴，而真理愈析而愈明。中國雖有鄧析、惠施、公孫龍等名家之言，然不過撥弄詭辯，非能持之有故，言之成理。而其後亦無繼者。」(《分類飲冰室文集》，第一冊第 181-182 頁。已改為新式標點符號）前邊說：「不幸的是，胡適批評的「籠統」，不僅表現在梁漱溟所著《東西文化及其哲學》一書裡，也表現在同時代其他一些人的認知裡，不僅表現在這次中西文化大論戰中，也表現在其後許多次論戰中，不僅貫穿在近百年的中西文化大論戰裡，也貫穿在中國人認識世界的整個活動中。在這第一場大論戰中，梁先生在他的那本

有名的著作中表現了出來，胡適又明察秋毫地指了出來，這是一件好事。」即指這種現象。

中國人的思維方式，林語堂在其著作中多次說到，說得最集中的一次，是在《中國人》的〈中國人的心靈〉一章。他說：「中國之患在於有過多的智慧……中國人的頭腦，就像女性的頭腦充滿了庸見。中國人的頭腦羞於抽象的辭藻，喜歡婦女的語言。中國人的思維方式是綜合的，具體的。他們對諺語很感興趣……中國話，中國語法，顯示出明確的女性特徵。它的形式、句法和詞匯，都揭示出中國人思維的質樸、想像的極端具體、句法關係的極端簡潔。……中國人的思想總是停留在有形世界的外圍。這使得中國人能對事實更有感受，而這又是經驗與智慧的基礎。對抽象名詞的厭惡也可見于中國人對事物進行分類時所用的名詞，這些名詞往往要求有明顯的區別意義……這種意象名詞豐富但抽象名詞缺乏的特點對寫作的風格，進而對思維的方式都產生了影響。一方面，它使語言生動形象；另一方面，又很容易使語言趨向華而不實，結果成為很多時期中國文學的弊端……這使得我們能夠明瞭中國人為什麼沒有發達的自然科學。希臘人為自然科學奠定了基礎，因為他們的思維基本上是分析型的，這已經被亞里士多德學說引人注目的現代性所證明。埃及人發展了幾何學和天文學。這些學問都需要分析性的思維。印度人發明了自己的語法學。而中國人儘管有其天然的智慧，卻未能發展其自己的語法學……周代所有的古哲學家中，只有墨子和韓非子的風格接近有力的論證風格。孟子毫無疑問是偉大的詭辯家，然而他也只是對『利』、『義』等大而又泛的詞感興趣。其他的哲學家，如莊子、列子、淮南子，只對漂亮的比喻感興趣。墨子的門徒惠施、公孫龍都是偉大的詭辯家。他們喜歡編撰一些猜不透的難題，並試圖證明他們的論點，如『卵有毛』、『馬下蛋』、『狗亦可為一羊羔』、『雞有三足』、『火不熱』、『車輪從不輾地』，以及『龜身長於蛇』等等。而漢代的學者則喜歡對過去時代的經典作亞歷山大式的注解詮釋工作。之後的晉代學者則復興了道家學說，靠『直覺』

來解開自己的身體與宇宙之謎。沒有人想到過應該做實驗，也沒有人發展過什麼科學的方法⋯⋯在中國人的心靈中，科學方法不能得到發展的原因是很容易理解的，因為科學方法除了要求分析性思維之外，總是免不了要有一些枯燥的工作要做。而中國人則相信自己的庸見與洞察力的閃光。推理的方法在應用到人際關係（中國人最感興趣的東西）時，常常導致一種愚蠢的結論，這在美國大學裡並不罕見⋯⋯中國人從來不會寫一篇萬言或者五千言的論文去證明某一個論點，他僅僅是做筆記。至於論點本身的是非，則留待後人評說⋯⋯庸見在中國代替了推理與演繹。庸見通常更合乎情理，因為分析性的論證是通過把真理分成若干部分去探索真理，結果使真理失去其自然的聯繫與含義。而庸見則把事物看作一個活的整體⋯⋯」（第 87-100 頁）

　　林語堂是以寫小說的筆法論述他的見解的，有些語句難免誇張之嫌。像惠施、公孫龍的學說，實是我國最早的邏輯學，稱他們為詭辯家，不夠確切。臺灣學者許倬雲說到「中國人的思考方式」，比較客觀、冷靜。他把中國人思考方式的特點概括為四項，一是「相對於希臘文化與印度文化的細密邏輯，中國人比較取徑於直觀與體會」；第二是「中國人觀察事物，往往重視統攝全面，而不喜歡局部的分析」；三是「中國人習慣于從有機的變化中看世界」；四是「中國人對於『動態』的注意」。「以上四項思考方式，其實也是彼此有關，互相加強的。全面、有機與動態三項，只是從不同的角度陳述相同的對象，而直觀的悟性則以非分析的思考統攝上述三個思考的角度。這些思考方式，落實在中國人的人生態度中，即是認識世事多變化，也準備面對變化。『三十年河東，三十年河西』，『天下無不散的筵席』，『日中則仄，月盈則虧』，『盛極必衰，否極泰來』⋯⋯有了這些對變化形勢的理解，中國人不是坐待命運降臨的宿命論者，卻隨時準備面對變化的命運調整自己的反應。這是一種樂觀的命運論⋯⋯」（《觀世變》第 186-188 頁）即他也把「非分析」的思維方式作為根本。

　　近來一直高聲讚美東方文化的季羨林先生，在思維方式上亦是這樣。他在〈東方文化與西方文化〉一文中說：

　　　　兩大文化體系不同的地方，表現在很多方面。但是，我認為，最根本的不同卻表現在思維模式方面，這是其他一切不同之點的基礎和來源。一言以蔽之，東方文化體系的思維模式是綜合的（comprehensive），而西方則是分析的（analytical）。正如人類只能有東西兩大文化體系，人類也只能有兩個思維模式，不能有第三個。這種二分法，好像是大自然以及人類思維的一個基本原則。中國《易經》講乾坤，也就是陰陽。自然界有日月，晝夜。宗教哲學倫理有光明與黑暗，善與惡，等等。

　　　　所謂綜合思維，其特點可以歸結為兩句話：整體概念與普遍聯繫。用一句通俗的話來說，就是既見樹木，又見森林。用醫學來打個比喻：頭疼可以醫腳，反之亦然。

　　　　所謂分析思維，其特點就是抓住物質，一個勁地分析下去，一直分析到基本粒子。是不是還能再往下分呢？在這裡，科學界和哲學界意見都有分歧，一派主張物質無限可分，一派主張有限。這種分析的思維模式，用一句通俗的話來說，就是只見樹木，不見森林。再用醫學來作比喻，就是頭痛醫頭，腳痛醫腳。

　　　　中國古代天人合一的思想，是東方思維模式的最有典型意義的代表。印度古代哲學宗教的「你就是它」——指宇宙，也表現了同一思想。印度佛教的名相分析，看似分析，深究其實，則與西方的分析迥乎不同。

　　　　——《三十年河東　三十年河西》第 141-142 頁

　　季羨林用「綜合」和「分析」兩種思維模式區分東西文化的不同，跟前人所說一樣。他讚賞東方思維模式而擯棄西方思維模式，但缺少論證。為什麼綜合的思維模式就是「既見森林又見樹木」而分析的思

維模式正好相反，為什麼天人合一的思想「是東方思維模式的最有典型意義的代表」，他也沒有詳細展開。不過，東西兩種不同思維模式是分辨清楚了。

興趣愛好

　　興趣愛好跟藝術上的審美有相似之處。審美是美學上一個重要範疇，指對藝術作品中具有審美價值的現象的心理體驗。興趣愛好是一個普通名詞，指人對某種事物或現象的一種肯定性和喜愛性情感，適用於人們的日常生活和精神生活，在大多數情況下是被公認為「好」的東西，但也不排除一些人把公認為不好的東西當作自己之所愛，如吸煙。人們有了對某事物的興趣愛好，就會把更大的愛心、更多的精力投入其上，不管它是否為工作或「第一需求」所需要。興趣愛好是習俗形成的一個重要原動力。本節主要說興趣愛好，審美不在本節的論述範圍，只偶爾涉及。

　　人的興趣愛好是由多方面原因促成的，最主要的原因是生活條件。為什麼希臘人愛好運動？就因為他居住在海邊。大海遼闊的胸懷給他以充分的想像空間，大海翻騰不息的波浪激勵著人們從事各種激烈的運動，大海豐富的魚產品，當然還有陸地的農產品，保證了人們最基本的生存需要，使他們有充裕的時間從事體育鍛煉。海邊的生活和適宜的氣候又使他們不必時時穿著厚厚的衣服，因此在希臘的造型藝術中，留下了大量的裸體形象，而這是跟東方藝術截然不同的。蒙古帝國的興起，曾經使整個世界發抖；他們的鐵騎，從阿爾泰山和大興安嶺，橫穿中亞、西亞，直達歐洲。蒙古的馬和蒙古人的箭，猶如兩隻大刀，所向披靡。蒙古人善騎善射，這是由他們的生活方式決定的。蒙古地處大草原，牧業發達，人們逐水草而居，居無定所。飲食以肉類和乳品為主。他們的那種生活習性成就了一代霸業。建立清朝

的女真人，繼承了蒙古人的傳統，所以稱「馬上得天下」，射箭成了他們最喜愛的一種運動項目。

除了生活條件以外，還有原始宗教的遺留、相沿成習的做法等，都可以形成人們的興趣愛好。

就個人來說，興趣愛好五花八門，各不相同。有人喜歡旅遊，有人喜愛寵物，有人喜愛跳舞。喜歡旅遊的人，也有不同興趣，有的喜愛大自然，有的喜愛異鄉風物，有的喜愛古代人類的文化遺產。作為一種文化現象來看，人們的興趣愛好當然跟經濟狀況、階級地位等有關，值得我們注意的，還是時代和民族、地域等方面的特點。在一九六二年臺灣中西文化論戰中，有人拿李敖上大學時愛穿長袍說事，「再拿穿衣來說，『中西便是可以並容的，穿了西褲革履，卻也還可以穿一件長袍。』拿房屋來說，中國宮殿式的洋房，也是有的，而且美觀。中西樂器互奏樂曲的事，現在開始出現。……」（葉青〈全盤西化論之分析〉，《政治評論》第八卷第二期，1962 年 3 月 25 日，轉引自《李敖大全集》第三卷第 38 頁）還有人對李敖一方面繼承舊文人傳統夏天也穿長袍子，一方面「跟著胡適大叫『全盤西化』」，感到迷惑不解，就以諷刺的口吻，大加嘲笑。

較之倫理道德、文化心理等，人們的興趣愛好容易發生變化。不同類型人的興趣愛好，對社會產生的作用大不相同。普通人的興趣愛好對社會發展、生產變化，幾乎不起什麼作用，對藝術生產的發展則會產生強大的影響，人們審美興趣的改變，常常會推動藝術品的風格發生變化。在藝術生產和藝術消費這一組矛盾中，消費者的興趣愛好是不可忽視的因素。權勢人物的興趣愛好，對藝術品和工藝品的生產所具有的影響力，是巨大的。如在中國，唐玄宗愛好樂舞和戲劇，樂舞和戲劇發達；宋徽宗喜歡繪畫，繪畫得到發展；清代康、雍、乾三帝喜愛瓷器，使中國製瓷業發展到空前高度。

　　這就說到人的性格了。性格，也叫做人格，它是後天形成的，包括動機特質和指向特質在內。它是以上所說價值觀念、倫理道德、文化心理等的綜合效應，而其核心是文化心理。

　　胡適在〈思想革命與思想自由〉裡說：「中國古來思想之最不適合於現代的環境的，就是崇尚自然。這種思想，歷經老、莊、儒、釋、道等之提倡，已經根深蒂固，成為中國人的傳統思想。」他把這種「傳統思想」概括為六項：無為、無治、高談性理、無思無慮、不爭不辯、知足。另外還有「鏡子式的思想」、根本上不思想、高談主義而不研究等等（第十一卷第 198-200 頁）胡適的這種論述，也見於其他許多人的筆下。林語堂在《中國人》中，把中國人的性格——他稱為「民族性」——概括為十五項：即穩健、單純、酷愛自然、忍耐、消極避世、超脫老猾、多生多育、勤勞、節儉、熱愛家庭生活、和平主義、知足常樂、幽默滑稽、因循守舊、耽於聲色。他說：「以上這些特點，某些與其說是美德不如說是惡習，另一些則是中性的。這些特點既是中華民族的優點，也是它的缺陷。思想上過分的穩健會剪去人們幻想的翅膀，使這個民族失去可能會帶來幸福的一時的狂熱；心平氣和可以變成怯懦；忍耐性又可帶來對罪惡的病態的容忍；因循守舊有時也不過是懈怠與懶惰的代名詞；多生多育對民族來講可能是美德，對個人來講卻又可能是惡習。」（第 56-57 頁）林氏認為，「老子」的道家思想在對中國人性格的培養上起著極大的作用，他稱為「老子精神」。說：「這種老子精神在我們的詩文諺語中以各種形式表現出來。『失一卒而勝全域』。『三十六計，走為上計』，『好漢不吃眼前虧』，『退一步海闊天空』，這種對待生活中各種問題的態度滲透在中國人的思想本質之中。人們在生活中總是反復思考，總有『三十六計』；於是棱角被磨光了，一個人即獲得了象徵中國文化的真正的老成溫厚。」

　　屬於乙類習俗的生活方式和生活習慣，還有肢體語言，容易瞭解。以「衣」說，李敖上大學時穿長袍子，是他的個人愛好；一個地區的人們普遍穿什麼樣式的衣服，就屬於生活方式了。上世紀二十年代、

三十年代，直到四十年代，中國知識分子穿長袍的人很多，李敖所堅持的就是這個傳統。服飾習俗的構成因素有許多種，有民族因素、性別因素、年齡因素、職業因素、身份因素、季節因素、色彩因素、時尚因素等。以「食」說，住在海邊的人的飲食習慣，跟住在陸地內的人的飲食習慣就很不相同。各國有各國的飲食習慣，在一個國家之內，各地有各地的飲食習慣，甚至一個小的地區也有不同。以「住」說，中國北方人喜歡住窯洞，窯洞冬暖夏涼，住著舒服。同是住房子，也有不同樣式，中國北方的房子，房脊是平的，南方的房脊，是兩頭翹起的。生活習慣，比如阿曼男子講究佩腰刀，日本婦女喜歡穿和服。再如中國人吃飯用筷子，歐洲人用刀叉，阿拉伯人和南亞、非洲一些人用手抓。還有人有不好的生活習慣，如隨地吐痰等。

　　根據美國心理學家威廉·詹姆士的研究，人的生活習慣，主要是神經系在起作用。神經系經過訓練，它就順著所練習的模式而生長，這個原理對人生有很重要的應用。首先，習慣會使做一件事所需要的動作簡單化，使這些動作增加準確而減少疲勞；其次，習慣可以使我們對於所做的事不必像未成習慣時那麼用心注意，而借助著慣性或說惰性的動作就大體可以完成。這是就個人說的。在一個地區，或一個民族，共同體的生活習慣以至興趣愛好的延續，主要靠了祖宗崇拜的心理。各個民族或地區，幾乎都有純屬本地區的民間音樂、民間舞蹈、民間手工藝術、民間信仰等，這是由祖先創造的，他們一輩一輩地傳承下來，現在繼續從事這些活動，就是對祖先的最好紀念。久而久之，這就成了他們的集體無意識，起源可能早已遺忘，但是那個慣性堅持下來了，而成為民俗。

　　所謂民俗，是人們在長期的群體生活中所形成的帶有某種隱喻的慣性做法或意識，是廣大普通老百姓的生活、思想、感情和願望的直接表達和真實再現。民俗是構成習俗文化的重要來源。民間文學（或稱民間傳說）是表現民俗最生動、最有力的一種文學形式。民俗跟「現

代文明」往往處在一種相對立的狀態，越是靠近古代，其民俗就越濃厚，越具有真實再現普通民眾生活的意義。

習俗文化與民族特色

習俗文化有哪些特點呢？我以為，第一，是它的民族性和地區性。第二，它大都是有源頭的，可以追根溯源。第三，老百姓是其載體，也是它的傳承人。第四，有變異，但非常緩慢，而且都是漸變，絕沒有像制度文化那樣的突變。改朝換代之際，常常伴隨著一個口號——移風易俗，說明統治者深知習俗（主要是甲類習俗）文化之重要，即所謂「征服人心」。但往往很難做到，有時靠強力做到了，在形勢發生變化以後，舊的習俗又會「死灰復燃」。這些特點，本書不擬單節集中論述，從本節起的幾節，其實也就是它的一個個特點。第四個特點，跟工具文化大體相若。布羅代爾在《文明史綱》的〈導言〉中說到「國家與文明的生命，以及人們的心理態度或精神」，以「世間沒有一個人憑肉眼能夠察覺到」的「周圍的物質世界為例」，說「一代人與一代人之間不會發生真正劇烈的變化」（第 17 頁），是同樣的意思，本書也就略而不談了。

上一章在談到語言時引用了斯大林為「民族」所下的定義：「人們在歷史上形成的一個有共同語言、共同地域、共同經濟生活以及表現于共同文化上的共同心理素質的穩定的共同體。」這裡指出的構成民族的四個條件，即共同語言、共同地域、共同經濟生活、共同心理素質，缺一不可。第四項「共同心理素質」，跟本章說的習俗文化，其含義有許多是重迭的。第二項「共同地域」，對習俗文化來說，同樣不可缺少，或者說，離開了「共同地域」這個特點，習俗文化也就難以構成。第三項「共同經濟生活」，跟習俗文化亦有密切關係，像吃飯、穿

衣就是經濟生活的一部分。習俗文化的集中表現，便是民族性格。實際上，習俗文化和民族性格是同一事物的兩面，前者為表，後者為裡，前者為其表現形式，後者為其根本。習俗文化，是民族和種族的名片。

還是先從習俗文化的民族性、地區性說起。

許多習俗是由生活條件形成的，相當古老。中國的歐洲歷史學家閻宗臨在《希臘羅馬史稿》中寫到古希臘的習俗：

> 古代希臘社會長期演進，將氏族擴大，逐漸達到個體解放，每個人對團體有獨特的責任，他是團體的，並非個人的，由此形成城市。此種演進的動力，由於情感（如宗教）與語言，即在原始遊牧時代，忘其經歷，偶憶及二三要事，即創為神話，引為民族自身的光榮，每個城市有創立者與崇拜的神。為此，希臘不能成為國家，地方性太強，偶然特殊情形的結合，亦非政治的力量，乃是利害相同自然的演進。
>
> 無論遊牧與定居，氏族為團體的中心，非常神聖，保證過去與未來，重視血統，不許混雜，禁止獨居，女子不生育者即出之。如無子嗣，可以過繼。居屋為圓形，中間有火，屋小，牆厚，借此拒抗外敵。此種氏族為集體的，雖人口眾多，土地不得分割，亦不得轉讓，因土地屬於團體而不屬於個人。家長權力最高，主祭祀，管理產業，傳授來者。如族中有絕嗣者，女子可繼承，卻須與最近者結婚，或最近者繼嗣，承受遺產。主婦主持家務，守長明燈，外客來須參加祭祀，始能分享家中生活。以故氏族重榮譽，設受外族侮辱，須加報復，此海倫被劫走而有特洛伊戰爭也。
>
> ——《世界古代中世紀史》第 12 頁

　　無疑，閻宗臨所描繪的「不許混雜，禁止獨居」，「居屋為圓形，中間有火，屋小，牆厚」等，就是古希臘人的生存狀態，也可以說是他們的習俗文化。

　　印第安人是拉丁美洲的原住民。他們在美洲生活已有一萬年到二萬五千年的歷史了。他們從事辛勤而艱苦的勞動。他們以高度的聰明才智和開創精神，把拉丁美洲開拓出來，建立了光輝燦爛的文明，即瑪雅文明、阿茲特克文明、印加文明。從一四九二年哥倫布第一次登陸美洲之日起，歷三百多年，同屬於拉丁語系的西班牙、葡萄牙和法國殖民主義侵略者，對拉丁美洲的自然資源進行瘋狂的掠奪，對土著印第安人和從非洲運來的黑人實行殘酷的統治和奴役，摧毀了印第安人傳統的社會制度和文化。他們把自己的封建大莊園制度、農奴制度和奴隸制度，強加在印第安人和黑人的身上。在殖民主義者的文化專制政策下，西班牙語、葡萄牙語和法語分別被一些國家當作官方語言，在宗教信仰上，他們跟歐洲大多數拉丁語系的國家一樣，主要信奉天主教。但印第安人的民族性格是不可改變的，在殖民主義的高壓下，他們更具有一種反抗性。他們頑強地堅持著印第安人固有的文化。在風俗習慣和文化藝術的某些方面雖然塗上了西、葡、法和意大利的色彩，但他們根深蒂固的印第安傳統還是保留了下來。他們堅持自己的習慣，在日常生活中仍使用自己的語言。即使是官方使用的語言，已夾雜了印第安人和黑人的大量詞彙，跟西班牙語、葡萄牙語、法語有了明顯的區別。印第安人有許多特殊的習慣。如他們喜歡把紅色顏料塗在臉上，以致有人錯誤地把印第安人稱為紅種人，其實印第安人的皮膚並非紅色。印第安人的社會，同世界其他地方的原始部落社會一樣，在部落與部落之間，因獵場、水道、河谷和湖泊的所在地、燧石產地、鹽、灌溉用水等爭端，經常發生衝突，包括激烈的戰爭。在南美，過去有極個別印第安部落存在食人的習俗，這種習俗跟戰爭和宗教儀式有關。歐洲殖民主義者說印第安人是「食人生蕃」，這是誣賴，應予以批判和澄清。

美國學者菲利普・巴格比，在其全面評述現代歐美國家文化學成果的《文化：歷史的投影——比較文明研究》的〈文化〉一章說：

> 那麼，我們所說的「愛斯基摩文化」是什麼意思呢？我們顯然是意指在一組社會中發現的一套文化特質和文化集結的組合。確實，就因為他們表現了大量近似的文化特質，諸如穿毛皮外套、講近似的語言等等，我們就把這些社會的所有成員辨認為「愛斯基摩人」。此外，我們無疑還假設了在遙遠過去的某一時候，現代愛斯基摩人的祖先曾建立過一個統一的社會。考古學傾向於證實這個假設。但是此刻，觀察者的目光所落處是一定文化特質組合中的與眾不同的特徵，就是這個特徵導致他把這個組合稱為愛斯基摩文化。中國文化的情形也是這麼回事。導致我們把中國看作一個獨立的特殊實體的，不僅僅是中國人構成了，或者說直到最近仍構成了一個統一社會這個事實，而且還在於這個文化的獨特性質，即某種文化特質和文化集結有規則地一起出現的事實。我們經常用他的文化，而不是他所加入的社會來辨別一個中國人。他的服飾、言談、習俗和如此等等之物，較之他究竟居住在臺灣、新加坡、舊金山還是中國本土來更重要。

——第 115-116 頁

就是說，確定一個人的民族特性，不完全看他住在什麼地方，只要從他本身的「服飾、言談、習俗和如此等等之物」上即可看出。由此可見，在認定一個人的民族屬性時，習俗文化是多麼重要！

法國十八世紀啟蒙運動思想家伏爾泰，在其〈論各民族的精神與風俗以及自查理曼至路易十三的歷史〉（即〈風俗論〉）中，說到印度人的民族性格。他說，相信輪回轉世說的印度人，於是又多了一種約束：他們殺人或殺牲時，有一種唯恐殺死父母的心理，這就使他們對一切暴力行為感到害怕，因此不開殺戒便成為他們的第二天性。所有

的印度人只要不同蠻族人聯姻，他們便是人類中最溫馴的人。來自西方、北方的野蠻兇殘民族，一到印度就能把他們制服。（據《世界思想文化名著精讀叢書‧文化、社會、人類學卷》第 12-13 頁）

在中亞，塔吉克既是一個獨立的國家，鄰近國家也有為數不少的塔吉克族居民，已經成為一個比較大的人類群落。塔吉克的民族性格，可以用「鷹」來做比喻，他們自己也稱為「鷹的民族」。他們把鷹看作忠誠、善良、勇敢、正義的化身。在塔吉克居民中間，跳得最好最多的舞蹈是鷹舞，民間傳說中最動人的故事跟鷹有關，塔吉克人的服飾最常見的圖案上有鷹，塔吉克人的諺語中有許多是讚頌鷹的，塔吉克人還有用鷹羽沾奶為嬰兒開嘴的習俗，塔吉克人樂器中獨具特色並為其他國家或民族所無的是名為鷹笛的一種管樂。鷹笛是用鷹翅骨製成的，長約二十釐米，管的直徑約一點五釐米，無簧，豎吹，有三個發音孔。塔吉克人跳舞伴奏，只要有手鼓和鷹笛即可，手鼓敲擊出節奏，鷹笛則吹出美妙的旋律。可能在原始宗教時期，鷹是塔吉克民族的圖騰。他們喜愛鷹的形象，鷹的精神，也就把鷹作為自己民族的象徵。

說到習俗文化和民族特色，不能不再次說到日本。

日本跟中國，一海之隔，日本文化受中國文化影響很大，特別是在人民的生活習俗方面。日本在吸收中國文化的同時，又按照本土文化的發展特點對風俗習慣進行了革新和創造，使兩者成為一個和諧的統一體。人們又都知道，日本人是尚武民族。日本人的尚武精神跟武士集團的興起有密切關係。在中國唐朝時代，中日兩國來往非常多，文化交流頻繁。這時日本的統治階級內部分成四個集團，其中就有武士集團。大約公元十世紀以後，武士集團的力量開始得到政府的承認，其首領人物常被任為「追捕使」和「押領使」，並委以維持地方秩序的要職。隨後形成兩大武士集團，即桓武天皇的後裔平氏和清和天皇的後裔源氏，兩大勢力在明爭暗鬥中迅速成長，甚至淩駕於中央權力之上。從這時起，武士道精神成為日本古代社會居於主導地位的道德規範，統領著日本的民族精神。從中國移植而去的佛教，逐漸日本化。

在武士集團走上政治舞臺的同一時期，日本的佛教也明顯國家主義化。最澄、空海等人以鎮護國家為宗旨，「為國念佛，為國祈禱，為國講《般若》」，把尊重皇室和孝行作為理想。日本有兩種《二十四孝》，一是《皇朝二十四孝》，一是《本朝二十四孝》。前一種所寫，大都是天皇。《本朝二十四孝》也以仁德天皇為首。濃厚的鎮護國家的思想是日本佛教的主要特色，到平安後期，日本固有的神道文化開始復活。

　　前邊說到美國人類學家魯思・本尼迪克特應美國政府之聘，對日本進行研究以向政府提供政策諮詢，寫了《菊與刀》一書。在該書的第一章，作者說了她的研究計劃：「人類學家知道多種亞洲和大洋洲的文化。日本有許多社會習俗和生活習慣，甚至與太平洋島嶼上的原始部落極為相似。……根據這些相似來推測古代也許有過移民或相互接觸，是很有趣的。但這對我來說，瞭解文化相似性之所以有價值卻並不在於這類可能發生的歷史關聯，而在於能夠憑藉這些類似或差異，獲得理解日本生活方式的啟示……」又說：「人類學家必須進行調查，不僅要調查親屬關係或交換關係的細節，而且要弄清這些習俗在部落行為中的後果，以及每一代人如何從小就受其制約，身體力行，世代相傳，如同其祖先所做的那樣。」（第 6-7 頁）這說明，她研究的對象是日本的習俗文化。譯者在序言中說：「『菊』本是日本皇室家徽，『刀』是武家文化（引者按，即武士文化）的象徵。但本尼迪克特在以此命名本書時，似乎並未從這種含義出發，而是以『菊』和『刀』來象徵日本人的矛盾性格，亦即日本文化的雙重性（如愛美而又黷武，尚禮而又好鬥，喜新而又頑固，服從而又不馴等等），由此入手，進而分析日本社會的等級制及有關習俗，並指出日本幼兒教養和成人教養的不連續性是形成雙重性格的重要因素。著者把日本文化的特徵概括為『恥感文化』，認為它與西方的『罪感文化』不同，其強制力在於外部社會而不在於人的內心。」對美國政府所需要的回答，作者的結論是，日本政府會投降，美國不能直接統治日本，要保存並利用日本的原有政府機構。她特別指出，日本跟德國不同，不能用對付德國的辦法對付

日本。二戰結束，美國政府所採取的政策，跟作者的意見完全相同，勿寧說美國政府採納了本尼迪克特的建議。

　　從調查一個民族的習俗入手，比較準確地把握這個民族的人民習性和民族性格，從而為政府制定政策提出符合實情的建議，是本尼迪克特女士這一研究工作的重大成果。這是從習俗文化研究民族性格最成功的一個例子。前邊說到的伏爾泰，是民俗研究的先河。他從人的生活本位出發，把人類的歷史分為「內部的歷史」和「外部的歷史」兩種。所謂「外部的歷史」，就是由制度的變遷、帝王的更替和一個一個的戰爭為主的「歷史大事件」，而「內部的歷史」，便是普通老百姓的日常生活。他提出，歷史學家在研究歷史時，應當從「外部的歷史」轉而進入「內部的歷史」，把人的生活情景當作活生生的歷史內容，把人類社會形成的藝術、文化、習俗統統記錄下來，不必回避細節，也不必拘泥於細節，而是深入地全面地說明其具體情況和已達到的成就。在伏爾泰看來，歷史是人的理性和反理性相衝突的結果。人類社會所形成的藝術、文化、習俗等，都是人類的理想創造出來的，它們構成了歷史的真正主體。

　　習俗文化跟工具文化的一個重大區別是，工具文化，像科學、藝術、宗教等，既存在于創造者本身，也存在於符號、媒介上，後一種存在方式是主要的存在方式。其傳播，一般是由中心（創造者、展覽者、組織者等等）向周圍橫向傳播，呈現一種井噴型擴散。習俗文化的載體，往往是整個國家，或民族，或某個族群的人體本身，其傳播方式，有橫向，更有縱向，以縱向傳遞為主，即上一代人傳遞給下一代人，這樣，一代一代地傳下去，綿延無窮。

　　前邊引用 B・馬林諾斯基在《科學的文化理論》中「人類要依靠規範、習俗、傳統和規則才能生活，而這些又是機體過程與人對其環境的控制和重組之間互動的結果」和「為了簡明，我將用習俗（custom）一詞來包括所有受傳統節制和形塑的身體行為形態」（第74-75頁）一段話。這裡說到傳統。傳統，這是人們經常說到的一個詞語，有人把

它跟文化當作同一回事，還有人把它跟文化組成「傳統文化」和「文化傳統」兩個短語。其實，習俗就是傳統，傳統包含著習俗。這一點，以後還將說到。

　　所說習俗文化的地區性，是在一個國家或民族範圍之內，流行於一個地區，這在飲食、語言（方言土語）、居住和服飾等方面較多，所謂「十里不同俗」即是。再就是由歷史名人等引起的民間故事、民俗傳說，由於某種原因，未能擴散開來，或傳播出去後改變了面貌，以致某一地區跟別的地區有了明顯的不同，成了地區性習俗。地區性習俗往往包涵著一些重要的人生密碼。這到下一節再說。

習俗背後長長的歷史

　　有些習俗是由最初的生活條件發展而來。如中國北方人住的窯洞。中國傳說中，人類曾經經過「有巢氏」、「燧人氏」和「神農氏」等階段。「有巢氏」住的「巢」，不可能留存下來，現在的人們無法見到實物，現在所能見到的，只有山洞。像尚存在大量岩畫的法國拉斯科山洞、西班牙阿爾泰米拉山洞等。那是自然形態的，原始人只能適應那個環境，不可能改造那個環境。現在中國北方人住的窯洞，早已脫離了自然形態，而是由人根據客觀自然條件和個人興趣愛好，進行藝術加工而創造出來的。有磚、石等各種材質，有華麗的裝飾，還有跟房屋、宮殿相配套的工程。有的甚至可以建成多層，像樓房一樣。

　　原始宗教是習俗文化產生的另一個重大來源。瑪雅人的原始信仰是崇拜自然神，以後逐漸演變而有雨神（稱為查克）、玉米神、死神、黑戰神、北方星神、風神、自殺女神以及四方神等，共有十位。處於最高地位的是太陽神伊察納，居於諸神之上。在瑪雅人那裡，自然力被人格化，天體則被神格化。瑪雅人建造金字塔，既是為了盛放死者

的骨灰，也是為了向太陽神致敬。在瑪雅人的宗教自虐儀式中，祭祀者必須把自己的鮮血貢獻出來。除了國王必須帶頭刺破自己的身體讓血液流出來以外，還有行兇式的祭祀方式，就是把人的心臟挖出來供奉在神的靈位前。作為犧牲者，他會在廟宇前的廣場或金字塔的頂端被處死。如果是在金字塔的頂端進行，犧牲者的屍體隨後會被踢下來，然後被剝皮，讓主祭司披在身上，大家一起跳舞，表示慶祝。古埃及人對動物的崇拜到了令人吃驚的地步。這是由圖騰和神靈崇拜造成的。幾乎凡是動物都被尊為神。古埃及所崇拜的神祇，大都具有動物的形象，如太陽神何露斯是只鷹隼，月亮神托特是只朱鷺，女神海梭爾是一頭在榕樹上棲身的母牛，天神荷托爾是人面牛身，戰神薩克米是人身獅頭，布巴斯蒂斯的女神努特是貓。貓在古埃及人的生活中佔有重要的地位，這是因為古埃及是盛產穀類作物的地區，為了防止鼠害，只有多養貓。埃及人敬重貓在滅鼠上的功績，在向神祇祭奠時，也為貓做了神像，把它神化。在埃及，常能見到貓的木乃伊，就連一些墓葬中也保存有貓等動物的木乃伊。對動物的愛護和尊重，深入到埃及人的日常生活中和精神生活中，進入埃及的大神廟，常有使人置身在動物王國之感。

還有另一種情況，就是人們之間的模仿。湯因比在其《歷史研究》中說：「模仿行為本來是一切社會生活的屬性。在原始社會和文明社會裡都有這種行為。然而，在這兩種社會裡，模仿的方向卻不同。我們知道在原始社會裡，模仿的對象是老一輩⋯⋯在文明社會裡，模仿的對象是富有創造精神的人物，這些人擁有群眾，因為他們是先鋒。」（上冊第60頁）湯因比把兩種不同社會模仿的對象分別屬於兩種人，是否完全符合事實，尚須經受更多考古材料的檢驗，但說模仿是形成習俗的原因之一，還是可以成立的，不過我以為更妥當的說法，似以「學習」或「仿效」更好。

端午節是中華民族一個重要的節日，又叫端陽節，在每年農曆五月初五。這個節日是為紀念戰國時楚國著名愛國詩人屈原而形成的。

屈原，前已說及，約公元前三四〇——約前二七八年，楚國三大姓之一，擔任「三閭大夫」之職。他是中國歷史上第一個以文學創作而被記載下來的人物，他的代表作除〈離騷〉外，還有〈天問〉、〈九歌〉等。他正直敢言，對邪惡小人敢於鬥爭，他的言論和行動代表了廣大人民和民族的利益。他最後受到一些人的迫害，為表示忠貞，投汨羅江而死。人民同情他，感念他，設想他的精靈永在。每當他的忌日來臨，人們「必以筒貯米，投水祭之」。人們又划船到水中以拯救他，「至今為俗」，即龍舟「競渡」。後來，人們把米煮熟，「以楝樹葉包裹，用五彩絲縛之」，即今之粽子。開始在楚國故地流行，很快傳遍全國，並早已傳至東方其他國家。這一民俗已成為一個象徵，一個富有深意的隱喻。它不僅是對屈原的悼念和呼喚，也是對正義和愛國主義的高度禮贊，對邪惡小人的鞭撻。這一節日流傳了兩千三百多年，愈見興旺，現在它已成了人們歡樂的節日。

在歐美國家，聖誕節是最隆重的一個節日，定在每年十二月二十五日，流行了很長時間。它是基督教的節日，紀念耶穌基督的誕生，同時也是普遍慶祝的世俗節日。這個節期，跟時值仲冬的農神節和太陽節這兩個非基督教節日，時間相近。在古羅馬時代，十二月十七日農神節，是人們尋歡取樂、互相饋贈的日子；元旦期間，人們又習慣用青枝綠葉和燈火裝飾房屋，向兒童和窮人贈送禮物；十二月二十五日，是古伊朗人所崇奉的正義之神密特拉的誕辰；德國人則在每年十二月二十四日，即亞當和夏娃節，在家裡佈置一棵樅樹（伊甸園之樹），將薄餅掛於上面，象徵著聖餅。聖誕節把這幾種活動綜合了起來。它也成了一個狂歡的日子。

愚人節也有一千多年的歷史了。它是中世紀歐洲民間節日，最初定在一月一日或其前後，盛行於法國。慶祝內容包括推選假主教或假教皇，模擬教會禮儀和上下級官員互相易位。這種習俗可能源于異教的農神節，它是對現有秩序的嘲諷和挑戰。可以想像，當人們在這一天盡情作樂的時候，那些被嘲諷的真主教、真教皇和相對屬於上級的

官員們，會是怎樣的尷尬和難堪！這個節日後屢遭禁止，但久禁不絕。現在它已成了人們開玩笑和對時政給予譏諷的盛典。

以上三例說明，習俗都是有來歷的。只是人們對其來歷遠不如對其本身更感興趣，隨著時間的推移，其來歷往往被人忘卻。特別是一些不太重要的習俗或地區性的習俗，如果當時沒有文字記載，經過一段時間之後，就無從尋根究底了。但如果能夠運用科學的方法追根溯源，則說不定會破譯人文史上一些重要的人物或事件。

事實上，在文化人類學和歷史學家的筆下，有充分事例說明，習俗文化是探尋種族關係和文化來源的重要途徑。費爾南‧布羅代爾在《文明史綱》中，特別指出馬達加斯加島「不應該算是黑非洲的一部分」。他說，「眾所周知，它的人口由兩部分構成：來自近大陸的班圖黑人和從東部隨幾次人潮遷徙來的馬來部族」，大多數人是這兩種人的混血，而以非洲血統佔優勢。「但是，人種的差異與文化的和諧形成鮮明的對比，而這種極度統一的文化中，印度尼西亞文化更為突出。馬達加斯加語是印度尼西亞語，農業和手工技術無疑也都來自印度尼西亞；『燒荒，長柄鍬的使用，水稻、芋、薯蕷、香蕉的種植，狗、黑色豬、家禽的養殖……捕獵抹香鯨、烏龜，有叉架的獨木舟，投擲捕獵，吹管捕獵，投石捕獵，鑲貝殼的席紋編制家具……』航海者們應該是來自北方，而不是直接過來的。證據（雖然很脆弱，卻還是證據）之一就是，馬斯卡林人的留尼汪島、莫里斯島（即毛里求斯）和羅德里克島直到十七世紀仍荒無人煙，而這些島嶼可以說是東印度群島和馬達加斯加之間直航的必經之路。總之，印度洋的歷史和文明征服了馬達加斯加，使它與非洲大陸剝離。」（第 134-135 頁）這段話裡，除了語言，都屬於習俗文化。從人們的生活方式到捕獵習慣，都跟遠在數千里之外的印度尼西亞人相近似；而語言也是印度尼西亞語。儘管非洲人的血統佔優勢，印度尼西亞的文化卻主宰了這裡人們的生活和心靈，並達到「極度統一」與「和諧」的程度。

臺灣學者李敖寫有兩部自傳，都說到他的祖先是苗族人。《李敖快意恩仇錄》裡寫道：「……我把祖宗鎖定在少數民族及被壓迫民族身上。我首先根據我家藏的《李氏宗譜》，聲言我是苗族之後；接著根據學理，又聲言我跟高山族同源。……在臺灣大學教過我的考古人類學導論的淩純聲教授，曾綜合日本學者金關丈夫、國分直一、鹿野忠雄等教授的見解，益以己說，發表《古代閩越人與臺灣土著族》論文。他的結論是：高山族『在古代與原來廣義的苗族為同一民族，居於中國大陸長江以南，……遠在紀元以前，……移居臺灣，海上早有往來，自秦皇漢武三次遷沿海越民於內地，徹底實行海禁以後，臺灣孤懸海外，乃與大陸隔絕』。淩純聲此說，是本諸日本學者鳥居龍藏教授的發現。鳥居龍藏在一九〇三年到中國西南各省調查苗族，發現高山族中的曹族與布農族，與苗族酷似，所以提出此說。淩純聲研究苗族多年，到臺灣後，『入山工作，所至之處，見土著之民情風俗，與大陸上西南民族相若，大有舊地重遊之感。』這一印證，最引起我的注意。根據《李氏宗譜》，我的遠籍是雲南烏撒。五百年來，我的祖先由苗族一變而為山東人，再變為東北人……」（《李敖大全集》，第二十九卷第 13-15 頁）這裡，無論是日本教授「到中國西南各省調查」，還是淩純聲教授「入山工作」，所見所聞，都是「民情風俗」，他們就是根據「民情風俗」而認定雲南的苗族和臺灣的高山族「同源」。

筆者親身經過兩件事，使我感到有必要建立一門新的學科，就是民俗考古學，並且相信運用這門新的學科，會使一些難解之謎得以破解。

前已說到，我曾寫有一本《董永新論》。董永是傳說中的一個孝子。傳說他因賣身葬父，感動了天上的仙女，來到人間，要求嫁給他。董永那時已賣身給一戶有錢人為奴，限於自身條件，無法娶妻，後經仙女再三說服，終於同意，兩人在土地廟成婚。來到主家說明情況，主人還算通情達理，他要仙女在短時間內織錦三百匹，允許董永贖身。哪知董永贖身後，仙女卻告別董永，返回天上，使兩人的美滿婚姻未能繼續。這個神話在中國民間流行兩千多年，早已家喻戶曉；兩人神

奇相遇，演繹出許多離奇故事，近年被拍攝成好幾種電視連續劇。在中國歷史上，董永一直被當作孝子的典範，在從唐代末年以來各種不同形式的《二十四孝》中，董永都被收錄其中，他是唯一一位跟仙界打交道的人物，其餘都生活在人間。自東漢後期起，所有有關董永的文字記載都說愛上董永的女子來自天上，但在我的故鄉流行著另外一個版本，這個版本說，愛上董永的不是天上的仙女，而是家住田家窯的田仙姑娘。我在二〇〇四年夏天得知有這個版本。我聽說後，非常興奮，我想董永娶仙女之謎可以破解了。在過去，人們相信董永和天上的仙女相戀，毫不奇怪，在科學高度發展的今天，在人類的足跡印在月球上好多年以後，誰還會相信天上真有一位仙女呢？我對民間文學和中國歷史從未做過研究，這時我下了決心研究這一懸案。根據我故鄉的傳說，董永即是我村人，生活於西漢前期，一直在村裡種地，他跟田仙結婚後仍是農民，直到老死，活了七十三歲。田家窯現已不存，但我故鄉東邊的丘陵地帶，至今仍有十個左右的小村莊叫「某某窯」，董永墓所在的村子就叫「下窯」，這為田仙姑娘生於當地提供了地望上的根據。我的思路是：董永生活的時代，正是當權者大力提倡孝道和「以孝治天下」的時代。在前，舜的「孝感動天」已成為一個「神話—原型」，這勢必使人們把「孝感動天」當作衡量孝子最根本的標準。由於「田仙」和「天仙」讀音相同，在人們傳說董永孝行故事的時候，人們把感動了「田仙」姑娘當作感動了「天仙」，即天上的仙女，傳來傳去，「田仙」變成了「天仙」，一個平常的愛情故事演變成了人神相愛的神話。那個時代經常有大批居住在董永故鄉一帶（即中原）的人，移民到別處去，他們就是故事的傳播者。不明真相的人自然會積極地、熱情地傳播這個故事。巧的是，當董永故事在廣大地區傳播的時候，有個同名同姓的人，繼承先祖的封號，當了高昌侯，封地在山東青州。皇帝封侯是要頒佈文件的。山東青州人接到皇帝的詔書後，誤以為高昌侯董永就是感動了天上仙女的孝子董永，於是最先做了記載，刻在武梁祠的石壁上。董永娶仙女之謎就是這樣來的。

　　我把董永和仙女的浪漫愛情還原為人間真情相愛的故事，還根據另外一個民間習俗。在我的故鄉——整個河東地區，即今山西省西南部，青年男女結婚，都要準備「合婚布」。這個婚俗流行多久，人們不知道，但直到現在，紡織廠裡仍然有專門做「合婚布」的機器設備，商店亦有各種各樣的「合婚布」待售。當地有民間文學家知道這個習俗的來歷，他們早在上世紀八十年代初，就寫文章說這個婚俗來源於董永的愛情故事。在董永和田仙的愛情故事裡，織布是很重要的一個情節。田仙心靈手巧，所織的布常做貢品，送到京城去；在董永和田仙面見主人的時候，主人要她織布，她按要求織了，才使董永得以贖身。這些故事，在當地，人人皆知。可以想像，當董、田二人的婚姻完滿成功時，人們會競相效仿。湯因比說的模仿先進人物的行為，在我故鄉青年男女身上發生了，先是照著做，後相沿成習，漸漸變成了一種風俗。

　　一個是家住田家窯的田仙愛上了董永的傳說，一個是「合婚布」的民俗，兩個習俗具有深厚的含義，包含著極其豐富的內容。在本書初稿寫出之後，亦即二〇〇九年初，又發現一個民俗跟董永的婚姻有關，即我故鄉一大片地區舊曆每年二月初五在土地廟舉行大熱鬧，原是為了董永和田仙姑娘在土地廟成婚而向土地爺表示感謝的；之所以選在二月初五這一天，是因為傳說中董永和田仙姑娘結婚的日子是這一天。這幾個民俗是十分特殊的，只發生在我的故鄉，它是董永傳說的源頭活水。也就是說，兩千多年來，我故鄉的董永一直生活在民俗中，它跟方志記載截然不同。方志是可以隨便寫的，民俗卻不能由人製造。我現在回顧這一考證過程，意在說明，所有的習俗，不論大小，亦不論其流行地域的廣狹，都是有來歷的，背後有深深的文化內涵，故事在傳播過程中可能會發生變異，但其根源卻是確定不移的。中國另外幾個著名民間故事，也都如此。只要用科學的方法去考察，去探究，一定會使許多難解之謎恢復其本來面目。

　　另一個故事，跟以前幾次提到的中國古代大聖賢之一的舜有關。就在我寫《董永新論》之初，有人在一家雜誌上討論一個方言詞的來

歷，這個方言詞，他們因其不明底細，有寫作「幼婆」的，有寫作「么婆」的，第一個字的讀音則都是「yao」。我對這一問題早有思考，我認為那個詞應寫作「姚婆」，是「姚家的婆娘」的簡稱，即舜的繼母，含有「惡的後媽」之意。舜是河東人，姓姚，名重華，其故里叫姚墟。舜的後母叫握登。握登生了一個男孩子，叫「象」。舜的父親是個盲人，又生性愚蠢，一切聽老婆的。這三人對舜極不人道，想方設法虐待他，要把他害死。他們讓舜上樓，舜上樓後，他們用火焚燒；他們要舜下井，舜下井後，他們又用土掩埋。這一切都出於後媽的指使。但每次舜都得以逃脫，事後一如既往，對父母孝順，對弟友愛，因此被稱作大孝。他的孝行感動了「天」，大象幫他耕地，鳥兒幫他除草，故有「孝感動天」之說。舜的後媽因其殘暴不仁，成為一個千古不朽的反面典型。舜家姓姚，「姚婆」即指她。這個方言詞帶有強烈的貶義，單指「惡的後媽」，並非所有的後媽。在我故鄉一帶，「姚婆」一詞是女人們經常說到的，指斥的意義非常明顯。我為此寫了一篇短文，題為〈「yao婆」該如何寫？〉，附在《董永新論》之後。

　　我所親身經歷的這兩件事，都屬於地區性的習俗文化。地區性的習俗文化，是整個國家或民族習俗文化的必要補充和完善，它使一個國家或民族的習俗文化更充分，更豐富。

　　一般說，一種民俗的形成都跟一個重要人物或一個重要事件有關。如端午節的風俗跟屈原有關，聖誕節的風俗跟耶穌基督有關。像端午節和聖誕節這樣的民俗，其來歷和發展路徑，人們大都知道，那些不太重要的民俗，人們往往忘卻了、模糊了它的源頭。在這種情況下應當如何辦呢？只有從跟其有關的特殊民俗入手。以董永故事說，雖然我的故鄉早有「董永故里」石匾鑲嵌於官門之上，我過去對董永是我故鄉人這一結論仍存在很大的疑問，這一點我在書的〈自序〉中寫到。因為像石匾、「董永墓」這種東西，是後人可以假造的。當我聽說「愛上董永的是家住田家窯的田仙姑娘」這個傳說以後（這個傳說又見於十年以前出版的《萬榮縣誌》），我的認識立刻變了，我以為這

是董永和天仙相戀故事的最早出處，具有重大意義。隨即從《河東文化》上看到〈「合婚布」的來歷〉的民俗傳說，使我的初步結論得以堅定。我在《董永新論》中說到民俗的特點之一「及時性」時寫道：「這種民俗跟它所由產生的那件事或那種現象之間，雖有先後，有因果，卻不會相隔較長的時間，只能是緊跟著產生的……只有在董永和田仙姑娘的美好傳說在人群中廣泛傳播的時候，人們才會因羨慕而敬仰，因敬仰而模仿，於是群相效尤，而逐漸成習。」（第 214 頁）我又說：「一個民族的風俗，攜帶著這個民族的許多文化心理密碼；一種特殊的民俗，最容易顯示它所由產生的原始推動力是什麼。它就像『活化石』一樣記錄著它所由產生的時代和人物的許多信息。『合婚布』這種風俗既在河東大地流行，一些現代化的紡織廠都要生產這種布匹，就有力地說明董永跟這個地區有著密不可分、別人無法取代的關係。沒有董永，不會有『合婚布』的習俗；同樣道理，這個習俗在河東產生，就說明董永是這個地方的人。」（第 215 頁）

我在〈「yao 婆」該如何寫？〉一文中，對這個方言詞的產生經過做了考證之後說：「這個說法似乎只在咱們河東地區流行。我問過李國濤，他說他們徐州沒有這個詞。張石山信也是把它看作河東產物。這既說明它的生成有點特殊（典故都是特殊的），又說明舜跟河東地區確有特殊關係。如同其他許多遠古傳說人物一樣，舜的蹤跡遍佈全國好些地方，連舜的都城也不止一個，但他生活於河東地區的可能性最大。我由此想到，從『姚婆』這個典故入手，對留在人民記憶中的傳說、習俗、特殊用語等進行分析、比較，或許是論證、確定堯舜禹等傳說人物出生地和主要生活地的一個方法，一條途徑。」（第 356 頁）

我認定舜為河東人還有一個民俗學上的根據。在二十世紀中期以前，在中國相對落後閉塞的農村，民間文學和民間文學家有非常雄厚的勢力，小孩子最早接受的各門知識，差不多都來自民間文學。我小的時候，聽說最多的古人名字是「舜王」，聽說最多的民間故事是舜如何孝敬老人，又如何「孝感動天」。河東地區人們吃水，都是靠旱井，

即在地下打井以儲雨水，然後提上來食用。這種井都是有水道的。當聽說舜淘井被後母等人用土掩埋時，我想，他一定會從水道爬出來，死不了。可當聽到後母等人要舜上樓然後焚燒時，又覺得有點奇怪，因為我們那裡沒有人住樓房。一九七九年我第一次去趙樹理故鄉沁水縣訪問，已知沁水跟夏縣、翼城之間的歷山正是傳說中舜耕地之處，就留心觀察這裡的風土人情。我是從侯馬走的。車過翼城，看見沿途所有人家的房屋都是兩層，下邊住人，上層儲物，進入沁水縣境，同樣如此。這個時候我的第一個念頭便是：啊，舜王家的房子不就是這樣嗎？從此，我確信舜的故鄉在河東，因為這裡的風土人情，這裡的方言詞，都跟舜的人生經歷若合符節。一些書上說舜是某地人，我就從方志上查它的風俗，有的查不到，有的查到了，那裡用的是地下水，只此一點，我就不相信它的說法，因為舜不能到那樣的井裡去「淘」，即是說，那裡的風土人情跟舜的經歷不符。

其實，這種方法早就為文化人類學家所使用。《古代社會》的作者摩爾根，就是這樣一位研究者。它從實地調查和文獻資料中發現，易洛魁人的親屬稱謂在美洲許多不同方言的土著居民中普遍存在，這促使他繼續對親屬稱謂進行研究，最終發現了三種親屬制。他還看到，「羅馬人的庫里亞（curia）一詞即希臘語中胞族一詞的同義語。迪約奈修斯常常稱庫里亞為胞族。」（第 87 頁）王國維提出考古有「二重證據法」，即地下文物和地上文獻一致可為確證。其實應該加上民俗，成為「三重證據法」。而在人類的蒙昧時代和野蠻時代，他們不會有多少文物留存在地下，更不可能著之於文獻，那就只能主要依靠民俗了。摩爾根的《古代社會》是民俗考古學的一個典範。

建立一門民俗考古學，勢在必行，必有重大收穫。

習俗文化與人

　　恩斯特・卡西爾在《人論》中「人不再生活在一個單純的物理宇宙之中，而是生活在一個符號宇宙之中」一段話後，接著說：「人類在思想和經驗之中取得的一切進步都使這符號之網更為精巧和牢固。人不再能直接地面對實在，他不可能彷彿是面對面地直觀實在了。人的符號活動能力進展多少，物理實在似乎也就相應地退卻多少。在某種意義上說，人是在不斷地與自身打交道而不是在應付事物本身。他是如此地使自己被包圍在語言的形式、藝術的想像、神話的符號以及宗教的儀式之中，以致除非憑藉這些人為媒介物的中介，他就不可能看見或認識任何東西。」（第33頁）卡西爾過分喜愛他所定義為「符號」的幾種文化，以致別的文化都退卻到他的視野之外；卡西爾此書是論「人」的，不是論「文化」的，他這樣說，自在情理之中，我們不能離開作者的主旨去做額外的要求。我所欲說者，人固然被「包圍在語言的形式、藝術的想像、神話的符號以及宗教的儀式之中」而影響到他「不可能看見或認識任何東西」，但如把人作為「他者」，我們作為認識主體，則完全可以通過人本身，包括「語言的形式」而排除「藝術的想像、神話的符號以及宗教的儀式」，認識每一個人，並做出大致符合客觀實際的結論。

　　其所以如此，就在於，真正能夠表現人的民族屬性和性格特徵的，是習俗文化。試想，面對來自不同國度、不同種族的同一人群，你如何區分他們呢？最好的辦法，是從人的行為模式等方面去看。大家都在用餐，有人用筷子，有人用刀叉，稍有一點人類學知識的人一看就知道，用筷子的是中國人或其他東方國家的人，而用刀叉的則是歐美人。東方國家的習俗文化，建立在人性化的基礎上；西方國家的習俗

文化建立在神性化的基礎上。在足球比賽中，常見西方國家運動員，上場之初，或踢出了好球，要在胸口做十字禮，而這在東方國家是沒有的。

本尼迪克特在《菊與刀》中寫到日本民族和其他民族的區別：

> 在新幾內亞及美拉尼西亞從事園藝的原始民族中，遇到侮辱就定要憤怒，這成為部族及個人行動的主要推動力。他們在舉行部族宴會時，必須讓一個村的人議論另一個村子，說他們窮得連十個客人也請不起，是吝嗇鬼，把芋頭和椰子都藏起來；他們的首領們是批蠢貨，連宴會都組織不起來等等。於是遭到挑戰的村子就炫耀豪奢和大方，使得來客驚異，以洗刷其汙名。提親及經濟上的交易也是如此安排。雙方交戰時也是這樣，敵我雙方在搭弓射箭之前，必須互相詈罵。不管是多麼瑣細的事情，他們也得把它當作非拼一死戰不可。這對採取行動是一大動力，而這些部族往往具有很大的活力。但是沒有人說這些部族崇尚禮節。

> 與此相反，日本人卻是尚禮的模範，而且，這種顯著的尚禮也正可以衡量他們如何極力限制那些必須洗刷汙名的事端。他們雖然仍把侮辱引起憤怒作為獲取成就的最佳鞭策，卻限制挑起侮辱的事端，只在特定場合或者消除侮辱的傳統手段遭受抑制而不能奏效時才會發生。這種鞭策的利用，無疑對日本得以在遠東取得統治地位及最近十年間推行的對英美戰爭政策，起到了推波助瀾的作用。但是，西歐人關於日本人對侮辱敏感及熱衷復仇的許多議論，用之於新幾內亞那些喜歡利用侮辱的部族，比用之於日本更加適當。西歐人對日本在戰敗後將如何行動的預測之所以往往不能切合實際，正是因為他們沒有認識到日本人對名分之「情義」所加的特殊限制。

美國人不應當因日本人尚禮而低估他們對誹謗的敏感。美國人隨便評論人，視同遊戲。我們很難理解，日本人對輕微的批評也當作大事……

——第 109-110 頁

顯然，這種行為方式不是外加的，也不是本能，它是在一定的文化環境裡形成的，屬於後天習得，是傳統的繼承，是祖先心血的發揚。所謂文化環境、人文環境，主要由習俗文化構成。你到了一個社區，就到了一個文化環境，各不同社區都有各自的特點。而它們的制度文化和工具文化則基本上是一致的。對一個民族說，社區間的特點是大同中的小異。習俗文化就像「紋身」，在每個人的身上劃下了記號，形影不離。

習俗文化更像是一種符號，是人身上的符號系統。卡西爾說「人是符號的動物」，那符號指語言、藝術、神話和宗教等，強調了人的偉大的創造能力和創造活動、創造成果。那個符號系統是依據另外一種物質而存在，並因此而突破了時空限制，可供人們異時、異地交流，人類過去、現在和未來的歷史聯繫全靠這個系統來維繫。本書把它叫做工具文化。像習俗這種符號存在於每個人身上，不論這個人身份如何，從事何種工作，官職大小，是男是女，是老是少。它是即時的，雙方交流不能有時空的隔閡。它通常是直接的，不需要別的物質做媒介——不言而喻，當內在精神需要表達時，它要運用語言，當我們談到生活狀態時，離不開「道具」的陪襯。這種符號，我把它稱為符號 B。符號 B 跟手勢語不同，也跟信號不同。信號與符號的區別是本能跟文化的區別，人不再屬於自然界最重要的標誌是語言符號的產生。習俗文化也是隨著人的出現而出現的，它的歷史同樣很長。卡西爾說的符號，是以人跟動物的區別為出發點的，是人之所以為人——即區別於非人——的主要標誌；把習俗文化也稱作符號，則是從人跟人的聯繫為出發點的，它是一個個具體的人的標誌，是每一個活的人的符

號。工具文化是人有意識的創造，習俗文化是人無意識的集體模仿。以上所論，是就絕大部分習俗而說的，有些習俗，如聖誕節、端午節一類節日具有很強的時間性和季節性，自當除外。

有必要強調，每個人都是習俗文化的載體，而工具文化，除了語言是人人不能離開的以外，其他不一定在每個人身上都能看到。也可以說，工具文化是民族的，國家的，而習俗文化是個人的，是集體的習俗表現在個人身上，人人都攜帶著習俗文化。從這個意義上說，把人當作「符號的動物」，更為恰當。

進一步還可以看到，習俗跟人有一種極其特殊的關係。

本書第三章在談制度文化的「變遷因素」時，提到了「物理宇宙」這個詞，使用這個詞的學者，恰是《人論》的作者恩斯特・卡西爾。他是把「物理宇宙」跟「符號宇宙」相提並論的。現在，筆者再「製造」一個「宇宙」，就是「化學宇宙」。

卡西爾把人類社會分成「物理宇宙」和「符號宇宙」兩個部分，相當於本書所說的制度文化和工具文化。「符號宇宙」且不說，如前所述，在制度文化下，人是物理的地發生變化，各種制度都是一些無形的手，把人推到這裡推到那裡，但無論怎樣擺佈，人仍是人。美國人生活在日本還是美國人，日本人生活在德國仍然是日本人。從另一個制度下來的人，到了這一個制度之下，他自己可以不變，但卻不能不受這個制度的約束和管制，只有適應這個新制度才能更好地生存。在制度文化下，人只有物理的變動而沒有其他的變動。在習俗文化下，人的變動就不是物理式的簡單的「位移」之類變動，而成了化學變化，其構成成分有了增減、消長。就像一件物品浸泡在一種化學藥水裡，受到腐蝕，本身的性質慢慢發生變化一樣。前邊說到馬達加斯加島的居民，以非洲血統的居民占多數，《文明史綱》說印度尼西亞血統與非洲血統的居民是 1 與 2 之比，但這個島的文化卻是印度尼西亞文化，那裡的民情風俗，從人們的住房習慣到捕獵習慣等等，無不來自印度尼西亞。這表明，非洲裔居民來到這個島上，他的各種習俗都變了，

變得跟島上原有的居民相一致。在中國歷史上，有過幾次處於邊遠地區的少數民族「入主中原」的事例，像元朝和清朝就是由蒙古族和滿族建立起來的。但這些「異族」一進入「中原」，它就要學習、接受漢族的習俗文化和工具文化，並被它同化，變得跟漢族有些難以分辨了。這不是物理變化，這是化學變化，是他本身構成成分的變化——由數量的增減到質的根本變化。存在這樣一種情況：有些僑民，來到另一個地方，並沒有被「同化」，而是堅持了他原來的習俗文化。許多華僑屬於這一類。但這並不等於說，他對新的環境裡的習俗文化不熟悉，或不相適應。相反，往往是既適應新環境下的習俗文化，又不放棄原有的他本民族的傳統文化，各有所用。

這就是「化學宇宙」。工具文化既不是「物理宇宙」也不是「化學宇宙」，它是「符號宇宙」。人在「符號宇宙」裡，既不發生物理運動，也不發生化學運動，它所發生的變化，是本身的能力、知識、信仰等的提高、增強、純粹化。這可以稱作「數學變化」。比如一個人在別的國家留學，他所受到的教育，使他增加了學識，長了本領。習俗文化所產生的結果，是化學變化。

正是這種習俗文化，構成了人類生活的主要內容，豐富而具體。

倫理道德、價值觀念、審美興趣等，這些觀念性的東西，會隨著社會的發展變化而改變，但其民族特性是很牢固的，不應當要求改變其民族特性。民族性格，在一個人身上可以改變，在整個民族是很難改變的。有人以在德國看到一個十五六歲的孩子和一個七八歲的孩子打架，旁邊圍著許多人卻都無動於衷為例，說中國人的道德觀念是「大的不能欺負小的」，德國人的觀念則是「不論誰跟誰打仗，反正誰胳膊粗，誰有勁，誰就是勝利者」，最後得出「我們今天的倫理道德，價值觀念，其中有一些是要改變一下的，不變不行」（季羨林《三十年河東三十年河西》，第 135 頁）的結論，其隱含的意思是，中國人的道德觀念不適應社會發展的需要。這個說法值得商榷。上述中國人的道德觀念和德國人的道德觀念，只有民族習俗的不同，並無好壞之分，亦無

先進與落後之別，不存在應不應該改變的問題。各自如何發展，哪一個需要做出改變，只能聽由社會和文化的發展決定。

前邊說到法國學者伏爾泰在其所著〈風俗論〉中把歷史分為「外部的歷史」和「內部的歷史」兩種，要求歷史學家更注重後者而不是前者。在伏爾泰看來，過去的歷史著作只記敘政治和軍事，「似乎世界只是為幾個君主和效力于君主欲念的那些人而存在，其餘的全都被略而不提。在這一點上，歷史學家就像他們所談到的某些暴君，把人類作為獻給一個人的犧牲品了。」（轉引自《世界思想文化名著精讀叢書・文化、社會、人類學卷》正文第 4 頁）這確實是值得注意的。

第六章　比較與辨析

三種文化，作用各有不同

　　三種文化，可以這樣概括：制度文化約束人，把人規則化；工具文化教育人、提高人、解放人，把人「文化」化；習俗文化顯示人，團結人，把人族群化、符號化、慣性化。打個比方，制度文化是戴在脖子的項圈，它時刻提醒你，按照一定的規矩辦，不可越雷池一步；工具文化是別在口袋裡的鋼筆，它既表明你有文化，你也隨時可以把它拿出來，寫出你的心得、感想；習俗文化是插在胸前的徽章，人們一看見，就知道你是哪裡人，要幹什麼去。習俗文化是人的符號，工具文化是民族的符號，制度文化是權力和國家的符號。這三種文化從國家，到集體，到個人，從制度，到思想，到行為。人在行動上，既遵守制度，也按照習俗，缺一不可。就對人的自我解放而言，制度文化是人的自我解放的對象，工具文化是人的自我解放的武器和手段，習俗文化是人的自我解放的具體表現和結果。

　　前已說過，制度文化，卡西爾稱之為「物理宇宙」，馬林諾斯基也有相類似的論述。由此推開來，本書把習俗文化稱為「化學宇宙」。制度文化引起的變化，是物理變化；習俗文化引起的變化是化學變化。本書說的工具文化，卡西爾稱為「符號宇宙」，如果像制度文化和習俗文化那樣也用一個自然科學術語來比喻，在筆者看來，稱其為數學宇宙，它所引起的變化是數學變化，或許更合適一些。工具文化中，神話已成為歷史，現在只供人們審美之用。宗教的反科學本質跟科學的

飛速發展的矛盾愈益顯著，正在走向衰敗的道路。語言是一種特殊的
工具。除此以外，就只有科學與藝術。科學和藝術所起作用，可分為
對人、對社會兩個方面。在提高人們的文化素質和知識潛能上，對一
般人，它是加法，對具有特殊才能的人，是乘法；如果它本身屬於「黑
色文化」，起減法作用。對社會說，也是這樣。新的科學發明，在提高
社會生產力上，以乘法或幾何級數視之，再恰當不過。從瓦特蒸汽機
的發明到近年電腦的普遍應用，都最好不過地說明了這一點。二十年
前，筆者研究藝術生產力的構成，說思維方式在藝術生產力中的作用，
像乘數一樣。思維方式屬於封閉型或單線式，猶如乘數是一，或不足
一，而如果思維方式屬於開放型，也就是「解放式」，那麼乘數就可以
是二或三或……，它的效果呈幾何級數增長。所謂「思想解放」，在藝
術生產上，主要是思維方式的革新。科學在人們知識積累和提高生產
力上的作用，與此相似，只能以數學相比較。鄧小平說科學技術是第
一生產力，是其引起的變化是數學變化的最好說明。

　　本書第二章說到文化的光譜。該章說，要給文化排隊，就要看各
個文化現象在人的自我解放歷程中發揮什麼樣的作用，是重大的還是
微小的，直接的還是間接的，一時的還是貫穿始終的，等等。這便是
標準。又把政治制度文化作為譜線的開端，把它放在左邊，然後依次
向右延長。接著談到的工具文化、習俗文化，便是這一光譜的延長線。
每一種文化在光譜中的位置，基本上是按本書論述的順序。如是一來，
這條光譜便有三段，每段各包含幾種。如第一段包含政治制度、經濟
制度、軍事及軍事制度、法律和教育，第二段包含宗教、科學、藝術、
神話、語言和自然科學，第三段包含倫理道德、價值觀念、文化心理、
思維方式、興趣愛好和人的生存狀態、風俗習慣。本書又把這三種文
化分為五個圈層，制度文化構成第一、二圈，其中政治制度為第一圈，
其餘（本書稱為次制度）為第二圈，工具文化構成第三圈，習俗文化
構成第四、五圈，第四圈為內在精神，又稱為甲類習俗，第五圈為外
在形象，又稱為乙類習俗，即生存狀態和風俗習慣。從各種文化在社

會發展中所起作用說，自左至右，或由內而外，是遞減的；從各種文化跟普通人的關係說，則自左至右，或由內而外，是遞增的。本書名為「文化圈層論」，其實也可以叫做「三種文化論」，兩者意思相同。

不言而喻，無論在文化的光譜上還是圈層裡，凡是相鄰的兩種文化，都有其相接近的地方，比如排在第一階段最後的教育，跟排在第二階段開頭的宗教，在社會發展中的作用，就難分軒輊，其區別在於，教育之權大都掌握在統治者當局的手裡，而宗教則不一定；教育的對象是全體居民，而宗教只面向信徒。有時候，甚至靠後（在圈層上便是靠外）的一種文化，在某些方面，某些時候，可能比靠前（在圈層上便是靠內）的一種，對社會發展所起的作用更大一些。如藝術，自從階級鬥爭的理論興起以後，在馬克思主義政黨管轄的地區，就被納入到階級鬥爭的大事業中去了，毛澤東《在延安文藝座談會上的講話》中，文藝具有跟武裝鬥爭（軍事）同樣重要的作用和地位，它可以「團結人民，教育人民，打擊敵人，消滅敵人」。還有，如語言，它在人類生活中的無比重要性是任何一種文化都不能比擬的，人離開了語言，就不成其為社會，甚至也不成其為人。現在把它放在工具文化裡，排在神話之後，並不是忽視它的作用，而是主要從性質著眼的。再如科學，包括許多門類，各自在促進人類社會發展上起不同的作用。社會科學中各種政治經濟學說，跟社會發展有極密切的關係，馬克思主義的產生，更是改變了人類的命運。即使像自然科學，它在推動社會發展上所起的作用，有時候簡直難以估量，如近年電腦的發展。但這無法改變它作為工具文化的性質。

在三種文化之中，制度文化之重要，不言自明。一方面，社會狀態如何，它是處於正常的發展之中還是存在諸多尖銳的社會矛盾，廣大人民群眾對當前的各種現象是滿意還是不滿意，統治者與被統治者的關係是協調還是不協調，主要集中在制度上，要使社會得到進步，也只有從改變制度入手。大的制度大改，小的制度小改；大改帶來大變，小改帶來小變。人常說：「人心思變。」所「思」的「變」，只能

是制度文化，而不是別的文化——工具文化只有量的增加，無所謂變不變的問題；藝術風格的變化，小得不能再小，不在此處所論之列；習俗文化之變，是自然的，沒有人「思變」，統治者可以用強力「移風易俗」，常常不會得到好結果。另一方面，制度文化對其他文化，對整個社會，對人們的生活，起著重要的有時是決定性的作用。前邊說過，制度文化可以使社會人生發生物理性變化，而且它的變化可以是突然的，不像工具文化和習俗文化那樣，有時幾十年、幾百年不顯其變化。中國在魏晉時代，不僅文人風氣大變，文學藝術風格大變，而且整個社會瀰漫著一種消極厭世情緒，老莊哲學大行其道。「竹林七賢」的出現便是這一社會風氣的最好說明。其原因何在？魯迅寫有一篇〈魏晉風度及文章與藥及酒之關係〉，做了深入骨髓、鞭辟入裡的分析。一言以蔽之，政治上的高壓，使人們動輒得咎，論政色變，噤若寒蟬，於是個個遠離政治，以苟延生命。魯迅說：「漢末魏初這個時代是很重要的時代，在文學方面起一個重大的變化，因當時正在黃巾和董卓大亂之後，而且又是黨錮的糾紛之後……董卓之後，曹操專權。在他的統治之下，第一個特色便是尚刑名。他的立法是很嚴的，因為當大亂之後，大家都想做皇帝，大家都想叛亂……」這是政治上的原因。正是這種嚴酷的現實，使知識分子不得不走上隱遁之路。還有政治人物的原因。「曹操曹丕以外，還有下面的七個人……七人的文章很少流傳，現在我們很難判斷；但，大概都不外是『慷慨』，『華麗』罷。華麗即曹丕所主張，慷慨就因當天下大亂之際，親戚朋友死于亂者特多，於是為文就不免帶著悲涼，激昂和『慷慨』了……」「後來阮籍竟做到『口不臧否人物』的地步，嵇康卻全不改變。結果阮得終其天年，而嵇竟喪于司馬氏之手，與孔融何晏等一樣，遭了不幸的殺害。這大概是因為吃藥和吃酒之分的緣故：吃藥可以成仙，仙是可以驕視俗人的；飲酒不會成仙，所以敷衍了事。」（《魯迅全集》第三卷第 501-511 頁）清代為什麼考據學特別發達，主要原因就在於，清朝統治者為了維護

其異族統治，大興文字獄，人們只有避之一法了，考據學便成了文人的逋逃地。

　　本書用「光譜」和「圈層」給文化排隊，不僅僅是為了論述的方便，它乃是本書的核心所在。如上所述，出現在我們眼前的「事實」常常不是那麼單一化、系統化，而是紛紜複雜甚至於雜亂無章的。這些問題的存在，正說明了人類文化的豐富性和複雜性，這就用得上「具體問題具體分析」這句話，不可一概而論。

文化的強制性

　　前邊說「制度文化約束人，把人規則化」，是相對而言的。其實，所有文化都有約束力，並不是只有制度文化才有約束力，只是約束力的來源不同罷了。制度文化的約束力在於它的懲罰性，工具文化的約束力在於它的合理性、正確性，習俗文化的約束力在於它的習慣性。有約束力，必然會產生強制。強制性和約束力，是所有文化最基本的品格。文化一旦形成，這種品格隨之而生。

　　文化是人創造的，文化被創造出來以後，就成了獨立的存在，反過來會作用於人。人的每一個活動都是文化活動，都是在原有的文化的約束下進行活動，由於慣性使然，人在從事各項活動時，可能感覺不到文化強制力的存在，但如果你離開慣常的行動準則，有一些「偏常」舉動，立刻會有各種各樣的聲音出來干涉，這個時候，你就會知道文化強制力是多麼巨大！這樣你就不能不按照已有的文化所指示的方法、道路、規則行事，不能不遵守它的規律和秩序，無論那是制度，是科學真理，還是道德倫理、風俗習慣，你都必須服從。人組成社會，而能使社會正常運轉的，是制度文化；能使社會不斷前進、有所提高的，是工具文化；能使整個社會或一些團體、族群和睦相處、親密團

結的，是習俗文化。接受已有的文化，順從文化昭示的方向，乃是每一個社會成員應盡的義務。你可能是在進行創造性研究，創造性活動，但也只能從原有基礎出發。即使像牛頓坐在蘋果樹下靜思，如果沒有他少年時代表現出的製造精巧器械的才能，如果沒有「聯想」這一思維方法，如果他對人類已具有的自然科學知識一無所知，他能想到這是「引力」在起作用嗎？

　　美國學者恩伯夫婦在《文化的變異──現代文化人類學通論》中說：「文化本身是限制個人行為變異的一個主要因素。法國著名社會學家埃米爾‧杜爾幹強調說，文化是我們身外的東西──它存在於個體之外，而又對個人施加著強大的強制力量。我們並不老是感到文化強制的力量，這是因為我們通常總是與文化所要求的行為和思想模式保持著一致。然而，當我們真的試圖反抗文化強制時，它的力量就會明顯地體現出來了。」（第 37 頁）當某種文化成為傳統──所謂傳統，就是某種思想或做法長時期堅持下來，並為人們所認可和捍衛，如中國具有專制傳統──時，它的強制性和約束力更容易對人們的變易行為發生反作用。在《文化的變異》裡，兩位作者寫道：「在我們的社會裡，一個人如果想結婚，不可能全然不顧傳統的求愛模式。如果一個男人在街上看見一位女子，並決定娶她為妻，我們滿可以想像他會選擇一種比一般時間安排更迅速、更直接的行動。他可能跨上一匹快馬，馳向那位姑娘家裡，把她抓上馬背，然後飛奔而去。直到最近，採取這種行動的一對男女在西西里島仍被當成合法地結了婚，即使這位姑娘從未見過這個男子，甚至從未有過結婚的念頭也不例外。但在美國，任何男子如果採取這種行動，很可能就會被看作犯了綁架罪而被捕入獄，還可能被懷疑為神經不正常。這種行為不能被我們的社會所接受，所以不是我們社會的文化行為。雖然個人的行為可能千變萬化，但絕大多數的社會行為總是處於在文化可以接受的限度之內的。」（第 36 頁）這就是文化的強制性和約束力。

　　要看到，有時候，已有的文化不一定正確，但卻是合理的。合理，就是大家都認為應當。這有幾種情況。第一種，比如巫術，是人類早期普遍存在的一種文化，它通過從事超自然力量的活動達到某種目的，或對某些超自然現象做出解釋。它常常把一些偶然現象聯繫起來，讓它們發生因果關係。英國人類學家弗雷澤的經典著作《金枝》說，巫術的思想方法是「聯想」，無論「順勢巫術」還是「接觸巫術」，都是對聯想原則的錯誤運用。「順勢巫術」源於對「相似」的錯誤聯想，把相似的兩個東西看成同一個；「接觸巫術」源於對「接觸」的聯想，認為有過接觸的兩個東西總是保持著接觸。在巫術實踐活動中這兩種巫術總是結合在一起，他稱為「交感巫術」。人類早期的各種神靈崇拜，跟這種巫術活動互為因果。巫術活動直接導致了宗教。弗雷澤指出，人類較高級的思想活動，大體經過了巫術——宗教——科學的發展過程。宗教雖然取代了巫術，但隨著時間的推移，宗教對客觀世界的解釋也不能令人滿意，於是有了科學。科學也是在不斷發展，有的科學結論被後人的研究所否定，是科學史上常有的現象。前邊說過，宗教是反科學的，巫術更是跟科學風馬牛不相及。但在人類早期，它卻被人們信以為真。人們不僅相信巫師的言說，而且把巫師當作有大智大慧的人，常常奉為領袖、導師。巫師的話，沒有不合理的。所以巫師具有很高的地位，有的兼任部落酋長，有的擔任酋長的高官、「高參」。在中國夏代，王既是最高行政長官，又是軍隊統帥，還掌握著神權，是巫師之長。

　　第二種，是把人類好的文化成果用在了不該使用的地方，並使其正確用途受到遮蔽，以致該文化成果改變了性質。如中國人把指南針用於造羅盤，把火藥用於放起火。指南針如用於航海，必會促進交通和經濟的大發展。用於造羅盤，供人們看風水、選墳地之用，為迷信活動提供了方便。火藥是製造熱兵器必不可少的一種原材料，武器由冷兵器向熱兵器轉變、過渡，火藥的發明是關鍵性的因素。中國人發明了火藥，卻不知道製造熱兵器。這樣，最先發明了火藥的人，在千百年之後，仍使用長矛大刀，結果被使用長槍大炮的歐洲人打敗。放

起火常用於節日慶祝活動之中，它跟迷信活動不同，可以讓人們得到娛樂，渲染節日氣氛，作用是正面的，但比起它應該起的作用來，仍只能說，它走了邪路。這種現象，可稱為「黑色文化」。

還有一種，文化本身是正確的，但在執行過程中出了偏差，又經過不恰當的闡釋、宣傳，使其錯誤被掩蓋，於是形成以惡充善、以假當真。如中國人的孝，它不是封建倫理道德，而是人類生命哲學中重要一環，在保證人口再生產和人的健康發展、家庭團結和睦上有重大意義。但由於歷代君主總把「以孝治天下」放在最重要地位，這就使人在執行中容易發生片面化、絕對化、庸俗化等現象。如郭巨埋兒的故事，就走了極端。奉養老人，應該主要靠發展生產，這個故事的主人卻提出把兒子活埋，以減少跟母親爭食的人口，這是十分荒謬的。這不僅是對人權的惡意摧殘，也是對孝這一重要倫理道德的嚴重歪曲。在兩千多年時間裡，郭巨埋兒一直被當作孝子的榜樣，出現在無數的造型藝術和人物傳記裡。

以上這些問題，是現代人的認識，過去人們未能認識到它的謬誤。郭巨埋兒的故事，曾經有人指出是「愚孝」，可是沒有人聽從。它們依然被當作正面東西，因此它們就還有強制性和約束力。可以說，它們雖然錯了，卻仍然合理。文化的強制性和約束力，就從「合理」而來。

也有不合理的文化，主要在進入階級社會以後，又主要是制度文化。人類生活於其中的社會和國家，是兩種不完全相同的組織。社會和人類是同時產生的，而國家，按照馬克思主義的解釋，是直到階級產生以後才有，國家就是階級壓迫的工具。在專制制度下，統治者制定的制度大都從維護自身利益出發，存在不合理之處，是必然的。這種文化往往有更大的強制性和約束力，也會帶來負面的效果。階級鬥爭和歷代農民起義等，就是針對這種不合理制度的。這是不合理文化的溫床和淵藪。

以人為本位說，面對文化的強制性和約束力，人們的行為常常會有兩種情況，一種是正常，主客觀一致，順從，一種表現出不理解、

不適應，消極對待，甚至對立、對抗。前者是普遍的，經常的，無論人們是清醒的還是渾渾噩噩的，都會不假思索地向前走去。後者屬個別現象，法國著名社會學家愛彌爾·涂爾幹（有譯作杜爾幹的）把它稱為「偏常」，並對之進行了深入的研究。他認為嚴重的「偏常」舉動違背了社會良知，會影響社會團結。美國學者蘭德爾·柯林斯和邁克爾·馬科夫斯基，在其合著的《發現社會之旅》中，對涂爾幹的這一觀點做了闡釋：「如果某人犯下了一樁罪行——例如謀殺或強姦——那麼會引起廣泛的公眾憤怒，其範圍遠遠超過那些在此罪行中具體受到傷害或受到威脅的個人。人們對那些從個人角度來說與自身毫無關係的事件做出反應，從而顯示出他們與普遍意義上的社會之間的非理性的、與自我利益無涉的從屬關係。下面這類情況可以顯示出這是一種與個人利益無關的感情：公眾會為一些純粹是象徵性的事件而憤怒，在這類事件中，根本沒有任何人受到損害——比如說，公眾猥褻事件（一個現代的例子就是上演裸體戲劇或放映裸體電影）或象徵性的政治行為，如左拉致法國總統的信。在所有這些事件中，被觸犯的不是什麼人的個人利益，而是集體良知本身。如果一種儀式秩序被損害了，那麼就必須實施儀式懲罰以恢復其純潔性。」（第169頁）社會良知是人們對文化價值共同體認的心理反應和道德評價標準。可見文化的正當的強制性和約束力是不可隨意破壞的。

　　至於對統治者殘酷迫害這種不合理現象，廣大老百姓只能暫時屈從，在無法忍受的時候，必然會起而反抗。反抗是階級鬥爭的一種比較激烈的手段，在各個社會裡都會發生。但這不是本文要討論的，那是社會學家的領地；本文只想說明，這種不合理文化的強制性和約束力是一種特殊現象，所有文化具有強制性和約束力，才是普遍的。

　　文化的強制性和約束力，也可以稱作文化的「反製作用」。本書的理論建立在「文化是人的自我解放的表現」這一論斷基礎之上。既然強制性和約束力是文化的基本品格，那麼，在文化形成之後，人的自我解放就跟文化的反製作用構成矛盾。自由，或說人的自我解放，是

所有人的事，相互之間，必然會發生牽制、矛盾。這就帶來一條重要規律：個人的自由不得妨礙他人的自由，用《共產黨宣言》的說法：「每個人的自由發展是一切人的自由發展的條件」。人的「自由」從來不是也不能任性而為，它被限定在一定的範圍之內，受到各種規章制度、各種法律、各種道德規範、各種秩序的限制。人的自我解放是「自由」的不斷擴大的過程，這樣，它就要不斷衝破現有文化帶來的制約，不斷調整生活的秩序。自由和秩序是互相依存的，自由只能在秩序內展開，從來沒有絕對的自由。而秩序則要為自由提供盡可能大的空間和方便，不能為了秩序而限制和打擊自由。最高的境界，是最大的自由和最好的秩序並存。這只有到共產主義，才可以實現。

文化的全人類性與普世價值

本書第三章說到制度文化具有全人類性，這裡不再重複，只想說明，文化的全人類性並不只限於制度文化一種。即使像工具文化中的科學、藝術、宗教等，也屬於全人類。甲類習俗，涉及人的內心，同樣不限於一個國家，一個民族，有許多是全人類相通的。許多節日同樣屬於全人類。也就是說，有些文化一旦創造出來，就成為全人類共有、共享的精神財富，而不再屬於某個人，或某個國家、某個民族。

共有，共享，是文化全人類性的兩個最主要的特徵，也是檢驗一種文化是否具有全人類性的根本標準。共有，就是共同擁有，不再屬於私有財產，無論這「私」是個人還是集體。現在知識產權的保護是各國都很重視的一個問題，國與國之間常常因為這個問題發生爭端。但是，第一，知識產權的保護是短時間內的事，最多只有幾十年，而這跟人類歷史的無限期延續是根本無法比較的；第二，有些文化是無所指集體創造的，或無意識間創造的，不存在知識產權的保護問題。

這是指新近創造出來的文化。多如恒河沙數的文化是各個不同人群的祖先創造的，它們已經成為歷史，是歷史留給人類的文化遺產，為全人類所共有。共有，也就是任何人不得據為私有。共享，就是誰也可以使用它，既沒有人種的限制，也沒有「國籍」、「族籍」的限制。在《工具文化》一章說到的「公眾性」，就是「共享」的意思。宣傳中國古代文化的孔子學院，據二○○九年底的統計，已在將近一百個國家建立，總數達到二百八十多所。莎士比亞的戲劇，世界上任何一個地方，任何一個劇團，都可以演出。音樂、舞蹈、繪畫這些靠特殊語言表達的藝術，早已成為全人類的共同財富。一種藝術形式出現，馬上在各個國家和地區傳播，迅速推廣。體育也成了世界各個國家共同的產業。中國的春節、端午節、中秋節，歐洲的聖誕節，現在已衝破了它的誕生地的界限，世界上任何地方的人，只要願意，都可以加入慶祝這些節日的行列。

　　文化的全人類性來自人類社會發展的相似性。本書第二章引用了摩爾根《古代社會》序言中的話，論述了矛盾的普遍性的問題，此處還想引用這本書。摩爾根說：「氏族組織給我們顯示了人類的一種時代最古、流行最廣的制度。無論亞洲、歐洲、非洲、美洲、澳洲，其古代社會幾乎一律採取這種政治方式。氏族制度是社會賴以組織和維繫的手段。它開始於蒙昧階段，經過野蠻階段的三個期，一直保留到政治社會建立時為止，而政治社會的建立則是文明伊始以後才有的事。希臘人的氏族、胞族、部落和羅馬人的氏族、庫里亞〔胞族〕、部落，在美洲土著的氏族、胞族、部落中找到了與它們相似的組織。同樣，愛爾蘭語的塞普特（sept）、蘇格蘭語的克蘭（clan）、阿爾巴尼亞語的弗臘臘（phrara）、梵語的伽納斯（ganas），所指的組織都與美洲印第安人的氏族相同，我們通常即以克蘭稱印第安人的氏族，這種對比的例子用不著再多舉了。」（第 62 頁）他雖然說「這種例子用不著再多舉了」，可是後來仍幾次說到。如在第六十四頁說：「把印第安人的克蘭同希臘羅馬人的氏族作一對比，立刻便顯示出它們的結構和功能完

全相同。再將其胞族和部落進行對比，結果也是一樣。這些組織彼此一一相同……」在第八十八頁說：「美洲土著的胞族在基本特徵和性質方面都與希臘拉丁部落的胞族屬同一種組織，但它所表現的是這種組織的原始形態及其原始的功能。」唯其如此，「要想對於希臘人和羅馬人的胞族具有洞察的理解，必須瞭解印第安人的胞族。」印第安人在拉丁美洲，希臘、羅馬在歐洲，相距遙遠，歐洲的哥倫布「發現新大陸」是氏族社會幾千年甚至上萬年以後的事，但它們的氏族組織卻是相近似的。

如果說摩爾根《古代社會》說的是人類蒙昧時代的事，太遙遠了，那我們就看人類社會進入文明時代以後是怎樣的。

以「人殉」「人祭」為例。「人殉」「人祭」是奴隸制社會的一項極為殘酷的制度，不幸，在世界各個國家和民族都存在過。《簡明不列顛百科全書》「人祭」條的釋文說：「人祭，把活人當作犧牲獻給神。實行人祭的民族認為血液是神聖的，是人的生命力所在。但也有不流血的人祭，例如某些民族就是把人絞死或溺死而後作為祭品的。殺人獻祭或以動物獻祭往往是為了與神交通並配合神的作為。把人的生命當作最寶貴的祭品，有時是為了贖罪。有些民族獻人祭是在戰爭勝利以後向神還願，為此而殺害戰俘曾經是一種慣例。人祭多出現在農業民族而不是狩獵或遊牧民族，這可能是由於實行人祭可以增進土壤的肥力。非洲許多地方的人祭與祖先崇拜有關，奴隸要為主人殉葬，其方法或是活埋或是殺死以後葬在主人屍體之下。在今屬墨西哥的地區，阿茲台（特）克人和納瓦人認為太陽需要人肉滋養，便在每年玉米收穫節日用幾千人獻祭。印加人僅僅在統治者即位之時才實行這種大規模的人祭。今屬秘魯的地區以及北美洲的一些印第安人部族也實行人祭。通過在埃及和近東其他地區進行發掘發現，那裡曾出現大批奴隸隨其他財物為主人陪葬的事。根據亞述和迦南各宗教的禮儀，要把兒童燒死獻祭，古以色列人有時也實行這種禮儀。印度吠陀時代的人祭習俗延續到後代，時母的信徒每星期五晚上向這位女神獻一男童。日

本的人祭到中世紀初期才廢除。十七世紀以前，臣僕為帝王殉葬的事在中國時有發生。古希臘和古羅馬的各種獻祭儀式，本來可能是用人當犧牲。後來曾有人指責基督教徒舉行夜宴殺人祭神而後分吃人肉。」（第六卷第 747 頁）中國殷商時代的墓葬裡，「人殉」坑屢見不鮮。中國當代歷史學家、考古學家李學勤寫到，大洋洲大墓裡，「墓主屍骨無存，但槨室出有人齒，分屬三個個體，當系殉葬人的遺跡」，在河南安陽發掘的「婦好墓」，「殉人至少有十六人」。（《比較考古學隨筆》第56 頁）羅琨在〈甲骨文解謎〉中說：「……在這些大墓內外，掩埋著數不清的人祭人殉的遺骸。按定制，大墓四邊四隅和墓主身下的腰坑中，有九名武士執戈守衛於地下，墓內有隨葬禮器從死的諸婦和臣宰，墓道還有一層層一排排被砍去頭顱的死者及其頭顱。墓外更有多次獻祭留下的數以千計的祭祀坑，每坑十具左右的無頭軀體和人頭坑占相當大的比例。……秦穆公用包括三良在內的一百七十七人殉葬……」（第 50 頁）《甯古塔志》載，滿族王妃死後，要有僕人殉葬。努爾哈赤死後，「將四婢女殉之」。清朝第一個皇帝順治的董妃死後，也有人殉葬。這是滿族奴隸制殘餘的表現。康熙革除了人殉制度。

　　中國現代歷史學家、後來在臺灣大學任教的李玄伯，在為法國歷史學家古朗士《希臘羅馬古代社會研究》一書所作〈序〉中，有一則〈中國與希臘羅馬古代相同制度表〉，共列出四十一項，這也是古朗士書中談到的。（見李玄伯《中國古代社會新研》，第 77-79 頁）中國與希臘羅馬分別是東方文化和西方文化的源頭，在當時是各自獨立、平行發展的，既無聯繫，又根本不可能「相互借鑒」，交流融合，而「相同制度」竟有如此之多，實在應該引起人們的深思。歷史學家、文化人類學家談到類似的「相同性」很多。伏爾泰在〈風俗論〉中說，一切開化民族，從印度到歐洲，一般都相信來世轉生，沒有一個民族沒有預言。以前幾次引用的《菊與刀》的作者，美國文化學家、人類學家魯思・本尼迪克特在《文化模式》一書（作者名譯為露絲・本尼迪克）中，說到人類生存的社會有很多一致性，說到認為經期婦女污穢

是一種很普遍的觀念，說到在某個殺人問題上所有民族都會一致譴責，說到弓和箭是人類最早製造的武器、工具，美國墨西哥州的普洛布韋印第安人也製造這種東西，說到求雨在許多民族都有，說到薩滿信仰是人類最為普遍的習俗制度之一。英國著名美術史學家貢布利希在《藝術發展史》中說，「世界各地的巫師、巫婆已曾嘗試用這種方式行施巫術——他們製成仇人的小人像然後刺穿那個倒黴的偶像的心臟或者燒掉它，指望仇人會因此而遭殃。」（第 18 頁）引者按，這種做法，在中國古代叫做巫蠱。

筆者在《魯迅與林語堂》一書中說：「湯因比在其巨著《歷史研究》第一部〈緒論〉中說，羅馬帝國興起以前的希臘社會曾分成『無數地方性的國家』，作者由此想到了彼（筆者按，中國戰國時期何嘗不是如此）。說到中國戰國時期統治者『大量使用自殺性的權術和知識學術界的空前活躍』『兩個特點』時，湯因比說，又『令人想起古代希臘歷史上從斯多葛派的建立人芝諾到結束古代希臘的混亂時期的亞克興戰役的這一段時期』。各不同國家和民族之間的這種相似性、共通性是很多的。其所以如此，就因為人類社會的發展具有相似的規律性：生產力由低到高，由簡單到複雜，由手工操作到機器操作，由機械化到自動化。生產力是社會存在中最主要的因素，具有決定性的作用。從母系社會到父系社會，從畜牧業到農業，從農業到工業，人類社會的每一次大分工，社會形態的每一次大轉變，都是由生產力水平決定的。這個規律具有普遍意義，任何一個國家和民族，在某些環節上可以有特殊性，但要超越或違背這個規律，都是不可想像的。」（第136-137 頁）

文化的全人類性，在政治制度上表現最為集中，最為突出。在《制度文化》一章中，筆者已經闡述過這個問題，不再重複。一言以蔽之，世界上的各種制度，無論你有多少「獨具」的特點，從其對人民的態度而言，不外乎民主和專制兩種。民主是尊重人的，人和人完全平等，專制是輕視人、蔑視人（這幾個字眼，都出自馬克思，見前引）。前邊

未能說到的是，專制只能用於階級社會，因為它的前提是階級壓迫和階級剝削；民主可用於階級社會，更可用於無階級的社會：無階級的社會，只能運用民主，而不能使用專制的統治。這在世界上任何一個地方，概莫能外。

此處說的「文化的全人類性」，其哲學基礎，便是馬克思主義哲學中普遍性和特殊性對立統一的規律。這裡強調了普遍性，但我們從來不否認它的特殊性，因為它的普遍性（即一般）是從特殊性（即個別）上表現出來的，沒有特殊性，也就不會有普遍性，或者說，沒有個別，也就不會有一般。

現在說普世價值。「文化的全人類性」和「普世價值」是相似卻並不相同的兩個概念。「文化的全人類性」屬中性字眼，重在描述，而「普世價值」卻是褒義詞，是值得人們去追求的。價值最初的含義是某物的價值，主要指經濟上的交換價值。現在通指「任何有益的事物」，又常常跟另一個詞組成短語，表示某種特定的價值，如說工具價值、技術價值、藝術價值、審美價值、歷史價值、文獻價值等。普世價值指全人類應該追求的人生價值。

人類既同為人類，就有普世價值。比如子女對父母的孝，無論在哪個國家哪個地區，都是應該提倡和推行的最基本的家庭倫理，世界上沒有一個地方，把忤逆不孝當作美德。中國對孝的重視就不說了，在西方，許多著名哲人說到這一點。亞里士多德說：「以食物奉養雙親比供養其他人更重要，因為他們對我們有養育之恩；奉養我們的生身之親人超過對自己的照顧，是更值得讚揚的事。」洛克肯定了「兒女由於受到父母的生育教養而負有尊敬和贍養父母的終身義務。」盧梭說：「他們（指兒女）前半生既然靠父親滿足了種種需要，就應該貢獻出後半生來贍養父親。」阿奎那說：「父與母是作為我們生命的自然源泉而獲得我們的愛的……」一九八二年九月聯合國大會通過的《老齡問題維也納國際行動計劃》說：「尊敬和照顧年長者是全世界任何地方人類文化中少數不變的價值因素之一，它反映了自我求存動力同社會

求存動力之間的一種基本相互作用，這種作用決定了人種的生存和進步。」這段話再明白不過地說明了孝作為普世倫理價值的重大意義所在，這也等於從法理上把孝作為普世倫理做了規定。除了孝，再如善良、誠實、跟人和睦相處等。善良和誠實是對人性最基本的要求。善良就是心地純潔，對人沒有惡意；誠實，指好的言行跟內心思想相一致，不虛假。漢思‧昆（孔漢思）在《世界宗教尋蹤》第一章說到一種「源初倫理」（Ur-Ethos），包括「你不可偷盜」、「你不可殺生」、「你不可不貞」和「偉大的**對長者的尊敬**，同時還有對幼者的關愛。」最後兩種「源初倫理」，就是中國人常說的「父慈子孝」。漢思‧昆在書中說，這種「源初倫理」「構成了一種人類共同倫理、一種世界倫理的基本內核。」他接著說：「一種世界倫理不但共時地在今日的不同宗教和世界不同地區獲得其共同的基本規範的基石，也歷時地從史前時期、在所有文字形式的資料出現之前便已付諸實施的部族文化的根本規範中獲得其基石。儘管人們理所當然地無法將所有形式的規範都當作一種從一開始便已給定的倫理精神的要素來看待，然而，就強調在所有的轉型中都始終給定的連續性而言，還是可以這樣認為：我們今日的空間意義上的普世的倫理，歸根到底是奠基於時間意義上的源初倫理之上的。」（第 21-22 頁）漢思‧昆在「也歷時地從史前時期」一句中所說，不僅得到中國古代最有名的舜的孝行故事的有力證實，也從摩爾根《古代社會》一書中所寫得到證實，恩格斯在《家庭、私有制和國家的起源》（讀者已經知道，恩格斯這本書系由《古代社會》而來）說，尊敬和照顧老人已成為氏族社會人們的習慣。

普世倫理是普世價值的一個組成部分，它的內涵和外延要小一些。

從馬克思主義哲學原理說，「普世價值」之存在，是有充分根據的。其根據，就是前邊所說事物（包括學說、事理）所具有的普遍性的品格。在這點上，「普世價值」跟「文化的全人類性」並沒有兩樣。

不同的人會有不同的「普世價值」觀，會為「普世價值」規定各不相同的具體內涵。在不同學派、不同思潮學者的眼裏，普世價值不

可能完全相同。站在互相敵對陣營的人為普世價值規定的內容基本相同，毫不奇怪，因為人生的理想本就有相通之處。重要的在於普世價值是否定不了的。這個問題，筆者以後會談到，在此不多說了。

民族文化，文化與傳統

　　由一個民族所創造並為這個民族所堅守、塑造和體現了這個民族的性格的文化，是民族文化，主要由兩種文化構成，即工具文化和習俗文化。工具文化和習俗文化的普遍性在於它們的形式而不在內容，其內容是民族的，特殊的。制度是現時的，一成「過去式」，便不起作用，但制度文化中成為傳統的東西，亦應視為民族文化。民族文化是文化的特殊性的表現，是文化的「個別」。

　　且以印度文化為例。梁漱溟在《東西文化及其哲學》中〈印度文化的略說〉一節裡寫道：

　　　　我們再看印度文化，與中國文化同樣的沒有西方文化的成就，這是很明（引者按，此處疑漏一「顯」字）的。那麼，要問：他是與西方同走一條路而遲鈍不及呢，抑另有他的路向態度與西方人不同呢？又要問：他如果與西方人不同其路向，那麼與中國人同其路向不同呢？我們就來看他一看：其物質文明之無成就，與社會生活之不進化，不但不及西方且不如中國。他的文化中俱無甚可說，唯一獨盛的只有宗教之一物。而哲學、文學、科學、藝術附屬之。於生活三方面成了精神生活的畸形發展，而於精神生活各方面又為宗教的畸形發達，這實在特別古怪之至！所以他與西方人非一條線而自有其所趨之方向不待說，而與中國亦絕非一路。世界民族蓋未有渴熱於宗教

233

如印度人者，世界宗教之奇盛與最進步未有過於印度之土者；而世界民族亦未有冷淡於宗教如中國人者，中國既不自產宗教，而外來宗教也必變其面目，或於精神上不生若何關係（佛教則變其面目，耶教則始終未打入中國精神之中心，與其哲學文學發生影響）。又科學方法在中國簡直沒有，而在印度，那「因明學」、「唯識學」秉一種嚴刻的理智態度，走科學的路，這個不同絕不容輕忽看過，所以印度與中國實非一路而是大兩樣的。**原來印度人既不像西方人的要求幸福，也不像中國人的安遇知足，他是努力於解脫這個生活的；既非向前，又非持中，乃是翻轉向後，即我們所謂第三條路向。**這個態度是別地方所沒有，或不盛的，而在印度這個地方差不多是好多的家數，不同的派別之所共同一致。從邈古的時候，這種出世的意思，就發生而普遍，其宗計流別多不可數，而從高的佛法一直到下愚的牛狗外道莫不如此。他們要求解脫種種方法都用到了，在印度古代典籍所載的：自餓不食，投入寒淵，赴火炙灼，赤身裸露，學著牛狗，齕草吃糞，在道上等車來軋死，上山去找老虎，如是種種離奇可笑；但也可見他們的那種精神了！……

——第 73 頁

　　梁漱溟筆下印度人的文化就是這樣。宗教，世界許多國家都有，印度也有，這是其普遍性。印度產出了佛教和其他獨特的宗教，而且，「他的文化中俱無甚可說，唯一獨盛的只有宗教之一物。」這是他的特殊性。佛教不止在印度流行，以後傳播開來，中國也有，日本也有，泰國、柬埔寨等南亞國家也有，這是佛教的普遍性。但佛教到了中國，「則變其面目」，在日本也一樣，而在印度，還是原來的樣子，這是他的特殊性。印度有哲學、文學、科學、藝術等工具文化，這是他跟其他國家和民族相同的地方，是其普遍性。但他這些文化並非獨立物，

而是「附」於「唯一獨盛」的宗教之下，這又是他的特殊性。如此等等。可見所謂印度文化，也就是印度的民族文化。

再看梁漱溟所說東方文化，即中國文化。在《東西文化及其哲學》裡，梁漱溟有很具體詳盡的論述，現在且引用作者在《中國文化要義》中的概括，因為這更簡單而明瞭。在〈試尋求其特徵〉一節裡，作者說中國文化有以下特徵：

第一是「廣土眾民」。

第二是「偌大民族之同化融合」。

第三是「歷史長久，並世中莫與之比」。

第四，「……若就知識、經濟、軍事、政治，一一數來，不獨非其所長，且勿寧都是他的短處……一面明明白白有無比之偉大力量，一面又的的確確指不出其力量竟在那裡……」

第五為「歷久不變的社會，停滯不進的文化」。

第六為「幾乎沒有宗教的人生」。

第七，「家庭生活是中國人第一重的社會生活；親戚鄰里朋友等關係是中國人第二重的社會生活。」

「中國學術不向著科學前進這一問題，我們列為第八特徵。」

「我們即以民主、自由、平等一類要求不見提出，及其法制之不見形成，為中國文化第九特徵。」

「……我們盡可確言道德氣氛特重為中國文化之一大特徵。——我們列它為第十特徵。」

「第九特徵第十特徵，其內容皆涉及政治。因而使我們聯想到中國人的國家。從前中國人是以天下觀念代替國家觀念的。他念念只祝望『天下太平』，從來不曾想什麼『國家富強』。這與歐洲人全然兩副頭腦，雖不無古人偉大理想作用於其間，但它卻是反映著二千年來的事實的……我們即以此列為中國文化第十一特徵。」

「上面提到的雷海宗先生，有《中國文化與中國的兵》一書出版。他根據歷史，指出中國自東漢以降為無兵的文化。其所謂無兵的，是

說只有流氓當兵，兵匪不分，軍民互相仇視，或因無兵可用而利用異族外兵，那種變態局面……我們列它為第十二特徵。」

「往年歷史學教授錢穆先生曾有一論文，稱中國文化為『孝的文化』。近則哲學教授謝幼偉先生，又有《孝與中國文化》一書出版，他強調說：『中國文化在某一意義上，可稱為孝的文化。孝在中國文化上作用至大，地位至高；談中國文化而忽視孝，即非于中國文化真有所知』。……我們列它為中國文化第十三特徵。」

「又有蔣星煜先生著《中國隱士與中國文化》一書出版。他指出『隱士』這一名詞和它所代表的同一類人物，是中國社會的特產；而中國隱士的風格和意境，亦決非歐美人所能瞭解……我們今取它為第十四特徵，而研究之。」（第 6-21 頁）

梁漱溟在敘述了以上十四個特徵以後又概括中國人的十點性格特徵為：自私自利，勤儉，愛講禮貌，和平文弱，知足自得，守舊，馬虎（模糊），堅韌及殘忍，韌性及彈性，圓熟老到。（第 22-23 頁）跟上一章所引林語堂對中國人性格的十五點概括大致相同。林語堂在同一本書中說：「中國人之德性」是圓熟、忍耐、無可無不可、老猾俏皮、和平、知足、幽默、保守性。兩人的概括竟如此相似！這不是巧合，而是中國人的民族性格太明顯了，太突出了，一個人稍一留心，就可以一眼看穿。

由以上對印度文化和中國文化的分析可以看到，構成民族文化的，主要是各自的工具文化和習俗文化，卻又不限於以上兩種文化，制度文化有時候也可以包括在內。梁漱溟所說中國文化第四個特徵，涉及四個方面，除去「知識」，便是「經濟、軍事、政治」，這「經濟、軍事、政治」即屬於制度文化。梁先生接下來的話是：「一一數來，不獨非其所長，且勿寧都是他的短處……一面明明白白有無比之偉大力量，一面又的的確確指不出其力量竟在那裡……」這段話說得不明不白，使人不知道那「明明白白有無比之偉大力量」的東西是什麼。從其把著眼點集中在「經濟、軍事、政治」上又不難看到，作者所欲說

者，指中國幾千年的政治制度。作者接著說「第九特徵第十特徵，其內容皆涉及政治。因而使我們聯想到中國人的國家」，便透露出明確的信息。中國幾千年來的政治制度，就是封建君主專制，而這一制度又建立在「君權神授」，「天下」的所有權和管理權合一，「天下」（即國家）為私有財產一旦掌握就「家天下」而傳、外人不得染指這幾個理論和事實基礎之上。這就使封建君主具有無限的權威，亦即「無比之偉大力量」，他想幹什麼就幹什麼。惟其如此，正如本書前邊說到的，中國歷史上只有「打倒皇帝做皇帝」的輪迴，而沒有實質上的大的躍進；歷代農民起義也未能推動生產力發展，那不過是普通老百姓對皇帝權位的覬覦所演成的「成者王侯敗者賊」的鬧劇。中國歷史上政治變遷的這一特點，早已形成傳統，而且構成中國社會、中國文化的最大特色。前邊說民族文化包括傳統在內，即指此而言。

　　文化與傳統是含義不盡相同、卻常常被人攪在一起的兩個概念，有人甚至把它當成同一所指的兩個不同說法。關於傳統，筆者在十多年前的一篇文章中說過：「凡是歷史上世代相傳，具有特徵性的一切社會因素都可以『傳統』稱之，既包括『觀念形態』上的學說、思想、風俗、道德、制度等等，也包括一些物質性的東西，比如農民用木犁耕地，山區人民鑿窯洞而居等即是。還可以指某些人性上的特點，如毛澤東說中華民族是勤勞、勇敢、智慧的民族。就廣義的文化而言，這些也都是文化，但指責五四運動造成了中國傳統文化的『斷層』的『文化』，卻不包括這些在內，它們是『傳統』。可見，不能把『傳統』跟『文化』相提並論，混淆起來，它的含義要寬泛得多。」（〈如何看待五四的「反傳統」──紀念五四運動七十七周年〉，載《魯迅研究月刊》1996年第4期）首先應該肯定，「傳統」也是文化；其次要看到，「傳統」和「文化」所指並不完全相同；第三，這兩個詞還可以組成「文化傳統」和「傳統文化」等詞語，表現各不相同的具體含義。

　　在同一篇文章中我又說：

在各種傳統之中，最根本、最具有本質意義、最能決定和影響其他一切傳統的，是君主專制的傳統……

這種君主專制的傳統，是中國一切傳統的「綱」。「綱舉而目張」，其他傳統無不是由這個綱所派生出來的。比如中國「人治」的傳統，就跟君主專制緊密聯繫在一起，他要施展絕對權威，當然跟「法治」誓不兩立。再如科舉制，這是為那個君主培訓忠順的奴才，而不是為老百姓培養管理者。中國封建時代的官吏，從上到下，莫不是層層對上負責。「治人者」的升遷、俸祿，統統由上面決定，而不是由「治於人者」決定。誰決定他們的命運，他們聽誰的話。這樣，普通人只能永遠處在「治於人者」的地位，而「治人者」也就必然會濫施淫威，並形成一種驅之不去的「文化心態」，影響深遠。再如三綱五常。三綱之中，君為臣綱，是上述綱目關係的絕妙寫照。父為子綱和夫為婦綱看似局限在一個家庭之中，實際上仍是決定、服務於君主專制那個總綱的。家，猶國也，在一個家庭裡實行家長制、一言堂，女人做丈夫的忠實僕人，子女做「聽話」的工具，人人形成服從的習慣，在整個國家，實行君主專制就得到了保障。

民族文化至少有五個特點。一是本土性，即由本民族人民所創造，或所繪製，所制定，即使跟其他國家、其他民族相同，也發源於自己，不是「照搬」而來。就像古代中國與古希臘羅馬在制度上有四十一項相同，卻都出於偶然的必然，必然的偶然，並非「照搬」或簡單「搬用」一樣。二是有個性，即突出的特點、特色。比如泰國和柬埔寨的佛教寺廟，印度、巴基斯坦等南亞人穿的衣服，非洲一些國家女人頭上的髮式等。再以學術說，古希臘時代和中國戰國時代，不約而同地出現了人類歷史上光輝燦爛的學術文化，但兩者有明顯的區別，極易分辨。三是有傳承性，不是轉瞬即逝，而是一直堅持下來，即它是歷時的。人們熟悉、熱愛，視作自己的行動指南或生活寶典。有人研究、

學習，有人傳承。在被遺忘時，人們會感到不安，感到內疚。四是不變或緩變。中國朝代變更頻繁，但其做法（即制度）卻一以貫之，所以是民族文化。印度的政治制度卻很難稱為民族文化，因為它是「搬用」外國的。五是區域性，即限定在一個特定的地域，一般是民族國家。同一個民族和宗教分成幾個國家，卻有著同樣的文化，自也是民族文化。

　　民族文化具有強大的親和力，一個民族能夠存活下來，能夠發展和壯大，最根本的原因，在於民族文化起了粘合和推進的作用。民族文化的強弱、產生遲早和發達程度，是衡量一個國家文明程度最主要的標尺。無論什麼時候，保衛和發展民族文化，是國民的神聖義務和義不容辭的職責。對於傳統，則應該具體分析。筆者在前述〈如何看待五四的「反傳統」〉一文裡說過，傳統有好有壞，好傳統一定要堅持，而不好的傳統，必須堅決有力地排除、割斷、扔掉。比如中國諸種傳統之中最重要、最根本的傳統——君主專制的傳統，就是極壞的傳統，它是造成中國「歷久不變的社會，停滯不進的文化」的主要因素。五四「反傳統」，不是反對別的傳統，集中在一點，反的是君主專制這一傳統之「綱」。「三綱五常」，「三從四德」，都是不好的傳統，從五四運動以來，一直受到批判，是完全正確的，今後還要繼續批判和反對。筆者在〈如何看待五四的「反傳統」〉裡，把中國的各種傳統分為三個層次：「第一個層次，就是君主專制這個事實。第二個層次，是直接為君主專制服務的各種制度、理論和政策。制度如科舉制、刑法等。理論，如『君權神授』，如三綱五常，如『勞心者治人，勞力者治於人；治於人者食人，治人者食於人』，如『女子無才便是德』，等等。第三個層次，是在封建君主高壓統治下人民所形成的文化心理、意識、價值觀念、習慣等等，比如『皇權觀念』和『奴性意識』。」這三個層次的傳統，都是不好的，也都是五四運動的打擊重點。許多好的傳統，像毛澤東所說「中華民族是勤勞、勇敢、智慧的民族」這一傳統，從來沒有人反過。中國文學藝術中的現實主義傳統，即使在五四新文化

運動中，也被保護了下來，而且在新文學創作實踐中得到了繼承和發展，成為中國現當代文學的主要創作方法和主要潮流。中國的五四運動是在中國文化上除舊佈新的一場運動，它的方向是正確的，成績是偉大的。有人說五四是對傳統的「全盤否定」，這是不符合事實的。

如同傳統有好有壞一樣，對文化也應該「一分為二」。 民族文化中不可避免地會有一些消極的東西。我在前述文章中說：「文化，如同一切事物一樣，並不都是好的。有的在歷史上起過極大的進步作用，比如四大發明；有的只起一些娛樂消遣的作用，比如放起火；還有的起一種消極作用，比如羅盤用於迷信活動，這叫做『黑色文化』。火藥本應用於造槍炮，現在用於放起火，雖然放起火能夠給人以娛樂、消遣，在過年過節時點綴節日的氣氛，調劑人們的精神，有好的一面，跟指南針用於造羅盤有所不同，但跟火藥應起的偉大作用相比較，它是走上了邪路，而且妨礙了它向正確的方向發展……」國民的任務，是在保衛和發展積極的有益的文化的同時，正確對待真正消極的有害的文化，該批判的批判，該消除的消除。

我用兩句話概括：弘揚祖國優秀文化，批判封建專制傳統。這個結論是針對中國五四運動的經驗教訓得出來的，我以為這兩句話有普遍意義，對跟中國有相似情況的國家有參考價值，因此佔用了如許篇幅。

文化的延續、發展和變異

文化應該延續，正如民族應該延續一樣；文化應該發展，正如民族應該發展一樣。只滿足於延續，是不夠的，只有在延續中不斷發展，使其日日新又日新，才是對待民族文化的正確態度。有一些民族文化沒有延續下來，已經消失在歷史的塵埃之中。有的是被外國侵略者所摧殘，有的是自然災害造成的，有的系被另一個民族所同化。

　　文化之所以必須發展，是因為人類社會在發展，在前進，人的自我解放的需求在發展，在提高。文化發展的動力，在於社會發展的要求和人的自我解放的要求能不能得到滿足，也可以說是能不能得到制度的保證。在社會的發展上，制度文化起著舉足輕重的作用。當制度文化不能適應經濟基礎發展的需要和人的自我解放的需要時，社會的矛盾就會突顯出來，如不及時調整、糾正，社會會出現不穩定的狀態。每一個國家和民族都應該時時檢討，自己的文化、特別是制度文化是否跟社會的發展相適應，是否處在發展變化的態勢之中。在不相適應時，應該堅決地改革舊文化，創造或引進新文化。一種文化，凡是能夠滿足社會發展的需要，能夠適應人的自我解放的需求的，就能夠存在下去，而如果違背社會發展的規律，不能適應人的自我解放的需求，就是到了必須發展或改變的時候。這兩個必須滿足，是一致的。前一個滿足人們常常說到，後一個滿足卻尚未引起人們的重視。

　　文化的發展和變異，首先出自本身的需要。湯因比在《歷史研究》的〈緒論〉中說：「談到英國工業革命的發生，我們不能（引者按，此處疑漏一『不』字）引證比哈蒙德及其夫人更有權威的人物了。在他們的巨著《近代工業的興起》的序言裡，他們認為：工業革命所以發生在英國而不發生在別處的最大的原因，是十八世紀時英國在世界上所處的一般地位──它同大西洋的地理關係和它在歐洲勢力均衡中的政治地位。既然如此，那麼布里吞人的歷史就可以說，不但在過去沒有過，而且在將來也幾乎可以肯定地說，不可能是一個孤立地『可以自行說明問題的歷史研究範圍』了。」又說：「一個社會在它生存的過程中不斷地遇到各種問題，每一個成員都必須採取最好的辦法自己加以解決。每一個問題的出現都是一次需要經受考驗的挑戰，在這樣一系列的考驗中，社會裡的各個成員就不斷地在前進中彼此有了差異。在這全部過程當中，如果要掌握在一個特定的考驗之下的任何一個特定成員的行為的重要意義，而不或多或少地考慮到其餘成員的相同的或不同的行為，並且不把後來的考驗當做整個社會生命裡的連續不斷

的事件的話，那是不可能的。」（第 3-4 頁）以藝術生產為例，筆者在
〈創新與時代〉一文裡說，藝術上各種新思潮、新流派、新手法的出
現，都跟時代緊密相關，只有時代提出了需要與可能，才會產生，即
使沒有現成的模式可供借鑒，也會由人們創造出來。「五四新文學運動
時期，西方的現代主義已很盛行，為什麼五四新文學運動的領袖人物
沒有把現代主義『搬來』呢？就因為那時的中國還沒有這樣的需要。
當時需要的是白話文，是提倡科學和民主，所以五四新文學運動的旗
手胡適和魯迅等人，大量地創作白話文學作品，而在內容上則以宣傳
科學和民主為主。後來，在新文學已經深深紮下了根子之後，即到了
二十年代後期以後，才有人運用起『意識流』等手法，並出現了『新
感覺派』。由於那時人們的需要不是很強烈，所以只有少量『新潮』作
品。」（1993 年 9 月 20 日《太原日報》）這是就藝術而言，這種情況
用在整個文化上，也是適用的。

　　文化發展有幾種情況。一種是數量的增減，一種是新文化的產生
和舊文化的改進，還有一種是向其他民族的學習和借鑒。內因是發展
的基礎，外因是發展的條件。前邊說到人文主義思潮能夠在歐洲大陸
興起而不可能在中國興起，是因為中世紀的歐洲，神性極大地壓制了
人性，反差之大，使人性不得不做出反彈，而這一點在中國是不明顯
的。壓制人性的神性，來自宗教，主要是基督教。基督教在歐洲的得
勢，對古希臘文化說，是一個倒退。這種現象，在中國沒有發生過。
在歐洲中世紀的同一時期，中國有佛教流行，某些時期封建君主也是
它的虔誠信徒，但佛教並沒有成為國教，其教主地位不高，亦未取得
過任何施政的權力。另外中國人是泛神論者，不相信一神教。泛神論
也可以說是無神論，人們在「牛王爺」、「馬王爺」面前燒香、祭奠，
與其說是崇敬，不如說感到了生活的樂趣。中國人相信命運比相信任
何一種宗教都更強烈。加上中國的人性觀在數千年的歷史長河裡沒有
大的變化，所以中國不存在人文主義的溫床和土壤。歐洲出現人文主
義思潮還有兩個原因。一是歐洲從十四世紀開闢了海上航道開始，各

個國家競相向海外擴張，打破了孤立狀態，逐漸形成了一個殖民帝國集團。向海外的擴張，不僅使歐洲人增長了知識、見聞和財富，改變了對世界的看法，而且使他們的精神為之一振，產生了進一步解放的要求。加上資本主義生產方式的萌芽和初步形成，人們的競爭意識大為高漲。二是自古希臘以來的學術傳統，使他們善於從人的本體論上做理性的深入的思考。歸根結底，歐洲人文主義思潮是適應了社會發展的需要和人的自我解放的需求出現的。

　　歐洲的文化，在兩千多年的時間裡，有延續，更有發展，甚至可說是變異。歐洲文化的基本精神，即對客觀世界尋根究底和建立系統知識以解決現實問題的理性精神，一直延續了下來。宗教勢力的膨脹，使古希臘和古羅馬文化發生了變異，並從而使歐洲文化截然劃分成了三個段落。中世紀的歐洲不同于古希臘和古羅馬的歐洲，資本主義興起以後的歐洲又不同於中世紀的歐洲。延續下來的文化及其精神，奠定了它不斷前進的堅實基礎；隨時吸收新的文化，又為它不斷前進提供了新的思路和多方面的道路選擇。因此，在經過了中世紀的黑暗以後，歐洲大陸顯得生機勃勃，新的發明、創造一個緊接一個。歐洲能最早進入資本主義時代，跟它在文化上的大膽吸取、積極改造有極大關係。中國在明代時，跟歐洲國家相比較，並不落後，但由於歐洲此後的發展走上了快車道，而中國依然在原有的文化園地裡孤芳自賞，知識分子除了李贄等人以外，絕大部分依然在前人走過的道路上邁八字步，從而使社會放慢了前進的步伐。顯然，發展是硬道理，文化發展比文化延續對社會具有更大的推動作用和價值。

　　相對「落後」或「不開化」的民族向先進民族學習、借鑒，以致本民族原有的文化得到發展，無論出於何種原因，都是應該肯定的。以非洲為例。多數學者認為非洲是人類的發源地，不過這就太遠了，且不說，只就新石器以來人類社會的發展而言，非洲也有值得驕傲之處。布羅代爾在《文明史綱》中說：「黑非洲在古代取得的進步，其速度之快絲毫不遜於史前歐洲的進展。」三千年前非洲就有了鐵，就會

用鐵製造武器，羅得西亞人的冶金術在中世紀達到完美的程度，貝寧在十一到十五世紀生產出了「令人讚歎的青銅器藝術和象牙雕刻藝術」。非洲在歷史上曾經出現過黑暗時期，就是人被作為商品運往歐洲和拉丁美洲販賣，它一度阻礙和延緩了非洲文化的發展。這是無法抗拒的，出於不得已。另一方面，布羅代爾接著說，「非洲本身則善於接受新事物，甚至比近來人種學家所認為的還要靈活變通：它有能力抓住西方提供的物品與措施，對它們加以重新闡釋，賦予它們新的含義，並在一有機會滿足其傳統文化的需要時與它們抗衡。」在殖民主義時代，非洲被劃分為英語區和法語區等好幾大塊，它們向各自的宗主國學習、借鑒新文化。「凡此種種賦予非洲一個非常大的好處，即它是一個處在充分而迅速發生變化之中的文化世界。對來自外部的觀察家來說，它提供了從最古老到最現代、城市化程度最高的所有可以想像得到的文化類型。它還包含了文化適應的所有階段。」（第 140-150 頁）從「黑奴貿易」到所有民族和國家都爭取到獨立，人們大都過上現代化生活，這變化是多麼巨大！當你從非洲一些沿海城市的高樓林立的大街上飛馳而過的時候，你能想到，這裡曾經是「黑奴貿易」的轉運站？

布羅代爾寫到非洲的文學和藝術：

> 所有觀察家都不得不承認，西方如此稱羨不已的非洲本土藝術——面具、青銅製品、象牙製品和木刻——正在我們的眼前衰落和死亡。它已經死去了。這是不是像人們常說的那樣——這樣說在某種程度上是正確的——在城市工業文明激烈和一而再再而三的進攻下，一直培育著這種藝術的框架，尤其是宗教框架，其本身正在走向衰亡呢？
>
> 不管怎麼說，毋庸置疑的是，我們過去知道的那個非洲正變得愈來愈遙遠，它的詩歌，它的舞蹈，它的藝術觀念，它的宗教，它的為人朗誦或為人傳唱的傳說，也是如此，再加上它關於過去、宇宙、人民、植物、動物和神靈的概念，換言之，

也就是說其整個傳統的文明，就像我們從西方自身的例子中所
瞭解的那樣，如果現有的退化加劇的話，將會被蕩滌乾淨。

—— 第 159 頁

人類歷史上最醜惡的一種現象，是文化侵略。世界上所有的侵略
者，都有一個把自己的文化強加在被侵略者身上的「德性」，所以，哪
裡受到侵略者鐵蹄的踐踏，那裡的文化就會發生變異。一九三一年爆
發「九一八事變」，日本侵佔了中國的東北三省，成立偽「滿洲國」，
直到一九四五年中國人民的抗日戰爭取得勝利，東北三省有長達十四
年的時間受到日本文化的摧殘，「政府」組織上推行日本模式，中小學
生受日本教育，老百姓被強迫學日本語，行日本禮，跟關內的民族文
化有了明顯的區隔。這種現象，在世界歷史上屢見不鮮。特別是在十
四、十五世紀以後，歐洲國家積極向外擴張，他們不僅輸出了自己的
商品，也輸出了自己的文化，連「拉丁美洲」幾個字也來自歐洲的「拉
丁語系」這一術語。對殖民地人民來說，他們的領土被佔領以後，他
們原來的文化遭到嚴重破壞。拉丁美洲印第安人本來有一千多種語
言，自殖民主義者進來以後，分別用上了各自殖民者的語言，而放棄
了他們自己的語言。非洲文化所遭到的不幸，也是由歐洲人的入侵帶
來的。我為布羅代爾所說非洲文化發展之快感到高興，也為非洲本土
原有的文化——即民族文化——未能很好的保護和繼承，而產生一種
失落感。

有侵略，就有反抗。由外族侵略帶來的文化變異，在侵略者被趕
走以後，往往會使原有的文化在新的形勢下得到發展，產生新的面貌。
拉丁美洲迎來近代文明，是從一七九〇年法屬殖民地海地開始的。那
一年，英雄的杜桑・盧維杜爾領導海地人民開展艱苦鬥爭，經過十幾
年，終於推翻了法國的殖民統治，於一八〇四年一月一日，建立了拉
丁美洲第一個獨立國家。隨後，獨立戰爭的火焰在整個拉丁美洲大陸
燃燒，從南到北，烽火連天。反對西班牙的獨立戰爭，是從委內瑞拉

開始的，到一八二六年，西班牙在拉丁美洲大陸上的殖民體系基本瓦
解，只有古巴等島嶼還呻吟在殖民主義者的鐵蹄之下。其他殖民地國
家也先後取得勝利。拉丁美洲國家的獨立不是很徹底，以後他們又受
到英、美新殖民主義者的文化侵略和經濟侵略，但基本面貌已經改觀，
特別是在制度文化上發生了質的變化。絕大多數國家取消了君主制，
制定了憲法，建立了共和政體和議會；取消了宗教裁判所，限制了教
會的特權，有的國家（如玻利維亞、墨西哥等）實現了政教分離；取
消了貴族爵位和某些封建特權，有的國家搞了土地改革一類活動，使
貧苦農民分得了土地；不少國家全部或局部廢除了奴隸制度；在經濟
上，取消了貿易壟斷，實行自由貿易。與此同時，在歐洲的哲學思想、
政治思想、經濟思想，特別是人文主義思潮等的影響下，新的思想、
道德和世界觀在拉丁美洲的土地上生長出來，新的反映本民族生活的
藝術作品在人民中間流傳。自瑪雅文明、阿茲特克文明和印加文明消
失以後，這塊大陸上的印第安人曾被認為「野蠻民族」，並被當作人類
學家研究「野蠻民族」的標本而受到「重視」，但在反殖民主義戰爭取
得勝利以後，這裡的文化有了截然不同的面貌。被異族侵略，是人在
自我解放道路上所受到的一種特殊的打擊，是一段曲折的道路，擺脫
了異族的侵略，這本身便是一次解放運動。

　　文化的產生和發展，有的出於需要，有的出於某件事的偶然引發，
有的則出於正確，科學——學術文化——即屬於這一種。科學是不能
含糊的，它的正確與錯誤，它對人類有益還是有害，在毫釐之間。

　　歐洲文化有延續，有發展，也有變異。埃及文化、兩河流域文化
無延續，也無發展和變異，原來的埃及文化和兩河流域文化早已死亡，
現在的埃及和兩河流域的國家已不是原來的面貌。中國文化一直延續
了下來，它的偉大在於沒有任何力量可以撼動得它，它的缺點在於幾
千年沒有大的發展和變化，正如梁漱溟所說，是「歷久不變的社會，
停滯不進的文化」。　直到清朝末年，中國人才猛然醒悟，要求急起直
追，先追資產階級的民主主義，又追無產階級的馬克思主義，真正發

生了一場翻天覆地的大變化。印度文化介於埃及文化與中國文化之間。由於這個民族過於軟弱，它常常淪於外族的侵略之下，又無能力同化外族，反使本民族文化受到嚴重的破壞和摧殘，是斷斷續續的苟延了下來。

文化認同和對異文化的認識

在文化交流和國際關係中，文化認同和如何認識異文化，是一個不可忽視的因素。

文化認同含有歸屬之意，有幾種情況。一種是站在一種文化立場上對另一種文化所持的肯定性態度，有的是一種新的文化來到你的眼前，要你評判、選擇，有的是感到本位文化中有所缺失需要另一種文化來補充所做的借鑒和探尋。認同是跟某種文化的互動、參與，主客觀之間產生了一種新的關係。站在第三者立場上，以批評家的姿態對文化現象發表肯定性意見，主客間不存在互動，那是文化批評，跟認同不是一回事。面對文化侵略，被壓迫民族不得不接受外來的文化，也不在文化認同的含義之內。文化要發展，文化自身的主動變異，基於文化認同。文化認同是文化交流的第一步，具有重要意義。只有選擇適合自己需要的文化，才能真正促進和推動社會向前邁進。如果選擇錯了，可能會造成倒退，給社會帶來損失。比如，馬克思主義和法西斯主義都是在德國產生的，你選擇什麼？

本書開頭所寫十九世紀中期中國一些知識分子向歐洲尋求先進知識的熱鬧情景，特別是對歐洲制度文化的最初印象，是文化認同的一個生動的例子。魏源《海國圖志》對英國「巴厘滿」（議會）與國王之間的權力關係以及「五爵會議」（上議院）和「鄉紳會議」（下議院）

的權力分配，都有詳細而清楚的介紹，並肯定「巴厘滿」對待民意的原則是「大眾可則可之，大眾否則否之」。這本書稱讚美國四年一屆由民眾選舉「總領」（總統），是「一變古今官家之局，而人心翕然」，說「議事聽訟，選官舉賢，皆自下始，眾可可之，眾否否之，眾好好之，眾惡惡之」，認為這種「章程」，稱得上「公」而「周」，「可垂弈世而無弊」。這跟前引鄭觀應在《盛世危言·敘》中所說「知其治亂之源、富強之本，不盡在船堅炮利，而在議院上下同心，教養得法……議政於議院，君民一體，上下用心……」以及徐繼畬在《瀛寰志略》中所說美國第一任總統華盛頓「起事勇於勝廣，割據雄于曹劉，既已提三尺劍，開疆萬里，乃不僭位號，不傳子孫，而創為推舉之法，幾於天下為公，駸駸乎三代之遺意」，都能抓住要點，而且具有針對性。雖然他們提出在中國實行「君民共主」的政改方案有些不倫不類，遠離歐美民主制度，但不能不說他們對民主的認知基本方面是正確的。只是這種認同僅僅發生在個別人物身上，既沒有推廣開來，也無法拿出實際成果向人們推薦，無異於「胎死腹中」，以致在經過了半個多世紀以後，在五四新文化運動中，才作為一面旗幟，由李大釗、陳獨秀等人高高舉了起來。

　　生活於一種文化環境的人能夠認同另一種文化，一般說，乃是由於本身所屬文化有不能滿足社會發展和人的自我解放所必需、所欠缺的東西，覺得必須有所補益。魏源、鄭觀應等人對歐美現代民主制度發生興趣，是因為他們看到了中國封建君主專制太多的弊端和其違反人性的本質。孫中山等人發動民主主義革命，是因為深感封建專制制度已到了末日，而清朝政府又極端腐敗，非徹底摧垮不可。於是，他先提出了「驅除韃虜，恢復中華，創立民國，平均地權」的革命口號，繼而提出民族、民權、民生的「三民主義」的施政方針，並以此口號動員全國人民，於一九一一年發動革命，一舉推翻了清王朝，結束了中國兩千多年的封建專制主義。

文化認同，從某種意義上說，就是服從真理，就是吸取先進文化。凡是求進步的人或團體，在看到先進文化時，能客觀地冷靜地對照、對比，檢查自身有無不足的地方，如果確有不及，就勇敢地積極地吸取，必然使自己能夠跟著時代一起前進。如果囿於某種成見，總是覺得自己的文化好，那是會束縛自己的腳步的。特別是在新的科學技術日新月異變化的情況下，不能及時調整心態，不能及時吸取新的文化，就會落在時代的後面。

文化認同主體的需求方向、認知能力（包括理解能力）決定著認同的質量和程度。常常有只看其表面而不能識其本質的現象發生，也有只取其一部分而忽略其主要部分的情況。前邊提到的「君民共主」就屬於這種情況。這在初期是難免的。隨著認識的深入，這種情況會發生改變。

文化認同，有時出於不得已。二○○四年，法國通過禁止穆斯林戴頭巾的法律，伊拉克的一個武裝組織綁架了兩名法國婦女做人質，要求法國廢除這一法律。緊張的營救活動進行了大約一個星期的時間。據那年九月十三日美聯社報道，在法國的穆斯林大都已經認同這一法律，而不堅持再戴頭巾。這說明，在一個特定的文化環境裏，穆斯林會認同、接受另外一種文化，另外一種價值觀。開始時被強制，逐漸就習慣了。畢竟制度文化更為重要，你生活在某一個國家，就得服從那個國家的制度，改變你的習俗。

以上所說，是對異文化的認同，還有一種認同，是對母文化的認同。這種情況一般發生在個人身上。由於某種特殊情況，一些人在遠離母文化環境的另一種文化環境裏，接受別一種文化熏陶，生活方式、思想感情、風俗習慣發生變易，一時背離了母文化。後來，他的生活環境改變，或者思想發生變化，重新回到母文化的環境裏，把母文化作為生命的乳汁，贊同它，擁護它，這種回歸，也可以叫做文化認同。

美國未來學家塞繆爾·亨廷頓，在其有名著作《文明的衝突與世界秩序的重建》中說到的「三個著名的例子」，即是這樣。亨廷頓說：

「本土化並不需要等待第二代來進行。能幹的、有洞察力和有適應性的第一代領導進行了自我本土化，其中三個著名的例子是穆罕默德·阿里·真納、哈里·李和所羅門·班達拉奈克。他們分別是牛津、劍橋和林肯律師學院的優秀畢業生，是卓越的法學家，是其社會中徹底西方化的精英。真納是一個堅定的世俗主義者。李，用一個英國內閣成員的話說，是『蘇伊士運河以東好得沒治的英國人』。班達拉奈克從小就是個基督教徒，然而在領導他們的國家走向獨立和獨立之後，他們不得不實行本土化。他們回到自己祖先的文化中，在此過程中不時改變自己的認同、姓名、裝束和信仰。英國律師真納成為巴基斯坦的『偉大領袖』，哈里·李則成為李光耀。世俗主義者真納成為把伊斯蘭教作為巴基斯坦國基礎的熱情倡導者。盎格魯化的李光耀學會了漢語普通話，並成為一個能言善辯的儒教促進者。信仰基督教的班達拉奈克皈依了佛教並求助於僧伽羅民族主義。」（第 90-91 頁）這也說明，「文化認同」是會發生變化的。

還有一種，不是生活在同一個地區，但由於民族或宗教信仰相同，互相之間便有一種親近感，引為知己，在處理國際關係時常以此作為劃分敵友我的標準。這種認同，下章會談及，此處從略。

一個人不能沒有文化認同。沒有文化認同，就是一個無根的人。認同，實際上是民族歸屬，文化歸屬。當一個人缺乏文化認同的時候，他是孤獨的，也是會遇事無所適從的。塞繆爾·亨廷頓在隔過幾段話後說：「在社會飛速變革的時期，已確立的認同消失了，必須重新界定自我，確立新的認同。」（同上，第 95 頁）

對異文化的認識，指這樣一種現象。比如在歐洲國家大航海時代，他們發現了新大陸，他們聽說了東方國家的新事物，對這些新發現、新事物，該如何看待。即使不是新發現，也有一個對完全不同的文化如何正確認識的問題。認識的目的，是尋找差異，也尋找相同。黑格爾說：「……我們所看到的，不是同一，而是差別。但我們並不停留在這裏，只是把這些事物認作各不相同，就算完事，反之，我們還要進

一步把它們彼此加以比較，於是我們便得到相等和不相等的範疇。……」
（《小邏輯》中文版，第251頁）

　　法國學者、政治家阿蘭‧佩雷菲特在其《停滯的帝國──兩個世界的撞擊》一開頭寫道：「在所有這些記敘中，最吸引我的是跟隨馬戛爾尼勛爵的使團在中國與韃靼的旅行紀實。其中一篇為使團的第二號人物喬治‧斯當東所著；另一篇的作者是使團的總管，曾敘述過「邦蒂號兵變」故事的那位約翰‧巴羅。我承認，這十二卷書對我來說完全是新發現。對於十八世紀的中國，我幾乎一無所知，除了耶穌會士、萊布尼茨和伏爾泰曾經說過的：這是一個神奇的帝國，由一個歐洲人應該羨慕的『開明君主』極好地統治著。」又說：「您是否知道他們的使節發現的是一個完全不同於在啟蒙時期被理想化了的中國？您是否知道他們曾竭盡全力徹底摧毀這個神話，並指責天主教傳教士的書信為欺騙？您是否知道這個『不可超越的榜樣』開始在禮儀上顯得僵化，並因虛榮而顯得做作？」作者感到，「最為奇怪的是一件表面上微不足道的小事導致馬戛爾尼最終的失敗：他拒絕叩頭──即根據宮廷禮儀，在皇帝面前下拜叩頭九次。這一插曲會使孟德斯鳩欣喜若狂，他曾用一件小事來解釋凱撒之死：暴君違背慣例，忘了在全體元老院面前起立。以前最專斷的行為也沒有引起共和主義者的反應，但是這種傲慢的態度卻導致了謀殺：『沒有比違反他人的習俗禮儀更得罪人的事了，因為這總是蔑視他人的一種標誌。』『天朝』被得罪了。皇帝縮短了使團逗留的時間。兩國關係破裂引起了悲劇性的連鎖反應：兩個民族的對抗；中國的崩潰；十九世紀英國在東南亞的統治；二十世紀西方與第三世界間因仇恨引起的誤解。」（第2-3頁）

　　這段話寫了西方人對中國的三次認識。第一次，是伏爾泰和孟德斯鳩筆下的中國。這兩人都沒有來過中國，他們是聽來的。阿蘭‧佩雷菲特引用的「這是一個神奇的帝國，由一個歐洲人應該羨慕的『開明君主』極好地統治著」，出自伏爾泰《風俗論》。伏爾泰還寫道：「中國人精心培育了道德和法律。孝道是國家的基礎，父權第一。地方官

員被稱為父母官，君主則是一國的君父。全國一家是根本大法，維護公共利益是首要責任……中國的法律常用來褒獎善行。若是有罕見的高尚行為出現，立刻會傳遍本地，有口皆碑。前不久還有拾金不昧的農民被授以五品官。這種道德和守法精神，加上對玉皇大帝的崇拜，便形成了中國的宗教……」（《世界思想文化名著精讀叢書・文化　社會　人類學卷》第 20 頁）孟德斯鳩是為諷刺法國社會和路易十四的專制統治而寫他的《波斯人信札》的，以聽說來的故事與之對照。第二次認識，便是「跟隨馬戛爾尼勳爵的使團在中國與韃靼的旅行紀實」。這本書作者本人阿蘭・佩雷菲特的最後幾句話，可說是西方人又一次認識中國。無論說好說不好，都是片面的。他們拿一片樹葉當作樹的本身。把一種全然不同的文化妖魔化，是常見的，不可避免的。我們認識「他文化」，也是這樣。

　　前不久，尤根・歐斯特哈默出版了一本題為《亞洲去魔化：十八世紀的歐洲與亞洲帝國》的著作，敘述十八世紀歐洲人對亞洲文明由「驚艷」到「原來不過如此」的變化過程。許倬雲在為此書臺灣版所作序言〈移去國際瞭解的魔障〉說，歐氏此書「將歐洲與『亞洲』做為對立的雙方，其主要論述是在於歐洲建構『自己』時，實係以所謂『亞洲』為其對比的『他者』……」（臺灣左岸版第 3 頁）也就是作為參照物。這本書跟以上所說幾次認識不同，是不言自明的。我們現在說這本書，不在具體如何論述，而是說，如何認識另一個文化，如何在重新認識時更加接近實際，對當今和今後世界發展，具有重大的意義。世界正在變小，各不同民族和國家的交往日益頻繁，各不同文化的交流和融合，當然也包括衝突，愈來愈多。這樣，更好地認識對方，就顯得無比迫切。在這點上，我以為許倬雲先生序中幾句話甚為重要，就是：「不同文化認知，有蔽有偏」；「中國早期也受魔障附身」；對不同文化，要「正視差異」，「消弭誤解，化解衝突」。除了這幾點以外，還有一點應該注意，就是不要以「我」（放大了的我）為中心，盡可能

做到客觀、科學。如果仍然以歐洲為中心去認識亞洲，那是不可能得出科學的結論的。

功能的轉化

所有的文化都是有功能的，功能是它的價值所在，是它存在的理由。文化本身是為著發揮功能而產生的。馬林諾斯基說：「……在這一切之中並通過這一切，文化都必須被理解為達到某種目的的一種手段，一種功用性或功能性的手段。」（《科學的文化理論》，第 74 頁）

本書在論述三種文化的性質和特徵時，實際主要是從其功能上著眼的。現在說功能的轉化。

這個問題，在前邊的論述中已零星談到。如在談到已有的文化不一定正確，但卻是合理的時所說如下一段話：「中國人把指南針用於造羅盤，把火藥用於放起火。指南針如用於航海，必會促進交通和經濟的大發展。用於造羅盤，供人們看風水、選墳地之用，為迷信活動提供了方便。火藥是製造熱兵器必不可少的一種原材料，武器由冷兵器向熱兵器轉變、過渡，火藥的發明是關鍵性的因素。中國人發明了火藥，卻不知道製造熱兵器。這樣，最先發明了火藥的人，在千百年之後，仍使用長矛大刀，結果被使用長槍大炮的歐洲人打敗。放起火常用於節日慶祝活動之中，它跟迷信活動不同，可以讓人們得到娛樂，渲染節日氣氛，作用是正面的，但比起它應該起的作用來，仍只能說，它走了邪路。這種現象，可稱為『黑色文化』。」再如中國男人的留頭髮，在平時，那是一種純粹的習俗，其功用，基本上屬於自然性的。但是到了清朝政府建立以後，男人留不留頭髮，就具有政治性的功能了，男人不留頭髮是造反的標誌，要被殺頭的。

　　功能的轉化，大都發生在工具文化上。中國古代的四大發明就屬於工具文化。美國學者 C‧恩伯和 M‧恩伯在所著《文化的變異》中說：「發現和發明是一切文化變遷的根本源泉，它們可以在一個社會的內部產生也可以在外部產生。但是，發現和發明卻不一定就會導致變遷。如果人們對某項發現或發明不加理睬，那就不會引起文化變遷。只有當社會接受了發明或發現並且有規律地加以運用時才談得上文化變遷。」（第 532 頁）這裏說的「導致變遷」和「不會引起文化變遷」，就是功能不同的兩種情況，由一種情況轉變為另一種情況，就是功能的轉化，無論它是怎樣引起的。把火藥用於製造熱兵器和用於放起火，把羅盤用於航海和用於看墳地，它們所發揮的功能是無法比較的。

　　科學是工具文化中的一種。隨著社會的發展，科學作為一種工具文化，它的作用越來越大。科學，範圍廣泛，種類繁多，各有不同的功用、功能。有純理論的研究，有由理論轉化為生產技術的研究，有純粹生產技術的實驗、改進。人們常說的把科學研究轉化到生產上，是功能轉化的一個最形象、最生動的說法，也是人們由認識世界進入改造世界的重要一步。再以文學藝術為例。關於文學藝術的社會功用，在過去，無論存在多少種說法或理論，大抵不出認識世界、陶冶性情、純化社會風氣之類。自從列寧的《黨的組織和黨的文學》發表以後，凡是在共產黨發揮領導作用的地方，文學藝術的功能跟以前有了重大的區別，成了階級鬥爭的工具，由一個階級掌握。列寧在《黨的組織和黨的文學》中說：「文學事業應當成為無產階級總的事業的**一部分**，成為一部統一的、偉大的、由整個工人階級的整個覺悟的先鋒隊所開動的社會民主主義機器的『齒輪和螺絲釘』。文學事業應當成為有組織的、有計劃的、統一的社會民主黨的工作的一個組成部分。」（《列寧選集》第 1 卷第 647 頁）一九四二年毛澤東《在延安文藝座談會上的講話》，把文藝事業跟軍事鬥爭當作黨的兩條戰線，分別稱為「文化軍隊」和「武化軍隊」，要文藝「很好地成為整個革命機器的一個組成部分，作為團結人民、教育人民、打擊敵人、消滅敵人的有力的武器，

幫助人民同心同德地和敵人作鬥爭。」(《毛選》第 805 頁)這樣,文學藝術的功能就從社會性轉化為政治性的了,文學不僅要求有階級性,而且要求有黨性。階級性和黨性,在好長一段時間裏,是對文學藝術的最主要要求,是文藝批評標準的第一項。列寧以來共產黨執行的文藝政策,使文藝的本質有所改變,人類的這一精神活動被拴到政治的戰車上去了。文藝仍然是工具,但不是所有人的工具,而成了一個集團的工具,一部分人的工具。中國在粉碎「四人幫」以後首先發生重大變化的,是文藝政策。文學藝術在「整個革命事業」中的地位大大降低,娛樂性代替政治性成為文學藝術作品的主要特色。可以說,現在中國的文學藝術基本回歸文學藝術自身。

功能的轉化有多種情況。有由認識功能轉化為生產功能的,有認識功能和教化功能合併發生作用的,有生產功能不斷深化的,等等。最值得注意的,是制度文化功能的轉化問題,主要是上層建築跟經濟基礎是否相適應的問題。

上層建築要適應經濟基礎的發展,是馬克思主義的一條重要原理。按照馬克思主義的歷史唯物主義,上層建築跟經濟基礎的關係,是社會諸種關係、諸種矛盾中最重要的一種。經濟基礎是第一性的,上層建築是第二性的,上層建築要適應經濟基礎的發展。當上層建築適應經濟基礎的時候,它必然會有力地推動經濟基礎的發展,這便是它發生反作用力於前者。我們知道,上層建築有相對的穩定性,它一旦形成,就固定下來。而社會經濟是一直在不斷發展的。一方相對固定,一方不斷發展,它原有的平衡,在過了一段時間之後必然會被打破,原來的適應就可能變得不適應。當它不適應經濟基礎的時候,它會返過來阻礙經濟基礎的發展。在這個情況下,就要對上層建築進行調整,政治制度和其他一些有關制度的變更,即由此而來。如果經濟基礎和上層建築之間的矛盾十分尖銳,單靠小的調整不能解決各種社會矛盾的時候,就會發生革命,把原有的制度徹底摧毀,而建立起一套嶄新的制度來。這就是馬克思主義的社會變革學說。

上層建築要適應經濟基礎的發展這條規律，在任何時候都是起作用的。只搞經濟改革而忽視政治體制的改革，必然會造成社會的不平衡，擴大社會各不同群體之間的矛盾，輕則，影響社會的發展，重則，會造成社會動盪。中國的鄧小平在幾次講話中都指出了這種做法潛在的危險。

這也可見，文化功能的轉化，源於其功能適應性的缺失。

文化功能的適應性是隨客觀形勢的變化而變化的。同一種文化，同樣的適應性，在某種情況下會發揮正面作用，而在另一種情況下不會發揮作用；同一種文化，同樣的適應性，在此地所發揮的作用比較明顯，而在彼處卻無法發揮出應有的作用。這有多種不同情況，需要人們認真分析，認真對待。

以我為主，積極吸取，保持民族特色

不同的文化發生交流和「碰撞」，歷史上不乏其例。在各個國家和民族交往日益頻繁的時代，這種現象更會經常發生。任何一個國家或民族，要想避免這種現象的發生，根本不可能。有交流和「碰撞」，它既可以使一些文化得到新生或發展，也可能導致一些文化走向衰亡。第一章梁漱溟《東西文化及其哲學》引杜威、羅素和梁啟超話，都說到將來中西文化要調和。本書認為，不是調和的問題，而是在制度文化上趨同，在工具文化上互相發明、共同提高，在習俗文化上堅持本民族特色，有交流和移植，但不會改變它的民族性質。

民族文化是每個人賴以生存的根本，也是人類文化豐富多彩的具體表現。人類文化，從時間的維度說，要有時代精神；從空間的維度說，要有地方色彩，而地方色彩正是、也只能由民族文化所構成。沒有了民族文化，就失去了地方色彩，那人類生活將是多麼單調和枯燥！

從各個國家和民族說，如果不能使自己的民族文化鮮活地保持下來，讓它在整個人類文化中顯示自己的存在，顯示自己的個性，那無異於把自己從人類中開除，失去了自我。有人宣揚「文化全球化」，美國這個曾經不可一世的全球「唯一超級大國」也確實把他文化的觸角伸向地球的每一個角落，污染了許多古老的文明。面對這種情況我仍然相信，保持、保護本民族的傳統文化，特別是銘刻在每個人身上的民族符號的習俗文化、語言以及傳統藝術，乃是每一個有民族良知的人的最低道德標準，並且隨著人們年齡和知識的增長，這種信念會為越來越多的人所堅守。當可口可樂一類美國文化散發著甜甜的草莓味向發展中國家襲來的時候，年輕人出於好奇，可能會當作一種時髦，但當他們認識到這用一把鈔票換來的東西跟從管子裡擠出來的自來水沒有多大差別的時候，他們會毅然把它扔掉。人們的識別力和民族自信心是跟年齡和知識成正比例增長的。更重要的在於，不同的文化在社會發展中所起的作用不同，人們應該捍衛的民族文化並不是人類文化的全部。進入二十一世紀，美國一枝獨秀的霸權地位正在發生不斷的地震，它那無處不到的文化觸角必將慢慢縮回。今後的世界是多極世界，今後的世界文化將呈現出有如中國戰國時代的「百家爭鳴」的繁榮景象，最後走向世界大同。

　　無論什麼樣的國家或民族，最好的文化政策應該是：立足民族文化，大膽吸收，在保持民族特色的基礎上勇於創新，勇於發展，使整個國家和民族走在現代化的前列。這裡的現代化，不是指某一方面的現代化，如工業現代化，農業現代化、國防現代化等，而應該是全面的現代化，首先是制度文化的現代化。制度文化是所有文化的綱領，它既跟社會的發展和變化有極密切的關係，又影響著、決定著其他所有文化的面貌。只有實現制度文化的現代化，其他現代化才有實現的可能和保證。

　　三種文化中，甲類習俗一般不需要引進，只是要隨著時代的變遷，改進和提高。乙類習俗不僅不需要引進，而且要用心傳承，加強保護，

使其不至於湮滅。在工具文化上，科學一項，要下大力，吸取世界上最先進的知識和技術，以提高本國人民的文化素質和社會生產力，促進經濟發展。藝術，是生活的反映，也是各民族表現自己真實面目的工具和窗口。藝術生產者可以用自己的作品提高人們的欣賞力，又不能不顧及消費者的欣賞需要；在某種程度上，藝術消費決定著藝術的走向，它可以是民族的，也可以學習、借鑒世界上各種形式、各種流派的東西，以滿足人們的需要。民族文化中的許多東西，是非物質的。聯合國近年推動保護口頭和非物質文化遺產，是一項偉大的舉措，它可以使各國的民族文化不至消失。中國政府規定清明節、端午節、中秋節等為法定節日，既保護了這些非物質文化遺產，也有利於加強人們的民族自豪感和認同感。在衣食住行等日常生活上，人民選擇跟上時代潮流，這是無可非議的。中國各少數民族喜歡穿民族服裝，不僅顯示了本民族的特色，表示了各自民族強有力的存在，也向世人展示了多民族國家民族團結、人們相互之間其樂融融、同心同德的良好氣氛。印度、巴基斯坦等南亞國家的人民以及阿拉伯人，堅持穿本民族傳統服裝，日本人穿和服，同樣值得稱讚。

　　語言是民族的主要構成因素之一，是民族和國家的團結劑，保持民族語言的純潔和健康，保持國際交流的暢通，是全人類的職責和義務。如前所述，漢語和它的書面形式——漢字是中華民族最偉大的創造。它不僅僅是中國傳統文化的載體，而且也是傳統文化的精華，是它的象徵，是它的集中表現。這意味著，中國人肩上擔負著一項艱巨的任務，就是保持漢語的純潔和健康。語言文字和其他一切工具文化一樣，在人們使用的過程中，會受到污染，受到傷害。從消極方面說，要使它受到的傷害和污染少一點，甚至絕跡。從積極的方面說，要使它更優美，更純潔，更富表達力。因此，保持漢語的純潔和健康就成了每一個中華兒女、每一個華人義不容辭的光榮職責。在中外文化交流中，語言自會受到影響。當前一種值得注意的現象，是不懂漢語語法和搬用歐化句法等。當前，「歐化」是對漢語的最大打擊和傷害。其

主要表現，一是使用過多的修飾語，把句子拉得很長，二是錯誤地把歐美國家語言中的形態變化強加在漢語身上，如把「發動戰爭」說成「戰爭被進行」，把找到了丟失的熊貓說成「熊貓被找到」即是。漢語沒有形態變化，不應該把這種說法拉進來。另外，在寫到數目字時，把漢碼和阿拉伯碼混用，如「他十五分鐘走了 3 里地」，看起來很不好，既污染了漢語，也破壞了閱讀時的視覺美感。漢字中的數目字，豐富多樣，簡單易寫，有極強的表現力，何必把阿拉伯數碼加進來呢？當然，在寫到統計數字等一類非用阿拉伯碼不可的時候，偶爾一用，還是可以和必要的，算是對漢字的補充。

制度文化是另一回事。固然每個國家的制度都是「個別」的，都有著勿庸抹煞、不可輕視的特殊性，但終究在人類社會中，無論政治制度還是其他制度——即本書說的次制度——其基本架構太少了，很難創造出新的來。以教育說，大、中、小三級制的普通教育，從古以來就很少改變過；大學畢業以後讀碩士、博士，也是世界的通例。蘇聯時代曾有副博士之設，那最多算是一個特殊性，並非全然的創造。以法律說，無論你制訂的具體條文多麼與眾不同，但是那個框架，那個基本精神，人類的智慧早已經設計好了，從國家根本大法到民法、刑法、行政訴訟法等等，任何國家都不能缺少。以政治制度說，不外專制和民主兩大類，即使你的政治制度再特殊，也只能是其中的一種，不是以專制為根荄，就是以民主為核心。也就是說，在制度文化上，要突顯民族特色，是比較困難的，除了像中國歷史上的封建君主專制，源遠流長，特點極其鮮明以外，幾乎都只能是大同小異。

在文化交流上，有一種說法不夠確切，就是常常把人類共有的某種文化當作某國或某個民族的，特別在制度文化上，一些人總愛把它私有化。「西化」這個詞就是這樣產生的。其實，無所謂「西化」「東化」。就以民主制度來說，它是「西方國家」發明的嗎？是英國、美國、法國的專利嗎？非也。從遠處說，人類自有社會起，不論你處在地球的哪一方，都經過了原始共產主義，都經受了民主的鍛煉，在每個人

的潛意識裡，都有民主的種子，因為這是祖先曾經實行過的，而且實行的時間可能長達幾十萬年。從近處說，古希臘的城邦民主，被當時人如實地記錄了下來，又為此後一批又一批的專家學者所研究，所討論，所讚美。美國從開國起即實行民主政治，這是人們都知道的，本書也說過不止一次。現在要問，美國的民主是第一任總統華盛頓還是《獨立宣言》主要起草人傑斐遜等人從無到有發明的嗎？不是！本書前邊分析了幾個原因，這裡要補充的是，建立美國民主制度的那些人，都是白種人，都是歐洲移民，他們對自古希臘以來的人類文化，特別是文藝復興以來有關人性的文化和包括希臘城邦民主在內的各種制度，有相當的瞭解。像選舉，像議會這類形式，人類早已在運用。三權分立、權力機構之間相互制約的思想，在歐洲早已是人們的共識。美國著名漢學家費正清在《偉大的中國革命》中說：「美國的文化之根，同樣可以追溯得很遠，追溯到地中海的古老時代……美國人的先輩是帶著他們有選擇的文化移居到一個新的國土，因此獲得兩大好處：一是人口和自然資源的對比有較好的優勢；二是對傳統的束縛來說，有較大的自由……」（第3-4頁）可以說，美國的制度，每個部件都是「拿來」的，從這兒「拿」一點，從那兒「拿」一點，在「拿來」的時候，又從本地實際情況出發，增加適用的，減少不適用的，這樣拼湊而成。有自己的「創意」，也是受到別國的啟發。其他國家的政治制度，大體如此。

制度有先後，同屬人類有。本書第五章〈工具文化與人〉一節說到了人文主義思潮的產生跟社會發展的密切關係，特別說到，假如不是歐洲國家而是其他國家——比如中國或印度，或巴西——最早進入資本主義原始積累，人文主義思潮就可能在那些國家產生。文中引用了黃仁宇在《萬曆十五年》中對中國明代著名知識分子李贄思想的剖析及論斷。可見李贄那樣的人和那樣的思想是有社會基礎的，是社會需要的，如果客觀條件允許，李贄也許會成為中國的伏爾泰，或其他任何一個人文主義者。即是說，當時的中國社會已經提出了產生人文

主義思想的必要性，他所缺乏的是可能性。因此，不能總是把自由、民主、人性解放這些東西當作美、英等資本主義國家的私有財產，它是全人類的，哪個民族需要它，隨時可以取用；不是向美國、英國取用，是從全人類的文化寶庫裡取用。

在文化交流上，有兩點應該引起注意。一是要引進的文化，應該是「隱含在社會發展的必然之中」，而不是隨便一種東西。「隱含在社會發展的必然之中」，就是社會所需要的。二是引進什麼，如何引進，決定權在己，不可喪失了自己的主導地位。就是對於自身所無而又確實需要的文化──這種文化除了制度文化以外主要是先進的科學知識和技術──要勇敢地主動地「拿來」。

重說「全盤西化」及其他

現在可以回到本書第一章提出的問題了。

當我們做文化比較時，首先應該有一個明確的認識，就是「無利害關係」。應該站在純客觀的立場上，一視同仁地看待各種文化現象，然後根據一個執行一貫的標準，做出分析，不能先存成見。無論是從某種意識形態出發還是從小集團利益出發，先存在著一個成見去比較，必然不會有正確和公平的結果。

本書第一章寫到了胡適等人的「全盤西化」論。如前所述，在胡適的「全盤西化」論還沒有正式出籠的時候，吳景超先在《獨立評論》上發表〈建設問題與東西文化〉一文，引用胡適〈建國問題引論〉裡的一段話，轉述陳序經的意見，說「胡先生對於東西文化的保存與採用，採取一種折衷的態度」，又說胡適的態度跟十教授的《中國本位的文化建設宣言》「一樣」，是「折衷派之一支流」。吳景超的話等於「將」了胡適一「軍」，胡適遂在《獨立評論》的《編輯後記》中說：「我很

明白的指出文化折衷論的不可能。我是主張全盤西化的。」接著說：「但我同時指出，文化自有一種『惰性』，全盤西化的結果自然會有一種折衷的傾向。」因此，「我們不妨拼命走極端，文化的惰性自然會把我們拖向折衷調和上去的。」哪知，胡適在給自己戴上「全盤西化」的帽子以後，另一方面的批評也來了，有朋友指出「全盤」含有「百分之百」的意思，是不妥當的，胡適於是把他的主張改為「充分世界化」。即是說，胡適受到來自左右兩個方面的攻擊。胡適的「全盤西化」論究竟是怎麼一回事，前邊引用胡適本人的主要論述，做了分析。概括起來，胡適所說的「西化」，除了建立應有的正確認識以外，不外兩個方面，一是用最現代化的生產方法，製造出先進的工業產品，進一步發展生產，提高人民的生活質量，另一是進行社會變革，實行民主制度，這最有利於發揮人民的創造力和聰明才智。軍事改組和建立好的經濟制度，也屬於「社會變革」。可以說，胡適的主張不過是一要發展經濟，搞好基礎，二要在上層建築領域實行變革，以適應經濟發展的需要。如果說胡適的「西化」有兩個輪子，這就是兩個輪子。〈眼前世界文化的趨向〉是解放戰爭時期胡適向國民黨地區的人民講的，到臺灣以後，胡適更起勁地要蔣介石實行社會變革。雖然胡適生前沒有看到臺灣民主的實現，但在蔣家第二代手裡終於露出了民主政治的曙光。臺灣走上民主道路，胡適是最早、最有力的推動者，這也是他畢生的追求。

前邊說到，胡適所說「西化」的「西」，並不是一個空間概念，而是一個時間概念，指的是人類文化中新產生出來、符合現實需要、能推動社會繼續向前發展的那一部分。用個簡單明瞭的說法，「西化」就是現代化。我想，也可以在「現代化」前邊加上「文化」的修飾語，即是用人類最新的文化成果，首先是用人類對自身認識的最新成果，武裝頭腦，指導行動。一言以蔽之，實現文化現代化，主要是制度文化的現代化。用本書的邏輯說，胡適要求的「西化」，僅僅限於制度文化，並不包括工具文化和習俗文化在內。制度文化是重要的東西，核

心的東西。胡適在〈充分世界化與全盤西化〉裡說到了「我此刻穿著長袍，踏著中國緞鞋子，用的是鋼筆，寫的是中國字……」（第五卷第454頁）等，屬於生活習慣、興趣愛好，最能夠表現出民族特色，而且有很強的穩定性，對社會如何發展、生產如何提高幾乎不會發生任何影響。不言而喻，這些是不需要「西化」的。胡適說「這些事我看都不應該成問題」，可是反對胡適的人，卻把這些「不應該成問題」的生活小事當作胡適要「西化」的東西，而大興問罪之師。這，即使不認那些人是有意混淆概念，進行詭辯，甚至以「欲加之罪，何患無辭」的手法把水攪渾，為自己辯解，至少也可以說，那是他們的誤讀，是由於沒有把「無所不包」的文化做概念區分的緣故。

　　胡適自己的學術活動，也充分說明他所說的「全盤西化」只是國家、社會中一些主要的東西，並不包括所有的文化在內。人們都知道，胡適在中國古代文學、歷史、哲學等領域做了許多研究，取得了很大成績，有許多是帶有開創性的。他的《國語文學史》（後改為《白話文學史》）、《先秦名學史》、《中國古代哲學史》、《中國中古思想史長編》以及《水經注》研究、「紅學」研究等，卓有成就，稱胡適為「國學大師」，他當之無愧。更重要的在於，對這些國學，胡適始終是以肯定的態度從事研究，並不是要用西方的東西代替它，中國的學術文化不需要「西化」。羅榮渠在為《從「西化」到現代化》所作「代序」〈中國近百年來現代化思潮演變的反思〉，為胡適做了辯護。他說：「從新文化運動以來，胡適始終是近代西方文明最積極的鼓吹者和傳播者，的確是一心一意的西化派，胡適對西方的政治制度和道德價值觀的推崇簡直是五體投地，甚至否認有帝國主義的文化侵略存在，難怪落得『崇洋媚外』之譏。但是，對祖國的文化遺產，胡適從未採取過否定一切的態度。早在一九一九年，他就提出『研究學問，輸入學理，整理國故，再造文明』的口號。所謂整理國故，是用科學的精神、批判的態度，去重新估定文化遺產的價值，而胡適一生也都實實在在地在這麼做。難道有這樣畢生埋在故紙堆中的全盤西化派麼？因此，只能說胡

適是一位『一心一意的西化』派或『充分的西化』派，決不能因為偶爾用過『全盤西化』之詞就說他是全盤西化派。」（該書第 17 頁）在筆者看來，要恰切地給胡適定性，不在於用「一心一意」還是半心半意，是「全盤西化」還是半盤西化更好。根本在於，在胡適眼裡，需要「全盤西化」的是一種東西，而他「畢生埋在故紙堆中」的文化是另一種東西，兩者是全然不同的。看不到這一點，就看不到胡適的真面目。

文化是一個含義非常廣泛的字眼，人生的方方面面無所不包。並非所有的東西都要「西化」，應該「西化」、必須「西化」的只是一個部分，當然是很重要的部分，那個部分不「西化」，國家就要落後，就要挨打。它是一個國家或民族強弱盛衰的決定性因素和力量。在本書，它就是制度，是核心文化，是綱領。胡適說「人與人交際，應該『充分』學點禮貌」，「飲食起居，應該『充分』注意衛生與滋養」，跟「我此刻穿著長袍，踏著中國緞鞋子，用的是鋼筆，寫的是中國字」不完全相同。它們既是一種習慣，更是一種精神，是一種缺乏精神文明的習慣，自然是應該改進的，是需要向優秀者學習的。但這類現象的改進，跟經濟基礎和上層建築那類文化的「西化」不能夠同日而語。胡適在說到這兩項「應該『充分』」的事物時，只是為了說清他把「全盤」改為「充分」的道理多舉幾個讓人相信的例子，並未進行嚴密的邏輯思考，這絲毫不影響我們把他認為應該「西化」的東西限定在一部分文化裡的論斷。

說到這裡，也就可見「全盤」的具體含義何在了，它僅僅限於社會制度。「全盤」指應該「西化」的必須全部、徹底地「西化」，不能留死角。那些不該「西化」的當然不在「全盤」之內。「全盤」不等於所有的文化。胡適的「全盤西化」不僅是正確的，而且是符合國情和歷史發展需要的。

順便要說的是，胡適為求得問題解決，把「全盤西化」改為「充分世界化」，實在沒有必要。問題在於當時沒有把應該「西化」的內容

搞清楚，在舉例說明把「全盤」改為「充分」的道理時又把一些生活習慣攪了進去，更使問題顯得複雜化。同時還要看到，用「世界化」三字反而不如「西化」來得確切。「世界化」指什麼？世界文化有沒有時間上、空間上的限定？世界上從來沒有一種統一的為各民族所公認、所奉行的文化，它是各種文化的集合體。比如說，西方中世紀文化算不算？古希臘文化算不算？較之「西化」，「世界文化」是一個含義更加模糊的字眼，存在於世界上的任何一種文化都應該包含其中，即使像中國文化、印度文化，又何嘗不在「世界文化」的大框架裡？「世界」包括了發達國家和發展中國家、富國和窮國等各種各樣、相互差異極大的國家和民族在內，並不能確切說明屬於哪種狀態，要真正成為「世界化」，就只能成為大雜燴。這顯然跟胡適的實際「所指」即心中所想是不符合的。在這裡，胡適犯了「籠統」的毛病。

牟宗三等幾位新儒家發表〈就中國文化敬告世界人士宣言〉，其主旨以及他們發表這篇〈宣言〉的動機和目的，前邊已經論及，不再重複。現在所欲說者，仍是從「文化圈層論」上來作檢驗，這篇〈宣言〉的意義在哪裡，究竟存在什麼問題。

〈宣言〉所說文化，始終指的是孔儒學說及其所培養、所陶冶的中國人的性格。他們擔心將要消亡的，是孔儒學說；他們不滿於五四新文化運動的，是孔儒學說受到批判，「孔家店」要被砸爛；他們急於要西方人學習的，也是孔儒學說所表現出的「東方人的智慧」。按照本書的話語系統，無論什麼樣的學說，都屬於工具文化，在工具文化的科學一類裡。從其作用說，工具文化就是被當作工具由社會主體使用的，社會主體要拿它幹什麼就幹什麼，在不用它時，它就什麼作用也發揮不出來。另一方面，本書前邊說過，某些科學知識，無論是自然科學還是社會科學，有時對推動社會發展，對提高社會生產力，會發生極其巨大的作用。歐洲以人性解放、自由、平等為核心內容的人文主義思潮，是適應著社會的需要而出現的，它一出現，便很快在社會上產生了巨大的影響，把人的自我解放運動推向了一個新的階段。在

自然科學上，從瓦特的一系列發明，到近年來電子計算機日新月異的改進，作為直接生產力，在促進經濟高速發展上所起的作用是沒有任何東西可以比肩的。這都需要具體分析。〈宣言〉所極力宣揚的孔儒學說，是兩千年以前產生的，它無疑具有長久的思想影響力──不僅僅是被歷代封建君主作為統治中國人民的精神武器，對整個中華民族的形成、對「東方人的智慧」的提高、對中國人性格和道德品質的塑造，它所發揮的作用是首屈一指的。但從近百年中國社會說，它顯然不符合需要。在〈宣言〉裡，幾位作者表達對民主政治的渴求，可真是到了再三致意、不遺餘力的地步。像「中國政治制度中……必須轉出……由全體人民所建立之政治制度」、「中國政治必須取消君主制度，而傾向于民主制度之建立」、「中國過去儒家之『天下為公』『人格平等』之思想，必須發展為今日之民主建國之思想與事業」、「中國歷史文化精神之發展至今，必然要求民主建國」、「中國人民之要求民主政治，根本是不成問題的」、「現在的問題是何以中國人民要求民主，而民主憲政終不能在此數十年之中國歷史中實現」、「中共所以有此成功，仍正由於它憑藉了中國人民之民族意識及民主要求」一類話，〈宣言〉裡很多。問題在選取什麼樣的思想作為爭取民主、實現民主的精神武器。〈宣言〉在反復申說需要民主的同時，再三強調，「……我們卻不能說中國政治發展之內在要求，不傾向于民主制度之建立。更不能說中國文化中，無民主思想之種子。」把孔儒學說當作建立民主政治的思想武器，才是這篇〈宣言〉的出發點和中心所在。可惜，幾位作者開出的藥方是不對症的。孔儒學說不是有關社會革命的理論，正如〈宣言〉所說，它是「心性之學」，主要作用於人們的內在精神，如倫理道德、思想修養等等。中國古人把《論語》等儒家經典當作「修、齊、治、平」的教科書，民間還有「半部《論語》治天下」的話，乃是從維護封建主義的等級制度說的，只能在舊時代發生作用。爭取民主需要新的思想武器，它不是各種思想碎片的拼湊，而是一個體系。要人們把祖先的精神遺產拿出來使用，解決當今中國的重大問題，跟拿蠅拍子打老虎

有何區別？筆者從不否認，孔儒學說裡有「民主性的精華」，中國人的血液裡更有祖先原始共產主義民主的精神遺留，但這些東西只能說是民主思想的碎片，構不成一個體系，不能當作一種武器，把它拿來，是萬萬不會達到目的的。

　　擔心中國文化、特別是他們引以為自豪的儒家文化的消亡，是「新儒家」拆解不開的情結。〈宣言〉中透露出的作者們的心情是可以理解的，要中國學者和外國學者都來研究中國文化的主張也是好的，擔心中國文化消亡，卻屬過慮。一則，一種文化會不會消亡，研究、宣傳是必要的，但決定性的因素並不在此，一在它所依附的民族的大小、強弱和生存能力如何，二在它本身具有的對人生、對社會的影響力和道德價值，三在本民族自己如何正確對待。中國幅員廣大，人口眾多，民族團結，世界各地都有華人，中國文化具有如此強大的載體群，是不會消亡的。從文化本身說，它既屬於「心性之學」，既然主要作用於人的內在精神，即塑造人的靈魂、道德倫理、生活習性、價值觀念，那它就不會是彗星一閃，因為這些內在精神是長期在人們的生活中起作用的。如前所述，習俗文化所引發的變化是化學變化，不是物理變化。即使社會的「物理宇宙」發生了變化，人們的內在精神也不一定跟著變化。孔儒學說從產生到現在，有兩千多年的歷史，它一直沒有消亡，固然跟歷代封建君主對它的百般維護和推崇有關，但是決定性的力量還是在它自身。戰國時代產生的其他幾個主要學派，如道家等，儘管有過遭「罷黜」的命運，到現在仍為人們所喜愛，說明它同樣具有生命力。自十九世紀後半期以來，中國社會發生的變化是非常劇烈的，中國傳統文化不可能像在封建時代那樣再主宰人們的精神生活和日常生活，但要它從人們中徹底消除，我以為是不可能的。中國傳統文化會不會消亡，還跟人們能不能正確對待有關，在這個問題上，政府制訂什麼樣的文化政策，至關重要。〈宣言〉說：「我們亦不否認，中國文化正在生病，病至生出許多奇形怪狀之贅疣，以致失去原形。」有這樣的認識是難得的，表現了作者思想的清醒。如果把傳統文化

看成十全十美，聽不得一點不同聲音，那就會時時感到消亡的恐懼，但如能冷靜地理智地站在現代人類文化的高地上去看，就會有另一種心情。

〈宣言〉說「西方所應學習于東方之智慧」，不屬於工具文化是很明顯的。作者所說的五種「智慧」，基本上屬於人的性格和文化心理，這是長期形成的，很難「移植」或模仿。〈宣言〉把「東方之智慧」「神秘化」、「玄虛化」，也是不好的。這裡幾乎每一項都虛無飄渺，教人無法把握。有些要「西方人」「學習」的「智慧」，並不一定是真的「智慧」。比如「西方人應向東方文化學習之第二點，是一種圓而神的智慧。」什麼叫「圓而神的智慧」，而且這樣的「智慧」就好麼，就值得發揚嗎？「圓而神」，說得不客氣一點，是狡猾，就是胡亂應付；「這麼說，有理，那麼說，也不錯」就是「圓而神」的一種常用公式。在〈習俗文化〉一章裡，本書引用了梁漱溟、林語堂等對中國人性格特徵的分析，都說到這一點，在這點上，他們是一致的，問題在對這種人性應該持一種什麼態度。應該提倡科學精神，凡事認真，實事求是，不可用「圓而神」的態度去從事。

把各種不同的文化混在一起，不分主次，不分輕重，不是有的放矢，而是把自己心愛的東西當作診治百病的萬靈藥丹，是中國人的「愛國」心結，在中西文化比較中，這種現象更是隨處可見。新儒家作為「中國現代思想中文化保守主義的傳人」，在這點上不落人後。孔儒學說在中國兩千年的歷史發展中起過無與倫比的作用，是否認不了的；孔儒學說作為中國傳統文化的核心，應該繼承下來，並用現代文化的眼光，給它以新的詮釋和適當與中肯的評價。但也必須認識到，孔儒學說畢竟是在兩千多年以前產生的，它產生的時代跟今天的社會、跟今天生活在同一塊土地上的人，很不相同，它已經成了歷史。正確看待它，既不抹煞它的使用價值，也要把它作為一筆寶貴的精神遺產，認真研究，廣泛宣傳。有人提倡「小學生讀經」，筆者不贊成，因為小學生最應當學習的，不是古人的這些東西，而是人類最新的科學，是

現代人應當具有的知識和本領。在國外辦「孔子學院」，卻是好的，有助於全人類文化的交流和融合。

概而言之，在筆者看來，「新儒家」的這篇〈宣言〉，跟當年以至近來批判胡適「全盤西化」論的人一樣，是把各種不同的文化放在同一架天平上來衡量，因而做出了不確切的結論。

在「中國傳統文化可以救世界、救人類」的大合唱中，季羨林先生的「河東河西論」最具有迷惑性。

二〇〇二年一月八日中國作家協會主辦的《文藝報》刊載了楊曾憲的一篇題為〈二十一世紀是中國文化的世紀嗎？——評二十世紀末新「化西論」〉的文章，據《文藝報》於三月十二日刊發蔡德貴〈解讀季羨林的「河東河西論」〉時所加編者的話，楊文發表以後「引起反響，也有讀者對其觀點提出商榷。蔡德貴的這篇文章就是針對楊文有感而發的，他在致本報編輯部的信中認為，楊文所批評的主要觀點是季羨林先生的，比較偏激，是誤讀季先生所致。他說：季先生『河東河西論』的一些觀點，是借民間流傳的口頭俗語來表述的，本身有模糊性的特點，加上讀者的誤讀，就被演變出一個結論：二十一世紀是中國文化的世紀。但是我本人十幾年來對季羨林先生進行研究的結果，證明這一結論並非季先生的本意。季先生有關東西文化的觀點包括：多元文化觀、文化交流論、東西文化互補論，其中不乏對中國國民性的深刻批判，因此把季先生歸於新文化保守主義是有失公允的。」從這段話看，蔡德貴是自稱最瞭解季羨林的，他批評了楊文的偏激。且看季羨林本人怎麼說。

二〇〇六年中國當代出版社出版了季羨林一本書，名叫《三十年河東 三十年河西》，收入大大小小二十多篇文章，其中有一篇題目是〈二十一世紀：東方文化的時代〉，開宗明義即說：「從人類的全部歷史來看，我認為，東方文化和西方文化的關係是：三十年河東，三十年河西。目前流行全世界的西方文化並非歷來如此，也絕不可能永遠如此，到了二十一世紀，三十年河西的西方文化將逐步讓位於三十

年河東的東方文化，人類文化的發展將進入一個新的時期。」以下
作者申述了他認為「到了二十一世紀西方文化將讓位於東方文化」
的理由，作者在提出問題後接著說：「我是從東西方文化的基礎的最
根本的差別在於思維方式不同這一點來考慮的。東方的思維方式、
東方文化的特點是綜合；西方的思維方式、西方文化的特點是分析。」
（第 11 頁）又說：

> 多年前，我就講過二十一世紀是東方的世紀。西方在資本
> 主義發展到帝國主義階段，自認為是天之驕子，第一次世界大
> 戰從一九一四年打到一九一八年，基本上是歐洲人打歐洲人，
> 戰後二十年代初期，歐洲思想界出現了反思的熱潮，他們思考
> 的是為何自認為文化至高無上的歐洲都要自相殘殺？看來西
> 方不行了，要看東方。有本風行一時的書叫《歐洲的淪亡》，
> 說歐洲要垮臺、要滅亡，仰望東方。當時中國的《老子》、《莊
> 子》非常流行，《老子》德文譯本有五六十種。有一位我認識
> 的牙醫，既非漢學家，又非文學家，卻憑著一本字典、一股傻
> 勁硬是把《老子》翻譯了一遍。這說明當時不論是否搞哲學都
> 向東方看齊。第二次世界大戰打了六年，死的人比「一戰」還
> 要多。戰後，歐洲再次出現一股眼望東方的反思熱潮。當時除
> 《老子》、《莊子》外，又增加了禪宗、中醫、《易經》，還有印
> 度大乘佛教。一位英國的史學家湯因比在他所著的《歷史研究》
> 中，把各國民族的歷史作了個總結，他認為人類共同創造了二
> 十三個或二十六個文明，每個文明或文化都有其誕生、生長、
> 繁榮、衰微、消逝的過程，沒有任何一種文明或文化可以貫穿
> 千秋。從他的哲學基礎出發得出的結論是西方的文化將來要消
> 滅。至今歐美思想界仍感覺他的反思比較深沉。
>
> ——第 12-13 頁

對季羨林的著作，筆者過去從未涉獵，聽說「河東河西論」也是在讀了蔡德貴的萬字長文之後。我當時對文化問題已有較多的思考，「文化圈層論」這一理論也已有了雛形，我深感有個問題沒有搞清，就是你這個「文化」究竟指什麼，你拿什麼去主宰二十一世紀的人類文化，是用孔儒的學說還是如梁漱溟和林語堂所概括的中國人的民族性格，抑還是用中國人異于歐洲的「綜合」的思維方式？我始終認為，一種文化要成為主宰世界潮流的文化，靠工具文化不行，更不要說習俗文化，必須在制度文化上走在世界各主要國家的前邊，因為它是決定其他文化的走向和現實價值的。蔡德貴說人們誤解了季羨林，是不對的，季羨林的這一觀點非常明確具體，而且「早已有之」。我不反對「二十一世紀將是中國世紀」的說法，我作為一個中國人，會為那一種情況的到來而感到驕傲和自豪，但我以為靠季羨林津津樂道的《老子》、《莊子》以及中醫、《易經》等，甚至中國人的思維方式，是絕然不能實現這個目標的。《老子》、《莊子》所宣揚的人生態度和處世方法，無疑在過去、在今天、在將來都會擁有一定數量的熱愛者、擁護者、實踐者，即使到共產主義社會，也會有人要讀，要翻譯，要研究，要作為生活指針，但這樣的人不會成為大多數，更不會成為全體。即使成為全體，它也僅僅是一種工具，時勢一有變化，人們的興趣就可能改變。既然「每個文明或文化都有其誕生、生長、繁榮、衰微、消逝的過程，沒有任何一種文明或文化可以貫穿千秋」，又如何期待東方文化「救世界」、「救人類」呢？同樣，歐洲的那些大思想家、大哲學家，也不可能用他們的思想去統治未來的社會。在未來社會，人們的興趣愛好、生活態度、生活方式，是多種多樣的，不可能劃一，那時管理機構也不會做出要人們在這些細小方面保持一致的規定。也就是在讀蔡德貴文章中，我想到了所有的文化可分為制度文化、工具文化和習俗文化三大類，想到「文化圈層論」也可以稱為「三種文化論」。

季羨林的「河東河西論」並非創造，那只不過是梁漱溟的「東方化」和「世界未來之文化，就是中國文化的復興」論的翻版而已。再

早，還可以追溯到康有為。康有為在《中庸注》之〈敍〉中說：「……因使孔子之教，廣大配天地，光明並日月，仁育覆後世，充全球。」（《變法以致升平——康有為文選》，第198頁）「東方化」顯然脫胎於「西方化」而反其道用之。梁漱溟在其《東西文化及其哲學》中用了許多篇幅談他「東方化」的主張，本書不擬引用，從下引胡適〈讀梁漱溟先生的《東西文化及其哲學》〉，可見出梁先生主張的大概。胡適說：

> 梁先生第一章緒論裡，提出三個意思。第一，他說此時東方化與西方化已到了根本上的接觸，形勢很逼迫了，有人還說這問題不很迫切，那是全然不對的（頁四至十一）。第二，那些人隨便主張東西文化的調和融通，那種「糊塗，疲緩，不真切的態度，全然不對。」（頁十二至十八）第三，大家怕這個問題無法研究，也是不對的。「如果對於此問題覺得是迫切，當真要求解決，自然自己會要尋出一條路來。」（頁十八至二十）
>
> ……
>
> 對於那前兩條路，梁先生自己另有一種很奇異的見解。他把東西文化的問題寫成下列的公式：
>
> 東方化還是要連根的拔去，還是可以翻身呢？
>
> 接著就是他自己的奇異解釋：
>
> 此處所謂「翻身」，不僅說中國人仍舊使用東方化而已；大約假使東方化可以翻身，亦是同西方化一樣，成一種世界的文化——現在西方化所謂科學和德謨克拉西的色彩，是無論世界上那一地方人皆不能自外的。
>
> 所以此刻問題，直截了當的，就是
>
> 東方化可否翻身成為一種世界文化？

如果不能成為世界文化，則根本不能存在。若仍可以存在，當然不能僅只使用於中國，而須成為世界文化。（頁十二）

這是梁先生的書裡的最主要問題，讀者自然應該先把這問題想一想，方才可以讀下去。

……

——《胡適文集》第三卷第 182-184 頁

胡適批駁梁漱溟的話，不限於以上所引。本書第一章說胡適指出中國人的思想「犯了籠統的毛病」，就是在批駁梁漱溟的這篇文章裡，就是在上引這段話的下邊。我以為，季羨林想用中國傳統文化主宰人類的二十一世紀，跟梁漱溟一樣，只能是一個美妙的願望。

我不同意季羨林的這一論調，但他的另一論調卻是值得注意的。季羨林在同書中說到對文化「碰撞」和「交流」「融合」等問題要有積極態度，即是勇敢地去迎接「碰撞」，去進行文化交流，努力促進不同文化的融合。〈從宏觀上看中國文化〉說到中國過去向西方國家學習、借鑒，還有這樣一段話：「我並不認為這是一件壞事。我認為，這是一件天大的好事。無論如何，這是一件不可抗拒的事。我一不發思古之幽情，二不想效法九斤老太；對中國自然經濟的遭到破壞，對中國小手工業生產方式的消失，我並不如喪考妣，惶惶不可終日。我認為，有幾千年古老文明的中國，如果還想存活下去，就必須跟上世界潮流，決不能讓時代潮流甩在後面。這一點，我想是絕大多數的中國有識之士所共同承認的。」（第 93 頁）對這些話，筆者完全同意。對文化「碰撞」持這樣的態度，不僅僅是中國人的事，也是世界上各個國家和民族的事。在〈中國文化發展戰略問題〉一文裡，季羨林先生用「開放開放再開放，拿來拿來再拿來，交流交流再交流」三句話概括他的主張，有氣魄，合潮流，大有益！世界上各個國家和民族都能這樣，何愁世界大同不能早來？！但是要堅決反對各種形式的文化侵略和文化霸權主義。

　　前邊說「我不反對『二十一世紀將是中國世紀』這樣的說法，現在要說，這種情況、這種境界的到來，只能寄希望於世界大同的真正實現。

第七章　當前世界的主要矛盾和走向

從「文明的衝突」說起

在我面前攤開著兩本書，都是美國人寫的。一本題為《文化戰爭》，
J‧D‧亨特著，另一本便是媒體上熱炒、人所共知的《文明的衝突與
世界秩序的重建》，塞繆爾‧亨廷頓著。《文化戰爭》副題為「定義美
國的一場奮鬥」，作者在序中說：「文化戰爭在美國爆發的想法，有些
人很熟悉。某些人群最近都在談論這個話題。人們在思考我們這個時
代、這種環境與十九世紀末期德國文化戰爭的異同。當時，文化戰爭
一詞是用來描述俾斯麥統一各個公國，組成單一民族國家後所發生的
文化戰爭。從表面上看，這一爭端使新教徒為了大眾教育的宗教內容、
特性，而與天主教徒對抗。從二十世紀晚期的觀點來看，這個問題似
乎平淡無奇。可是實際上牽涉到的，比現代人所能看到的還多。教育
是德國統一與國家特質的象徵。德國的新教徒與天主教徒為國家的道
德性質而戰──道德特性是在學校傳給下一代的。今日美國的文化戰
爭則完全不同。教育只是文化分裂的領域之一，或許還不是最具決定
性的。敵對不再發生在新教徒與天主教徒之間，而是發生在歷史上各
文化參與者之間，不過，就像一個世紀之前的文化戰爭一樣，今天辯
論的某些問題，一方面就其自身就很重要，另一方面它們又實際上是
關於某種更深刻、更具重要意義的事物。本書主要是要瞭解、解釋當
代文化戰爭的表面現象、內在的實際狀況、歷史意義及政治內涵。」
在〈開場白──前線的故事〉裡，作者以新聞報道手法，寫了美國人
的一些具體論爭情形，接著在第一章〈美國的文化衝突〉中寫道：

　　……這些事情，以及故事中人物發出的特殊聲音，都和更大的議題有關聯。這些議題在報紙、週刊、民意刊物的頭版上反復出現，在電視新聞主持人的描述與評論中反復出現，在主題對話與廣播名人脫口秀中反復出現：「一位『艾倫』從俄亥俄藍灰鎮打電話過來。今晚我們的問題是：需不需要通過憲法修正案，禁止在美國焚燒國旗？你的看法是什麼，艾倫？」更重要的是，這些事情本身與潛藏在事情背後的議題是各種場所的爭辯話題，這些場所包括公司雞尾酒會、工廠餐廳、高中公民課程、教堂每週講道後的休息室、晚餐的廚房餐桌上。對於眼前的事情，我們多半都會熱烈討論，說出自己的意見。畢竟，這些討論跟我們世界的對錯息息相關——在我們的社會裡，什麼才是真正好的事物，什麼是根本不能容忍的。

　　前面新聞事件所呈現的六個人的觀點，只是今日大家爭辯的一部分聲音而已。可是，他們仍表明一點：這些議題的論辯不只是抽象或零散的陳述，其中表達出來的觀點系根植于全國各地區人們的實際生活。我們不能對這裡所聽到的聲音，以及全美各地的爭辯與討論一笑置之。在這些事情的細節當中，每一種觀點都很奇特，事實上彼此之間是水火不相容。

　　雖然這些聲音彼此對立，但它們終究不能算特殊。其實，在美國的生活中，這些聲音很平常、很熟悉，跟我們經驗中的想法、主題遙相呼應。這些人都是美國中產階級，他們積極參與周圍社區與城市的事務。就每件個案而言，他們的投入是出於他們對生活特性的深切關懷——最重要的是他們居住的地方，再兼及整個國家。這些人之中，每個人都能從特殊單一的爭議當中總結出全國生活的特性。確切地說，每個人都是負責而投入的公民：像真理、正義、公益、國家目的這類字眼，對他們每個人都有很重要的意義。

——《文化戰爭》第 32-33 頁

美國「文化的衝突」是這本書研究的重點。像我這樣很少走出國門、深居於中國傳統文化背景的人，對書中所寫，既無感性經驗，又從未做過研究，對作者以「戰爭」稱之，有點兒難以理解。像在「公司雞尾酒會、工廠餐廳、高中公民課程、教堂每週講道後的休息室、晚餐的廚房餐桌上」隨時發生的辯論，在一些人看來，也許會當作美國公民在民主氣氛下積極參與國事、家事、眾人事的實例，是社會充滿活力、公民享受自由的具體表現，至少它比人們見面噤若寒蟬、不談國事要好得多。這本書雖然說「這些聲音很平常、很熟悉」，卻又把它視作一種「戰爭」。這似乎可以看作一種極端論述。究竟如何，暫置不論。亨廷頓的《文明的衝突與世界秩序的重建》，無疑是很有意思的一本書。作者認為，「在冷戰後的世界中，國家日益根據文明來確定自己的利益。它們同具有與自己相似或共同文化的國家合作或結盟，並常常同具有不同文化的國家發生衝突。」（第15頁）即在作者看來，冷戰後世界格局是由幾大文明決定的，衝突的基本根源不再是意識形態，而是文化方面的差異，主宰全球的將是「文明的衝突」。作者所說的幾大文明指中華文明、日本文明、印度文明、伊斯蘭文明、西方文明、東正教文明、拉美文明，加上還有可能存在的非洲文明，一共七個或八個。作者對幾個文明不同特質的分析，具體而微，有獨到見解。特別是對幾個宗教之間的矛盾關係及其引發的衝突的論述，揆諸歷史事實，是符合的，其預測也為一些事實的發展所證實。以下這段話可看作該書的主要思想：

> 在後冷戰的世界中，人民之間最重要的區別不是意識形態的、政治的或經濟的，而是文化的區別。人民和民族正試圖回答人類可能面對的最基本的問題：我們是誰？他們用人類曾經用來回答這個問題的傳統方式來回答它，即提到對於他們來說最有意義的事物。人們用祖先、宗教、語言、歷史、價值、習俗和體制來界定自己。他們認同於部落、種族集團、宗教社團、

民族，以及在最廣泛的層面上認同文明。人們不僅使用政治來促進他們的利益，而且還用它來界定自己的認同。我們只有在瞭解我們不是誰、並常常只有在瞭解我們反對誰時，才瞭解我們是誰。民族國家仍然是世界事務中的主要因素。它們的行為像過去一樣受對權力和財富的追求的影響，但也受文化偏好、文化共性和文化差異的影響。對國家最重要的分類不再是冷戰中的三個集團，而是世界上的七八個主要文明。非西方社會，特別是東亞社會，正在發展自己的經濟財富，創造提高軍事力量和政治影響力的基礎。隨著權力和自信心的增長，非西方社會越來越伸張自己的文化價值，並拒絕那些由西方「強加」給它們的文化價值。亨利·基辛格曾注意到：「二十一世紀的國際體系……將至少包括六個主要的強大力量——美國、歐洲、中國、日本、俄國，也許還有印度——以及大量中等國家和小國。」基辛格提到的六個主要強大力量屬於五個十分不同的文明，此外，還存在著一些重要的伊斯蘭國家，它們的戰略位置、龐大的人口和（或）石油資源，使得它們在世界事務中具有影響力。在這個新世界中，區域政治是種族的政治，全球政治是文明的政治。文明的衝突取代了超級大國的競爭。

在這個新的世界裡，最普遍的、重要的和危險的衝突不是社會階級之間、富人和窮人之間，或其他以經濟來劃分的集團之間的衝突，而是屬於不同文化實體的人民之間的衝突。部落戰爭和種族衝突將發生在文明之內。然而，當來自不同文明的其他國家和集團集結起來支持它們的「親緣國家」時，這些不同文明的國家和集團之間的暴力就帶有逐步升級的潛力。索馬里部族的流血衝突沒有造成更廣泛的衝突威脅。盧旺達部落的流血衝突波及了烏干達、札伊爾、布隆迪，但是沒有廣泛地蔓延。波黑、高加索、中亞，或克什米爾境內的文明之間的流血衝突，可能演化為更大的戰爭。在南斯拉夫的衝突中，俄羅斯

向塞爾維亞人提供外交支持，而沙特阿拉伯、土耳其、伊朗和利比亞向波斯尼亞人提供資金和武器，但它們這樣做不是由於意識形態，或者權力政治或經濟利益的緣故，而是由於文化親緣關係。瓦茨拉夫・哈韋爾注意到，「文化的衝突正在增長，而且如今比以往歷史上任何時候都更危險」，雅克・德洛爾也認為，「未來的衝突將由文化因素而不是經濟或意識形態所引起」。而最危險的文化衝突是沿著文明的斷層線發生的那些衝突。

——《文明的衝突》第 6-7 頁

作者接著寫道：

文明之間在政治和經濟發展方面的重大差異顯然植根於它們不同的文化之中。東亞經濟的成功有其東亞文化的根源，正如在取得穩定的民主政治制度方面東亞社會所遇到的困難有其文化根源一樣。伊斯蘭文化在很大程度上解釋了為什麼民主未能在大部分伊斯蘭世界出現。後共產主義的東歐社會和前蘇聯的發展受到了其文明認同的影響。那些具有西方基督教遺產的國家正在取得經濟發展和民主政治的進步；東正教國家的經濟和政治發展前景尚不明朗；而各穆斯林共和國的前景則很暗淡。

——第 8 頁

亨廷頓的上述論述是能啟人深思的，有些論述表現了思想的深邃。如說「東亞經濟的成功有其東亞文化的根源，正如在取得穩定的民主政治制度方面東亞社會所遇到的困難有其文化根源一樣」，把「東亞文化」的作用放到了一定的地位，是比較合理的。東亞「四小龍」的成就，李光耀原來說是在西方文化影響下取得的，後來改口說儒教文化起了決定性的作用，原是受了這本書的影響。但亨廷頓這裡只是說「有其文化根源」，即對「經濟的成功」起正面作用，在「取得穩定的民主政治方面」產生負面影響，並沒有把它當作起決定性作用的因

素。到了李光耀口頭，就是一百八十度的大轉彎。亨廷頓說冷戰後「人
們用祖先、宗教、語言、歷史、價值、習俗和體制來界定自己。他們
認同於部落、種族集團、宗教社團、民族，以及在最廣泛的層面上認
同文明」，也有一定道理。位於巴爾幹的南斯拉夫是由多民族、多宗教
構成的一個聯邦制國家，鐵托逝世以後開始分裂，並各自得到一些「親
緣國家」的支持。科索沃本為塞爾維亞一個自治區，前已宣布獨立。
科索沃跟塞爾維亞的民族構成和宗教信仰有所不同。據最近（2008年
冬）媒體報導，遠在亞洲的一個穆斯林國家準備承認科索沃，塞爾維
亞政府馬上發表聲明，將跟這個國家斷絕外交關係。這是由不同宗教
信仰造成的國際關係的變動，無論支持或相斥，都跟文化——特別是
宗教信仰——有關。支持，是文化認同；相斥，出於異教徒的感情隔
閡。這為亨廷頓的理論增加了一個新的實例。

　　但如果把「文明的衝突」當作觀察國際形勢、處理國際關係的主
要甚至唯一的根據，真的把「新的世界裡，最普遍的、重要的和危險
的衝突」跟「社會階級之間、富人和窮人之間，或其他以經濟來劃分
的集團之間的衝突」分離開來，而當作「屬於不同文化實體的人民之
間的衝突」，那就錯了。按照亨廷頓的這一理論，近年來世界上發生的
幾個重大事件，都是無法解釋的。比如「九一一事件」，它是哪一個「文
明」對哪一個「文明」的「衝突」，「伊拉克戰爭」又是哪一個「文
明」對哪一個「文明」的「衝突」？　這兩起事件是有因果關係的，
「九一一事件」具有引爆器的作用。在這兩起事件中，美國是一個
重要角色。按照亨廷頓的七個或八個文明劃分，美國在「西方文明」
之內，那麼，作為「九一一事件」的發動者的「基地組織」又屬於何
種「文明」？「九一一事件」發生後，人們都把它當作世界當代歷
史上具有里程碑意義的一個重大事件，可是對這樣一個重大事件的
發動者，人們卻找不到它的文明歸屬。有說是伊斯蘭原教旨主義者
搞的，但你不能把它歸類到伊斯蘭文明裡去。可見亨廷頓的理論是
經不起檢驗的。

　　按照本書的邏輯，宗教屬於工具文化，即使不同宗教之間存在矛盾，也不一定會造成人世間物理性的變化，何況有些宗教是根本反對這種爭鬥的，如佛教。在歐洲歷史上，曾經發生過很大的有時可說是激烈的宗教戰爭，但那都是在教權跟政權合一的情況下發生的。也有些爭鬥發生在宗教內部，或局限在一個很小的範圍內，像印度等一些南亞國家經常發生教派衝突，即屬於這種情況。還有的，是宗教衝突和民族衝突、邊界衝突糾結在一起，情況比較複雜，跟文明無關。更重要的在於，無論哪一種宗教，它們在本質上是相同的，即都是有神論者，都反對科學，都用一種精神圖騰「麻醉」人民。這決定了它們有「共同語言」，它們之間的矛盾不可能是對抗性的。它們的矛盾集中在對宗主神的態度和爭奪信眾的地盤上。總之，各不同宗教之間有矛盾，但絕不像階級鬥爭或兩種不同制度之間的矛盾那樣不可調和，像「九一一事件」這樣的激烈衝突從來沒有過。同時，宗教作為一種文明，跟其他國家或民族，無論其政治制度如何，都不處在直接對立的狀態之下，亦即構不成矛盾，不存在發生直接性對抗的可能。亨廷頓是位美國學者，他是從美國文化背景下看待世界的，美國存在著這樣或那樣的「文化戰爭」，已由亨特在《文化戰爭》中做了淋漓盡致的描寫和發揮。亨廷頓是用放大鏡看待美國存在的文化衝突的，他把它擴大開來，就成了全人類間「文明的衝突」。亨廷頓對美國文化自然懷有親近感，像「美國是一片充滿了自由、平等、機會和未來的土地」（第31頁）一類話在書中並不鮮見，這必然遮蔽了他的眼光，使他看不到造成目前這些世界性衝突的真正原因所在。

　　亨廷頓自己，在「九一一」那天，正好從波士頓乘上一架飛機，所幸他乘坐的那架飛機沒有恐怖分子，而是安全降落在華盛頓機場。當他聽說兩座高樓受到衝擊倒塌後，他「感到盛怒和恐懼」。在接受採訪中，他說：「恐怖主義者並不代表伊斯蘭文化，這不是一場真正的文明的衝突，它只是可能導致這樣一場衝突。」採訪者問：「你認為會不會發生文明之間的真正戰爭，或更可能是持續的為思想和忠誠的競

爭？」亨廷頓回答：「可能是後者。也可能是前者。我們都同穆斯林世界接壤，我們看到穆斯林同穆斯林開戰。巴基斯坦和印度之間也處在重大戰爭的邊緣。在我看來，危險的局勢是，如果其他社會捲入其中，可能導致其升級。正如我在書中所指出的，重大的潛在危險是中國和美國之間的衝突，因為存在著分離中國和美國的非常現實的問題。雖然中國在反恐怖主義陣線上或多或少一直同我們合作，但重大的問題是誰將成為東亞的主導力量。日本曾經是。在過去的五十年中美國是。而在許多許多世紀中中國曾經是主導力量，中國人自然認為他們應當恢復這一地位。」（《全球化與文明對話》，第 115-125 頁）

亨廷頓自己否定了「九一一事件」跟「文明的衝突」之間的必然的聯繫。亨廷頓說「重大的潛在危險是中國和美國之間的衝突，因為存在著分離中國和美國的非常現實的問題」，顯然也不是由不同的「文明」所造成，而是另有原因。什麼原因呢？就是美國的霸權主義不得人心，正處在衰落之中，而中國是一個上升的大國，他視為對美國霸權地位的威脅。再說，把日本從儒家文化圈中拿出來，單列為一種文明，是否妥當，需要商榷。

另一個美國人，著名政治活動家、作家諾姆·喬姆斯基在訪談中說：「無可爭辯的是，正是美國及其歐洲前輩的中東政策給該地區人們帶來的巨大痛苦和憤怒，使這些罪犯的行為獲得了支持。這裡當然存在著『政治的獨裁和強權』問題。事件發生後，《華爾街日報》曾對阿拉伯地區『富有的穆斯林』進行觀點調查，這些人包括與美國有著千絲萬縷聯繫的銀行家、專業人員和商人。他們對美國支持殘暴的獨裁國家以及通過『扶持那些壓迫性政權』而為獨立發展和政治民主化設置障礙的做法十分無奈和憤慨。不過，他們不滿的基本理由有所不同：一些人針對華盛頓對伊拉克的政策，另一些人則針對美國對以色列軍事佔領的態度。在大量貧窮和飽受痛苦的底層人群中，類似情緒更加強烈。他們不願看到該地區的財富流到西方或一小撮西方化精英分子

手裡，更反對那些腐化的、殘暴的但卻受到西方強權支持的統治者。」（同上書，第3頁）這個看法，顯然是更符合實際情況的。

　　總之，「文明的衝突」是當今世界不安寧的一個根源，但絕不是唯一的根源，甚至不是主要的根源。如果用「文明的衝突」的模式去觀察世界形勢，很可能不得要領。當然，在亨廷頓寫他這本《文明的衝突》的時候，「九一一事件」的藍圖還只是在其策劃者中間醞釀，恐怖主義尚未能成為人類的一大主要威脅，連美國情報機構也未能偵查出來，要亨廷頓「預測」到這些重大事件的發生是不現實的。固然有些恐怖分子來自一些宗教團體，主要是伊斯蘭原教旨主義，但不能因此說這是「文明的衝突」。「文明的衝突」只能是現在和未來世界各種矛盾衝突的一個組成部分。

專制主義是恐怖主義的土壤和溫床

　　當前世界上的恐怖主義大體有兩種。一種是有明確的或模糊的價值追求，如要爭取什麼「民族自決權」等，這本來是可以通過民主方式去實現的，它們卻走上了恐怖主義——說得冠冕堂皇一點，是「武裝鬥爭」——的道路。另一種恐怖主義看不出有任何價值追求，倒像是專門跟人類搗亂，像「基地組織」即是如此。它藏身在一個自然環境和人文環境都極為特殊的地方，卻在世界上你顧及不到的地方發動突然襲擊，使人們防不勝防，並因此而遭受重大損失和傷亡。無論前一種還是「基地組織」，它們的思維方式，也可以說哲學，都是「你死我活」，或說「我活不成也不能讓你活」，大家一起完蛋。生命是他們的主要武器。「基地組織」徵用的「人身炸彈」，無論是真正的恐怖分子還是其他人，包括啥事不懂的小孩子或全身裹著黑紗的婦女，都是

不要命的。恐怖主義以自己的生命為代價，要置更多的無辜生命於死地。這是對人類生命的最大破壞。

那麼恐怖主義是怎樣產生的呢？一言以蔽之，它是專制主義的產物。專制主義和民主是截然相反的兩種生活方式和思維方式。專制主義是有你沒我，你死我活，民主是大家互相商量，在爭執不下的時候，你退一步我退一步，即所謂「妥協」，取得最大公約數，使雙方都能生活下去，都能生活得好。民主以尊重對方為前提，能夠傾聽不同的意見，並盡可能把對方的合理意見吸收進來。而專制主義，卻是不管你對方的意見對不對，合理不合理，你只能聽我的，按我的意思辦。對持不同意見者，輕則視為敵對勢力，重則進行迫害，使雙方結下仇恨。

專制來自三個方面。

首先是國際上的專制。國際上的專制就是霸權主義。在一個國家裡，有壓迫者和被壓迫者兩個階級；在世界上，也有壓迫者和被壓迫者兩個階級，壓迫者便是像美國這樣的霸權主義國家。美國號稱最民主的國家，但它在國際關係上實行的卻是地地道道的專制。它以「唯一超級大國」的財力、物力、軍力，把手伸向世界的每個角落，要你臣服在它的腳下。它以世界警察自居，哪裡有對它的不滿或「反抗」，它到那裡去「滅火」。美國號稱平等，可它從不「平等」地對待其他國家，特別是小國、窮國和不同制度的國家，這就為它埋下了仇恨的種子。喬姆斯基說的阿拉伯地區那些「與美國有著千絲萬縷聯繫的銀行家、專業人員和商人……對美國支持殘暴的獨裁國家以及通過『扶持那些壓迫性政權』而為獨立發展和政治民主化設置障礙的做法十分無奈和憤慨」，「這裡當然存在著『政治的獨裁和強權』問題」，便有力地說明了這一點。

其次是國內政治上的專制。恐怖主義組織的成員大都來自阿拉伯地區。這個地區一直實行專制主義，以前幾次民主運動的浪潮沒有撼動他們的堤壩。生活在這個地區的人們，從小接受的是專制主義的文化薰陶，在他們的道德觀念、思維方式和文化心理上，從來就不知道平等協商、你活我也活是怎麼一回事。這是從祖先傳下來的生活方式，

他們身處其中，耳濡目染，久而久之，專制主義的思維方式深深紮根在他們的心中。同時，恐怖主義組織也無不實行專制主義統治，其頭目總是被神化，工作方式是完全專制的。普通成員的「忠」，常常是一種「愚忠」，不論對錯，不管其是科學還是愚昧，是進步還是反動，對人類和社會是有益還是無益，一切以「主子」或「首領」的意志為轉移，只要有「主子」或「首領」的命令，就堅決執行。在專制主義統治下，人成了會說話的工具，他們沒有自己的思想，也就是徹底失去了自我。伊拉克在戰前是一個典型的專制主義國家，薩達姆家族控制著國家機器，特務橫行，反對派遭到鎮壓。為了證明其專制統治的合法性，每次選舉結束後總是宣揚得到百分之九十幾的選票，其實這最靠不住，因為人們是在刺刀的監視下投票的。在真正民主國家，超過半數人擁護，便是偉大的勝利，也說明他能容忍持不同意見的人。

再次是宗教的專制。宗教的專制又表現在：一是對教主的神化，教主的話就是聖旨，一句頂一萬句，只能照辦，不可有非分之想，不可懷疑。二是有嚴格的教規和嚴密的等級秩序，所有教徒只能遵照執行，沒有商量的餘地。三是有千年不變的教條，不論人類社會發展到哪一步，它那一套教條和秩序是始終不變的，除非有馬丁‧路德那樣的人物出來進行改革。馬丁‧路德的宗教改革，也只是使《聖經》得到更完美的遵守，使基督教會在道德和教義的宣傳貫徹上更純潔。這一切使宗教的專制具有至高無上的權威。宗教的專制也可以說是意識形態的專制。它真正深入到人們（教徒）的內心，化為教徒的血肉，教徒成為一些人的工具是心悅誠服的，是他當作「贖罪」的具體表現。教徒們都知道，「人活著不單靠食物，而是靠上帝口裡所出的一切話。」這話不是普通人說的，是上帝耶穌，見《新約全書‧馬太福音》。缺乏科學知識、對自己的生活和命運感到捉摸不定的廣大下層民眾，是宗教的社會基礎，也是信徒的來源。馬克思稱宗教是毒害人民的鴉片。列寧說：「勞動群眾備受社會方面的壓制，他們在資本主義（資本主義時時刻刻使普通勞動人民受到比任何非常事變如戰爭、地震等還要厲

285

害千百倍的最駭人聽聞的災難和痛苦）的盲目勢力面前似乎束手無策
──這就是宗教的最深刻的現代根源。」（《論馬克思恩格斯和馬克思
主義》第 233-234 頁）「基地組織」稱他們的恐怖主義活動為「聖戰」，
是對其信徒的最大迷惑。宗教的專制對恐怖主義的產生所起的作用，
是十分強大的。美國等國家個別人參加到恐怖主義組織裡，即起因於
此。宗教是專制主義的最後王國。

　　在我看來，當今世界上的恐怖主義就是這樣來的。其中，美國的
霸權主義又是造成恐怖主義的主要來源。「九一一事件」在美國發生，
許多恐怖主義活動針對著美國公民、美國機構，就在於美國的霸權激
起了受害者的仇恨，他們以這種方式復仇洩恨，以這種方式發洩他們
的不滿。被亨廷頓排除在外的世界上「社會階級之間、富人和窮人之
間」的矛盾，在使美國成為許多國家的「公敵」上，其實起著不可忽
視的作用。更重要的在於，美國作為「破天荒第一個、唯一的真正全
球超級大國，也可能是最後一個全球霸主」（布熱津斯基語，詳後），
依然在想方設法、不遺餘力地維持它這種霸權地位，在全世界耀武揚
威。美國著名政治家、戰略家布熱津斯基就把「美國如何操縱又寬容
歐亞大棋盤上的主要地緣戰略玩家，美國如何應付歐亞大陸關鍵性的
地緣政治樞紐國家」，當作「攸關到美國霸業的長久壽命及穩定性」的
大事，在其《大棋盤》中做了深入、全面的闡發。他這本書的中心意
思，是美國如何駕馭歐洲、亞洲和中東的衝突與關係，不使敵對的超
級大國出現而威脅到美國的利益和福祉。它說：「我們的首要目標在防
止新敵手的出現，……它對美國可能造成的威脅，如同當年蘇聯一
樣。……我們必須致力於防止任何敵對勢力，掌控全球任何一個地區，
使其不能在整合該地區的資源後，足以成為全球性的強權……（除了
前蘇聯之外），還有其他潛在國家或聯盟，在更長遠的未來，有可能發
展其戰略目標、擁有區域防衛能力，甚至進一步主宰全球。我們必須
將戰略目標的焦點再次凝聚在防止任何可能潛在性的、全球性的競爭
對手的興起。」類似的話，這本書裡很多。〈歐亞大棋盤〉一章中說：

「美國領導地位所面臨的難題，更因全球局勢特性發生變化而更加複雜，直接使用武力在今天可以比起以前更加節制。」〈結論〉中說:「簡單地說，美國的政策目標必須是雙重的目標:要使美國自身的主宰地位，至少能保持一個世代，當然能更長久更好;要創造一個能夠吸收無可避免的社會、政治變革之衝擊和壓力的地緣政治架構，同時能演進為共同擔負起全球和平管理的責任。」又是「主宰全球」呀，又是「領導世界」呀，無論「領導」還是「主宰」，都是把其他國家人民當作統治對象，而不是跟自己居於同等的地位。美國的這種姿態只能加劇世界各地人民的反感。對美國的文明，特別是對美國的民主，人們並不反對;人們反對的是它對自己的人民實行民主，對其他國家實行專制。「九一一事件」發生以後，世界上各種各樣的憤世嫉俗者、受迫害者，還有一些在這樣那樣異常環境下形成的精神不健康者、心理畸形者，加入到恐怖主義的隊伍裡，使這個隊伍更形複雜。但反對美國的心態和原因並沒有大的變化。

二十一世紀是政治整合的世紀

當前世界各民族人民的交往，更加頻繁。經濟一體化和旅遊事業大發展是推動各民族交往的兩隻輪子。

經濟一體化正在深刻地改變著各個國家的經濟狀況、階級構成和國與國之間的關係。在過去，資本主義國家靠輸出商品掠奪其他國家（有的西方馬克思主義者把這種做法稱作資本主義第二階段的特點），現在是搞跨國公司，即把工廠辦到弱小國家去。這種做法的必然結果，不僅使資本輸出國受益，也促進了弱小國家工業生產的發展和就業的增加，減緩了資本主義國家跟弱小國家的矛盾。國與國之間的界限早已不是經濟活動的桎梏，三十多年以前被視為洪水猛獸的跨國

公司，現在成了世界上最基本的經濟形式。工廠的全球化設置，市場的無限制擴展，使不同地區、不同種族、不同意識形態的人們，可以使用同一個廠家、同一種型號的產品。什麼是「國貨」，什麼是舶來品，已經分不清楚。旅遊業作為一種特殊的經濟形式，每年以百分之十以上的比例快速增長，又把普通人緊緊地拉在一起，地球已成了不同膚色、操不同語言的人的同一個村落。從生產到人們的日常活動，全球性交往的深度和廣度，都達到相當高的程度。《紅樓夢》所描寫的四大家族「一榮俱榮、一損俱損」的休戚相關的關係，成了全人類關係的寫照。一個地方颱風，全世界就會下雨。在新近爆發的金融危機面前，誰也逃脫不掉它的影響。一種傳染性疾病在某一個地方發生，全世界都要預防。某處發生了地震、海嘯等巨大自然災害，其他國家的人民會積極起來救濟。地區性國家聯合或統一的趨勢正是適應著這一形勢發展起來的。所謂「一體化」已不限於經濟，而是涉及政治、文化等各個領域，並且滲透到人們的日常生活中去。歷史上形成的各不相同、差異很大的生活方式，正在趨同。工具文化的民族性正在消失，就連各民族根深蒂固的習俗文化也受到外民族習俗文化的侵襲、影響。聖誕節不再是西方人的狂歡節，中國人的春節也開始在其他文化圈裡流行。不言而喻，在今後，各不同文化的交流和融合必將得到發展，人類文化的普遍性將得到加強，而特殊性將要減弱。

　　一方面是人們要求聯合，要求結盟，另一方面，有些地區搞分裂，搞「獨立」。顯然，前一種趨勢具有更大的發展前途。鬧「獨立」、搞分裂的，常常只是追求某種私利的小部分人，如要充當什麼「之父」，享受當「總統」、「元首」的榮耀，大多數人是反對這種做法的。「文明的衝突」和少數人的分裂活動即使暫時得逞，也維持不了多久。臺灣有人搞「獨立」，是逆歷史潮流而動，只能成為歷史的罪人。臺灣不需要「臺灣之子」，更不需要「台獨教父」，臺灣需要的是丘逢甲、郭國基。美國人戴維‧弗羅姆金在《世界大歷史》的〈未來〉中寫道：「進入二十一世紀的此時，全球政壇最引人注目且最令人動容的潮流之

一，便是權力有下放分散的傾向。政權分裂的劇目——一個國家分裂成兩個甚至兩個以上敵對的團體，再也不願共同生活——不斷在世上許多角落上演。起初，我們認為這是民族主義死灰復燃，但當後來人們記起，以往的民族主義乃是將各民族拉攏在一起，而非令其分散，我們才警覺其中的差異。第一次世界大戰後建國的捷克和南斯拉夫，乃是舊式民族主義的產物；這兩個國家在冷戰後解體，則是新的民族主義使然。蘇聯解體後，境內分裂成無數小國；這波特殊的民族主義風潮，本質上乃是種族意識作祟……「（第 227-228 頁）臺灣和大陸，同屬一個文明，同喝黃河水，同唱軒轅歌。這裡不存在「文明的衝突」，也不是民族主義意識在作怪，只是少數人的私利。存在兩個實體，是歷史形成的，必將在歷史上消除。為彌合分歧，我想「蘇聯模式」或許是實現統一的最佳方案。「一國兩制」是暫時的，必將走到同一制度上去，即「世界大同」。試想，鬧上半天「獨立」，到頭來整個地區都聯合了起來，你怎麼辦？何苦搞這種背棄祖先的蠢事？

　　但這不是說，現在已是天下太平，可以刀槍入庫。美國的霸權主義沒有消退，恐怖主義威脅隨時隨地都會襲來。世界既分為二百個左右的國家，而各個國家都有自己的根本利益要考慮，要維護，相互之間就會發生各種各樣的摩擦和衝突。世界固然在走向「一體化」，但各個國家跟「一體化」又存在矛盾。據筆者的粗淺意見，未來人類面臨的威脅，用馬克思哲學術語說，世界存在的矛盾——說「衝突」，帶有已然的成分，主要指事實，而說「矛盾」，是就事物之間的性質而言，屬於潛在的衝突——可分為以下三種：一是對抗性的，一是半對抗性的，一是非對抗性的。

　　對抗性的矛盾，首先在制度上。在本書〈制度文化〉一章裡，筆者從馬克思主義理論、歷史事實和著名學者的論述三個方面，論證了古今中外的政治制度，無論相互之間有多麼不同，其基本形式不過專制和民主兩種。這兩種制度的適用性很不相同。專制是以社會存在階級為前提的，因此它只能用於階級社會。民主有兩種，一種是有階級

的民主，一種是無階級的民主。民主主要用於無階級的社會，也可以用於階級社會。現在世界上許多資本主義國家採用民主制度，還有不少發展中國家也實行民主。資本主義國家和發展中國家採用民主制度，是人類社會的一大進步，也是符合人的自我解放不斷發展的歷史要求的。從社會形態說，共產主義社會是無階級的社會，顯然不能採用專制的政治體制，只能採用民主體制，而且不是有階級的民主，而是無階級的民主，也是完全徹底的民主，是——用馬克思的話說——是「真正」的民主。由民主取代專制，不是某個人的一廂情願，而是歷史發展的必由之路，也是世界走向大同的必然要求。

從歷史看，民主國家之間從未發生過衝突，主要是不同制度的國家之間存在著對立，美國及其一些最親密的盟國是構成這一矛盾的一方。加上國家利益和在國際事務上話語權的爭奪，各方都想使自己的制度取得勝利，以主導人類社會。蘇聯剛剛解體，以美國為首的「北約」組織急不可耐地向東擴展，而原來跟它對峙的「華約」已經在事實上消滅。蘇聯解體以後，分成為十幾個獨立國家，美國和北約國家對俄羅斯和其他原蘇聯國家，態度截然不同，這並非宗教的原因，推其主要因由，是在對蘇聯的政治制度的體認上。這不是「文明的衝突」，而是不同制度間的鬥爭。美國發動伊拉克戰爭，表面上是消除恐怖主義威脅，實際上包含著在中東地區搶佔灘頭堡和石油資源的戰略用意，也有推翻專制獨裁政權的制度考量。由於經濟一體化和旅遊事業等的快速發展，要不同制度的國家隔離起來，已不可能，所以在多個領域發生交往、貿易、合作，共同對付經濟危機、共同對付恐怖主義、共同對付地區性問題等，不僅不會減少，反而會大大加強。但這並不等於由於制度不同必然存在的對抗性矛盾消弭或減弱，這種對抗性矛盾始終存在，不會消失。特別是，美國軍火商的生命線就在戰爭，沒有了戰爭，沒有了「緊張局勢」，沒有了某國對其構成的軍事威脅，他如何能夠更好地生活？因此，鬥爭將會是多種形式、多條途徑的，有時激烈有時趨於緩和。另一方面，這些國家大都擁有核武器，要真正

打起仗來，人類所遭到的損害太大了，這樣的責任誰也負不起來，因此這一類對抗性矛盾發展為直接衝突的幾率不是很大，總是互相提防，互相瞪著眼睛監視著對方的一舉一動。也就是在競爭中預防，在預防中競爭。

就中國和美國而言，同樣如此。在二十世紀五十年代以前，中國和美國的關係是好的，後來發生了轉折，是因為共產黨取代國民黨，建立了新的政權，實行社會主義制度。兩個國家的「文化」「文明」沒有變化，發生變化的是制度。七十年代後期中美建交，此後兩國關係總的方向是愈來愈密切，這是因為中國經濟發展很快，政治地位提高，在世界事務上起著舉足輕重的作用，美國不得不跟中國打交道。中國是發展中國家。對新興大國的崛起，以美國為首的老牌帝國主義國家絕對不會甘心失去威風，遏制呀，阻礙呀，包圍呀，各種手法都會用到。這使矛盾更形複雜。

可以說，不同制度的大國之間發生衝突的可能性始終存在，這也將是人類社會可以預見的最後的衝突，但是最終會不會發生，系由許多因素所決定，無法做出明確的估計。第三方期盼一些大國為自己賣命，是不可能的。臺灣的分裂主義分子企圖在美國保護下搞什麼「獨立」，只能是癡心妄想。

跟這種對抗性矛盾比較起來，恐怖主義和反恐怖主義的鬥爭是更具現實性的一種對抗性矛盾。恐怖主義的最大特點是隱蔽性和不確定性。沒有戰線，沒有戰場；敵人看不到，武器也看不到；事前不宣戰，突然襲擊；神出鬼沒，常以假像迷惑人；幾個人搗鬼，全球防範。恐怖主義的這種威脅，在短時期內不會消除。另一方面，恐怖主義是一種國際現象，它牽涉到許多國家，有的是受害國，有的是恐怖主義的滋生地和隱蔽地。恐怖主義的猖獗，對已有的國際法和聯合國憲章提出了挑戰，對多年來視為神聖不可侵犯的國家主權觀念提出了挑戰。比如恐怖主義的受害國如何打擊、消滅隱藏在某些國家或人群中的恐怖分子呢？其合法性和正義性如何能夠統一或一致？還要看到，「九一

一事件」以來的幾年，人們對恐怖主義的特點有了比較深刻的認識和
體會。恐怖主義的這種隱蔽性和不確定性的特點，會不會被人利用，
而滋生出一種「假恐怖主義」，是必須加以提防的。比如，有些國家或
組織，為了自己的利益，以恐怖主義手法，製造事件，挑撥、破壞其
他國家之間的信任，分離、瓦解、破壞國際關係，渾水摸魚。或者，
一些國家或組織，利用恐怖主義手法，在新興的大國之間，或同一文
明的國家之間，或其他的利益團體之間，製造事端，消耗有關國家或
團體的力量，而自己坐山觀虎鬥。這類恐怖主義活動具有更大的危險
性和破壞性。總之，自「九一一事件」以來，世界變得更不安穩了，
轉瞬之間發生突然事件的機會大大增加了。這種矛盾是對抗性的，又
極為隱蔽，很難在短時間內看清真相。由於恐怖主義者有時是為了顯
示自己的力量或存在而採取行動，受到傷害的往往是無辜的人民，因
此可以定性為它跟整個人類作對。當恐怖主義者掌握了核武器、生化
武器這種大規模殺傷性武器以後，人類難免遭遇無可估量的浩劫。

　　地區性的對抗性矛盾依然存在。這種矛盾大都是歷史積案，在同
一個地區，存在不同種族或宗教、互相對立的幾個武裝組織，要想和
平共處，或堅持「強強對話」，是很難的。

　　半對抗性矛盾，指宗教、種族、領土和主權等方面存在的糾紛，
有的是歷史的遺留，有的牽涉到現實的國家利益，有的出於第三方的
挑撥。說它是「半對抗性矛盾」，是指在性質上是對抗性的，但由於文
化的、地緣的、制度或意識形態的等種種原因，這種矛盾通常不以激
烈衝突的方式表現出來，又常常局限在小的方面，不會影響到雙方之
間更重要的關係。至於非對抗性矛盾，諸如貿易摩擦、富國和窮國之
間的紛爭，文化和理念上的差異導致的國家間糾紛等都是，其中有許
多是被亨廷頓視作「文明的衝突」的。也就是說，在筆者看來，亨廷
頓所說的「文明的衝突」，即使經常發生，也大都是半對抗性或非當抗
性的，而真正對抗性的衝突，不一定是「文明的衝突」。

　　還有新與舊的矛盾。發展中國家與發達國家之間、被壓迫國家與壓迫國家之間、南方國家與北方國家之間的矛盾，基本上屬於新與舊的矛盾。

　　人類社會如何發展，無疑是擺在所有愛思考的人們面前的一個重大課題。就馬克思主義者說，走向共產主義，是必然的歸宿，他走不到，也要想到，也要以那個目標為旗幟。同時要看到，世界上還有許多人，不說柏拉圖、中國先秦諸子這些古人，即使像近一二百年來的康有為等人，他們不是共產主義者，何嘗不想著大同世界儘快到來？在筆者看來，大同世界就是共產主義，共產主義就是大同世界，兩者沒有明顯的差別。因此，呼喚世界大同的，可以是馬克思主義者，也可以不是馬克思主義者；處在資本主義或其他社會狀態下的人，可以不信奉馬克思主義，卻同樣可以把世界大同──即共產主義──作為最高理想和最終目標。隨著人類社會的發展變化，現在可以說，先人們的追求，不再是「烏托邦」，不再是夢幻。它已經露出了曙光。人類的美好未來，正展開矯健的雙翅，在天空飛翔，向今人招手。──應該說，不是它自己飛來的，是我們，是人類社會的發展，縮短了相互之間的距離。從某種意義上說，是人類向它走去。二〇〇九年十月有媒體報道：「歐洲一體化」這個抽象名詞正在變得越來越具體。如今的歐盟各國，藍底金星的歐盟會旗在大街小巷裡迎風飄揚；懸掛不同成員國牌照的汽車在同一條公路上並駕齊驅；來自不同成員國的人們一起工作或學習。……從一九九五年的《申根協定》生效到二〇〇二年使用單一貨幣「歐元」，再到現在，歐洲一體化建設賦予了歐盟更多「天下一家」的色彩。對於住在這樣一個「大家庭」裡的普通歐洲人，或許在政治或經濟上對加入歐盟的好處感受未必很深，但有一種感受是共通的，那就是生活越來越方便……

　　臺灣學者許倬雲在〈從中國歷史看世界未來〉中寫道：「未來世界是什麼樣的，如果全球性的秩序正在來臨，有沒有徵兆？有，非常清楚。前二十年還沒有這麼清楚過，今天非常清楚：世界性的天下國家

正在形成，上帝之城沒有了，有的是人類文化的共同城『網』的網絡，
這網絡正在把全世界都收攬進來。三十年前、二十年前都不太清楚，
現在看到了端倪。」（《看世變》第 9-10 頁）

　　經濟一體化、政治民主化、生活趨同化，這就是人類社會的趨勢
和方向。

　　因此，我把二十一世紀看作政治整合的世紀。

　　　　　　　　2008 年 6 月下旬──12 月中旬寫
　　　　　　　2009 年 12 月上旬修改，三閒居

引用書目

（以第一次出現先後為序，中國古籍不載，轉引者只寫出書名）

二十五史（全十二卷）　上海古籍出版社　1986 年 12 月第 1 版

魏源集（全二冊）　中華書局 1976 年 3 月版

盛世危言　鄭觀應著

新學偽經考　康有為著

清代學術概論　梁啟超著

瀛寰志略　徐繼畬著

停滯的帝國——兩個世界的撞擊　〔法〕阿蘭·佩雷菲特著，王國卿、毛鳳支、
　　谷炘、夏春麗、鈕靜籟、薛建成譯，三聯書店 1993 年 5 月版

獨秀文存　陳獨秀著，安徽人民出版社 1987 年 12 月版

西潮·新潮　蔣夢麟著，嶽麓書社 2000 年 9 月版

觀堂別林　王國維著，商務印書館 1940 年版

東西文化及其哲學（《商務印書館文庫》本）　梁漱溟著，商務印書館 1999
　　年 7 月第 2 版

杜亞泉文存　許紀霖、田建業編，上海教育出版社 2003 年 5 月版

評中西文化觀（《民國叢書》選印）　楊明齋著，上海書店影印，1991 年 3 月版

胡適文集（全十二冊，含《胡適文存》）　歐陽哲生編，北京大學出版社 1998
　　年 11 月版

中國文化要義　梁漱溟著，學林出版社 1987 年 6 月影印本

從「西化」到現代化（世界現代化進程研究叢書）　羅榮渠主編，北京大學
　　出版社 1990 年 3 月版

李敖大全集（大陸版，40 卷） 中國友誼出版公司 1999 年 1 月、2000 年 11
月版

中國文化的出路 陳序經著，收《陳序經學術論著》（近人學術述林，邱志華
編），浙江人民出版社 1998 年 6 月版

東西文化觀 陳序經著，收同上

當代新儒家（港臺海外中國文化論叢） 封祖盛編，三聯書店 1989 年 4 月版

中國文化與文化論爭（傳統文化與現代文化叢書） 張岱年、程宜山著，中
國人民大學出版社 1990 年 7 月版

中國人的精神（又名《春秋大義》或《原華》） 辜鴻銘著，黃興濤、宋小慶
譯，海南出版社 1996 年 4 月版

李敖評傳 董大中著，中國致公出版社 2001 年 1 月版

臺灣狂人李敖 董大中著，花城出版社 2002 年 5 月版

董永新論 董大中著，北嶽文藝出版社 2005 年 9 月版

馬克思恩格斯選集 人民出版社 1972 年 5 月版

毛澤東選集（四卷合訂本） 人民出版社 1964 年 1 月版

古代社會（漢譯世界學術名著叢書新譯本） 〔美〕路易斯・亨利・摩爾根
著，楊東蓴、馬雍、馬巨譯，商務印書館 1997 年 8 月版

歷史研究（西方學術譯叢，三卷本） 〔英〕阿諾爾德・湯因比著，曹未風
等譯，上海人民出版社 1959 年 8 月版

政治學 〔古希臘〕亞里士多德著

哲學人類學 〔德〕M・蘭德曼著，閻嘉譯，貴州人民出版社 2006 年 6 月第
2 版

資本論 〔德〕馬克思著

馬克思恩格斯全集（中文版） 人民出版社 1960 年版

人論（二十世紀西方哲學譯叢） 〔德〕恩斯特・卡西爾著，甘陽譯，上海
譯文出版社 1985 年 12 月版

西方思想寶庫 〔美〕莫蒂默・艾德勒、查爾斯・範多倫編，該書中文編委
會編譯，吉林人民出版社 1988 年 8 月版

伊利亞特（劇本） 〔古希臘〕荷馬著

論義務　〔古羅馬〕西塞羅著

論人類不平等的起源和基礎　〔法〕盧梭著

人類本性哲學（名言集）　英煒編，中華工商聯合出版社 2007 年 1 月版

實踐理性批判　〔德〕康德著

倫理學的形而上學的基本原理　〔德〕康德著

哲學的改造　〔美〕杜威著

趙樹理全集（五卷本）　董大中編，北嶽文藝出版社 2000 年 9 月版

中國文化的展望　殷海光著，上海三聯書店 2002 年 12 月版

文化模式　〔美〕露絲・本尼迪克著，劉景華編著，收入《世界思想文化名
　　著精讀叢書・文化、社會、人類學卷》，花城出版社 2003 年 8 月版

價值實現論（大道哲學全書之一）　司馬雲傑著，陝西人民出版社 2003 年 1
　　月版

國家篇　〔古希臘〕柏拉圖著

歷史　〔古希臘〕希羅多德著

魯迅全集　人民文學出版社 1981 年版

自由法　溫斯坦萊著

文明史綱　〔法〕費爾南・布羅代爾著，肖昶、馮棠、張文英、王明毅譯，
　　廣西師範大學出版社 2003 年 12 月版

論民主（現代名著譯叢）　〔美〕羅伯特・道爾著，李柏光、林猛譯，臺灣
　　聯經出版股份有限公司 1999 年 10 月版

論民主　〔美〕卡爾・科恩著，聶崇信、朱秀賢譯，商務印書館 1988 年 5 月版

民主理論現況　〔美〕伊恩・夏比洛著　陳毓麟譯，臺灣商周城邦公司 2005
　　年 7 月版

中國文化研究二十年　邵漢明主編，人民出版社 2003 年 9 月版

科學的文化理論（人類學名著譯叢）〔波〕B・馬林諾斯基著，黃建波等譯，
　　中央民族大學出版社 1999 年 10 月版

世界古代中世紀史　閻宗臨著，廣西師範大學出版社 2007 年 10 月版

發現社會之旅──西方社會學思想述評　〔美〕蘭德爾・柯林斯、邁克爾・馬
　　科夫斯基著，李霞譯，中華書局 2006 年 4 月版

列寧全集（中文版）

公民與文明社會　〔美〕托馬斯・雅諾斯基著，柯雄譯，遼寧教育出版社 2000
　　年 10 月版

君主論　〔意〕馬基雅維里著，張志偉、梁辰、李秋零譯，陝西人民出版社
　　2001 年 1 月版

論美國的民主（漢譯世界學術名著叢書）　〔法〕夏爾・阿列克西・德・托
　　克維爾著，董果良譯，商務印書館 1980 年 2 月版

人類境遇與歷史時空──馬克思《人類學筆記》、《歷史學筆記》研究　馮景源
　　著，中國人民大學出版社 2004 年 3 月版

新美利堅帝國　張西明著，中國社會科學出版社 2003 年 1 月版

春秋繁露義證　蘇輿撰，中華書局 1992 年 12 月版

原始思維　列維─布留爾著，商務印書館 1981 年版

簡明哲學辭典　〔蘇〕羅森塔爾、尤金編，中共中央馬恩列斯著作編譯局譯，
　　三聯書店 1973 年 6 月版

文化的變異──現代文化人類學通論（人與文化叢書）　〔美〕C・恩伯、M・
　　恩伯著，杜杉杉譯，遼寧人民出版社 1988 年 2 月版

符號學原理（現代西方學術文庫・結構主義文學理論文選）　〔法〕羅蘭・
　　巴爾特著，李幼蒸譯，三聯書店 1988 年 11 月版

金枝　〔英〕J・G・弗雷澤著

象徵形式哲學　〔德〕恩斯特・卡西爾著

神話─原型批評（二十世紀國外文藝學譯叢）　葉舒憲選編，陝西師範大學
　　出版社 1987 年 7 月版

簡明不列顛百科全書（中文版）　中國大百科全書出版社 1986 年 8 月版

世界宗教尋蹤　〔德〕漢思・昆（孔漢思）著，楊煦生、李雪濤、韋淩、谷
　　裕、謝萌、陳琦、任仲偉譯，三聯書店 2007 年 10 月版

透視大眾文化（中國高校百部優秀社科專著文庫）　趙勇著，中國文史出版
　　社 2004 年 12 月版

接受美學譯文集（現代西方學術文庫）　劉小楓選編，三聯書店 1989 年 1 月版

梁啟超哲學思想論文選　北京大學出版社 1984 年 4 月版

藝術發展史　〔英〕E・H・貢布里希著，范景中譯，天津人民美術出版社 1988
　　年 4 月版

中世紀晚期的西歐（世界史資料叢刊初集）　齊思和、林幼琪選譯，商務印
　　書館 1962 年 7 月版

人的發現——馬丁・路德與宗教改革（走向未來叢書）　李平曄著，四川人民
　　出版社 1984 年 6 月版

萬曆十五年　〔美〕黃仁宇著，中華書局 1982 年 5 月版

分類飲冰室文集（全四冊）　梁啟超著，大達圖書供應社刊行，1935 年 10
　　月版

菊與刀——日本文化的類型　〔美〕魯思・本尼迪克特（按，即前《文化模式》
　　同一作者）著，呂萬和、熊達雲、王智新譯，商務印書館 1990 年 6 月版

我的不安　龍應台著，南海出版公司 2001 年 6 月版

中國人（即《吾國吾民》）　林語堂著，郝志東、沈益洪回譯為中文，學林出
　　版社 1994 年 12 月版

文化：歷史的投影——比較文明研究（文化新視野叢書）　〔美〕菲利普・巴
　　格比著，夏克、李天綱、陳江嵐譯，上海人民出版社 1987 年 11 月版

論各民族的精神與風俗以及自查理曼至路易十三的歷史》（簡稱《風俗論》）
　　〔法〕伏爾泰著，由劉景華編著，收入《世界思想文化名著精讀叢書・
　　文化、社會、人類學卷》，花城出版社 2003 年 8 月版

林語堂名著全集（30 卷本）　東北師範大學出版社 1994 年 1 月版

觀世變　許倬雲著，廣西師範大學出版社 2008 年 9 月版

比較考古學隨筆　李學勤著，香港中華書局 1991 年 10 月版

甲骨文解謎（二十世紀中國文化奇觀書系）　羅琨著，長江文藝出版社 2002
　　年 5 月版

甯古塔志

中國古代社會新研　李玄伯著，開明書店 1948 年 9 月版

魯迅與林語堂　董大中著，河北人民出版社 2003 年 12 月版

三十年河東三十年河西　季羨林著，當代中國出版社 2006 年 6 月版

新舊約全書

變法以致升平——康有為文選（中國近現代思想家論道叢書）　謝遐齡編選，
　　上海遠東出版社 1997 年 3 月版

偉大的中國革命（1800—1985）　〔美〕費正清著，劉尊棋譯，世界知識出
　　版社 2000 年 5 月版

亞洲去魔化——十八世紀的歐洲與亞洲帝國　尤根・歐斯特哈默著，劉興華
　　譯，臺灣左岸文化事業有限公司 2007 年 5 月版

小邏輯　〔德〕黑格爾著，賀麟譯，商務印書館 1982 年版

文化戰爭——定義美國的一場奮鬥　〔美〕J・D・亨特著，安荻等譯，中國
　　社會科學出版社 2000 年 1 月版

文明的衝突與世界秩序的重建（國際問題參考譯叢）　〔美〕塞繆爾・亨廷
　　頓著，周琪、劉緋、張立平、王圓譯，新華出版社 2002 年 1 月版

文明的衝突與世界秩序的重建　黃裕美譯，臺灣聯經出版事業公司 1997 年 9
　　月版

全球化與文明對話（哈佛燕京學術系列）　哈佛燕京學社編　江蘇教育出版
　　社 2004 年 9 月版

全球化時代的「馬克思主義」（俞可平編《全球化論叢》）　俞可平編，中央
　　編譯出版社 1998 年 11 月版

論馬克思恩格斯和馬克思主義　列寧著，人民出版社 1955 年版

大棋盤——全球戰略大思考（太平洋世紀叢書 7）　〔美〕布里辛斯基（按，
　　大陸譯為布熱津斯基）著，林添貴譯，臺灣立緒文化事業有限公司 1998
　　年 4 月版

戰爭的道德　威廉・詹姆士著

世界大歷史——從文明的曙光到二十一世紀　〔美〕戴維・弗羅姆金著，王瓊
　　淑譯，國際文化出版公司 2006 年 6 月版

關於最完美的國家制度和烏托邦新島（簡稱《烏托邦》）　〔英〕托馬斯・莫
　　爾著

大同書（影響中國近代史的名著系列）　康有為著，華夏出版社 2002 年 10
　　月版

一八四四年經濟學—哲學手稿　馬克思著

第三次浪潮　托夫勒著

馬克思的幽靈——債務國家、哀悼活動和新國際（馬克思主義研究譯叢）〔法〕
　　雅克・德里達著，何一譯，中國人民大學出版社 2008 年 4 月版

後社會主義（後經典文叢）　苑潔主編，中央編譯出版社 2007 年 8 月版

馬克思主義哲學原理　蘇聯科學院哲學研究所著，中國人民大學出版社編譯
　　室譯，人民出版社 1959 年 7 月版

神、人及其幸福簡論　〔荷蘭〕斯賓諾莎著，洪漢鼎、孫祖培譯，商務印書
　　館 1987 年 4 月版

哲學宗教類　AA0022

文化圈層論

作　　者 / 董大中
責任編輯 / 鄭伊庭
圖文排版 / 郭雅雯
封面設計 / 陳佩蓉

發 行 人 / 宋政坤
法律顧問 / 毛國樑　律師
出版發行 / 秀威資訊科技股份有限公司
　　　　　114 台北市內湖區瑞光路 76 巷 65 號 1 樓
　　　　　電話：+886-2-2796-3638　傳真：+886-2-2796-1377
　　　　　http://www.showwe.com.tw
劃撥帳號 / 19563868　戶名：秀威資訊科技股份有限公司
　　　　　讀者服務信箱：service@showwe.com.tw
展售門市 / 國家書店（松江門市）
　　　　　104 台北市中山區松江路 209 號 1 樓
　　　　　電話：+886-2-2518-0207　傳真：+886-2-2518-0778
網路訂購 / 秀威網路書店：http://www.bodbooks.com.tw
　　　　　國家網路書店：http://www.govbooks.com.tw

2011 年 9 月 BOD 一版
定價：320 元

國家圖書館出版品預行編目

文化圈層論 / 董大中著. -- 一版. -- 臺北市：
秀威資訊科技, 2011.09
　　面；　公分. -- (哲學宗教類；AA0022)
參考書目：面
ISBN 978-986-221-796-2(平裝)

1. 文化人類學　2. 文化層　3. 文化評論

541.35　　　　　　　　　　　100013188

讀 者 回 函 卡

感謝您購買本書，為提升服務品質，請填妥以下資料，將讀者回函卡直接寄回或傳真本公司，收到您的寶貴意見後，我們會收藏記錄及檢討，謝謝！
如您需要了解本公司最新出版書目、購書優惠或企劃活動，歡迎您上網查詢或下載相關資料：http:// www.showwe.com.tw

您購買的書名：＿＿＿＿＿＿＿＿＿＿＿＿＿＿＿＿＿＿＿＿＿＿＿＿

出生日期：＿＿＿＿＿年＿＿＿＿＿月＿＿＿＿＿日

學歷：□高中 (含) 以下　　□大專　　□研究所 (含) 以上

職業：□製造業　□金融業　□資訊業　□軍警　□傳播業　□自由業
　　　□服務業　□公務員　□教職　　□學生　□家管　　□其它＿＿＿＿

購書地點：□網路書店　□實體書店　□書展　□郵購　□贈閱　□其他

您從何得知本書的消息？

　□網路書店　□實體書店　□網路搜尋　□電子報　□書訊　□雜誌
　□傳播媒體　□親友推薦　□網站推薦　□部落格　□其他＿＿＿＿＿＿

您對本書的評價：（請填代號　1.非常滿意　2.滿意　3.尚可　4.再改進）

　封面設計＿＿＿　版面編排＿＿＿　內容＿＿＿　文／譯筆＿＿＿　價格＿＿＿

讀完書後您覺得：

　□很有收穫　□有收穫　□收穫不多　□沒收穫

對我們的建議：＿＿＿＿＿＿＿＿＿＿＿＿＿＿＿＿＿＿＿＿＿＿＿＿

＿＿＿＿＿＿＿＿＿＿＿＿＿＿＿＿＿＿＿＿＿＿＿＿＿＿＿＿＿＿＿＿

＿＿＿＿＿＿＿＿＿＿＿＿＿＿＿＿＿＿＿＿＿＿＿＿＿＿＿＿＿＿＿＿

＿＿＿＿＿＿＿＿＿＿＿＿＿＿＿＿＿＿＿＿＿＿＿＿＿＿＿＿＿＿＿＿

11466
台北市內湖區瑞光路 76 巷 65 號 1 樓

秀威資訊科技股份有限公司　　　收

BOD 數位出版事業部

....

（請沿線對折寄回，謝謝！）

姓　　名：＿＿＿＿＿＿＿＿＿　年齡：＿＿＿＿＿　性別：□女　□男

郵遞區號：□□□□□

地　　址：＿＿＿＿＿＿＿＿＿＿＿＿＿＿＿＿＿＿＿＿＿＿

聯絡電話：(日) ＿＿＿＿＿＿＿＿＿＿　(夜) ＿＿＿＿＿＿＿＿＿＿

E-mail：＿＿＿＿＿＿＿＿＿＿＿＿＿＿＿＿＿＿＿＿＿＿＿